Deutschbuch

Gymnasium Bayern Oberstufe

Arbeitsheft

11

Herausgegeben von
Kurt Finkenzeller und Konrad Wieland

Erarbeitet von
Winfried Adam (Rosenheim), Susanne Auflitsch (Neutraubling),
Kurt Finkenzeller (Ingolstadt), Sabine Gräwe (Bamberg), Patricia Heilig (München),
Kerstin Mümmler (Nürnberg), Katrin Roder-Bescheidl (Pocking Hartkirchen),
Florian Schneider (Ingolstadt), Pia Szymanski (Landsberg am Lech),
Michaela Thurner-Uhle (Gaimersheim) und Konrad Wieland (Vilshofen a. d. Donau)

Cornelsen

Inhaltsverzeichnis

So arbeiten Sie mit der Übersicht im Inhaltsverzeichnis:
Tragen Sie in die Spalte „bearbeitet am" das Datum ein, an dem Sie die Übung gemacht haben.
Überprüfen Sie Ihre Lösungen mit dem Lösungsheft und tragen Sie dann ein, wie Ihnen die Übungen gelungen sind:

☺ gut gemacht 😐 das meiste richtig ☹ häufig unsicher

Notizen:

Über Literatur schreiben: Was heißt es, einen Text zu interpretieren?

Bert Brecht: Wiedersehen

Ein Mann, der Herrn K. lange nicht gesehen hatte, begrüßte ihn mit den Worten: „Sie haben sich gar nicht verändert." „Oh!", sagte Herr K. und erbleichte.

1 **a** Lesen Sie Brechts Geschichte „Wiedersehen".
Verfassen Sie über die Geschichte einen knappen Informationstext (ca. 50 Wörter) für Lesende, die die Geschichte nicht kennen.

Die Geschichte „Wiedersehen" von Bert Brecht beschreibt das Treffen zweier Männer, die sich nach langer Zeit wieder begegnen. Dabei wird der normalerweise als Kompliment gemeinte Ausruf „Sie haben sich gar nicht verändert" aufgefasst als ...

b Begründen Sie – auch mit Blick auf Brechts Geschichte „Wiedersehen" –, warum das Verb „erschließen" ein geeigneter Begriff für die Auseinandersetzung mit literarischen Texten ist. Grenzen Sie den Begriff dabei gegenüber dem Verb „analysieren" ab.

c Lesen Sie die folgende Erklärung von „interpretieren" aus dem Digitalen Wörterbuch der Deutschen Sprache (DWDS) und klären Sie, inwiefern „interpretieren" ein geeigneter Begriff für die Auseinandersetzung mit literarischen Texten ist. Grenzen Sie den Begriff dabei gegenüber dem Verb „erschließen" ab. Schreiben Sie in Ihr Heft.

Bedeutung:
etw. auslegen, deuten, erklären, Beispiele: etw. optimistisch, wohlwollend **interpretieren**

Beispiele:
einen Text **interpretieren** *(= sprachlich, sachlich, ästhetisch erklären, auslegen)*
einen Gesetzestext (einschränkend, ausdehnend) **interpretieren**
es kommt nur alles darauf an, wie man die Dinge **interpretiert**
Die Philosophen haben die Welt nur verschieden **interpretiert**

Musik, Theater etw. künstlerisch wiedergeben
Beispiel:
die h-Moll-Sinfonie wurde meisterhaft **interpretiert** vom Philharmonischen Orchester

Etymologie:
Interpret · interpretieren · Interpretation
Interpret m. ‚Ausleger, Erklärer' (von Texten), später auch ‚reproduzierender Künstler' (als Vermittler eines Kunstwerkes), Entlehnung (um 1800) aus lat. *interpres* (Genitiv *interpretis*) ‚Vermittler, Unterhändler, Ausleger, Erklärer, Dolmetscher, Übersetzer'. [...]. *

2 Setzen Sie sich anhand der folgenden Grafik genauer mit dem Interpretieren auseinander.

a Beschreiben Sie das Verhältnis, das hier zwischen Autor/-in und Leser/-in bzw. der Lehrkraft dargestellt wird, und berücksichtigen Sie dabei auch Ihre Rolle als Schüler/-in. Schreiben Sie in Ihr Heft.

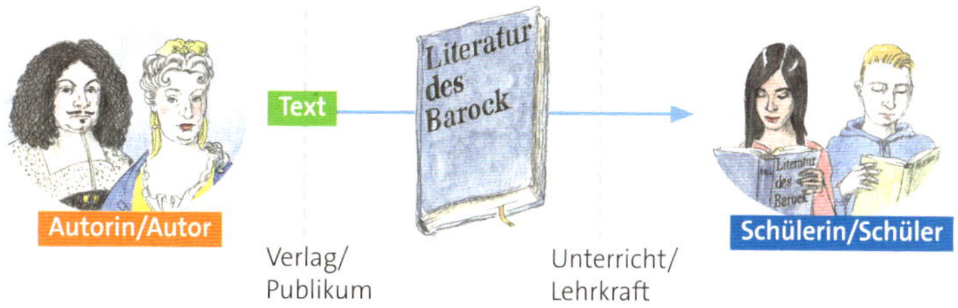

b Vergleichen Sie, inwiefern die Anforderungen an die Schüler/-innen, zu „verstehen, kontextualisieren und deuten" zu Ihren Ausführungen von Teilaufgabe 1 a und b passen. Schreiben Sie in Ihr Heft.

c Erläutern Sie in Ihrem Heft den Unterschied zwischen einer Stoffsammlung, einem Schreibplan und einer formalen Gliederung.

d Begründen Sie in Ihrem Heft, warum im Interpretationstext eine argumentative Vorgehensweise erforderlich ist. Berücksichtigen Sie dabei auch Ihre Überlegungen zu den Teilaufgaben 1 a und b.

3 **a** Legen Sie fest, welche Einzelkompetenzen das Interpretieren von Ihnen verlangt. Es sind mehrere Antworten möglich.

		immer	von der Aufgabenstellung abhängig	von Textgattung und individueller Deutungshypothese und Interpretation abhängig	nie
1	Den Aufbau des Textes untersuchen und beschreiben	☐	☐	☐	☐
2	Über den Inhalt des Textes mit eigenen Worten informieren	☐	☐	☐	☐
3	Den lyrischen Sprecher beschreiben	☐	☐	☐	☐
4	Das Thema des Gedichts benennen	☐	☐	☐	☐
5	Auffällige Stilmittel benennen und deren Wirkung hinterfragen	☐	☐	☐	☐
6	Den Text in der jeweiligen literarischen Epoche verorten	☐	☐	☐	☐
7	Zitate aus dem Text als Belege heranziehen	☐	☐	☐	☐
8	Figuren charakterisieren	☐	☐	☐	☐
9	Kennzeichen der Epoche am Text nachweisen	☐	☐	☐	☐
10	Die Aktualität des Textes prüfen und begründen	☐	☐	☐	☐
11	Schwierige Textstellen zitieren, anstatt zu paraphrasieren	☐	☐	☐	☐
12	Eine mögliche Fortsetzung des Texts skizzieren	☐	☐	☐	☐
13	Alle verwendeten Stilmittel durchzählen und bestimmen	☐	☐	☐	☐
14	Den Text mit anderen Texten vergleichen	☐	☐	☐	☐
15	Eigene Kenntnisse zur Biografie der Autorin / des Autors darlegen	☐	☐	☐	☐

b Begründen Sie in Ihrem Heft die grundsätzliche Bedeutung der Aussagen 7 und 11.

Einen lyrischen Text interpretieren

Wissen und können Einen Interpretationsaufsatz eines lyrischen Textes verfassen

Um einen **Interpretationsaufsatz** zu einem Gedicht (= lyrischen Text) zu verfassen, werden verschiedene Aspekte in ihrem Zusammenwirken erschlossen und dargestellt sowie eine Deutungshypothese entwickelt und argumentativ vertreten.

- **Inhaltliche Aspekte** sind z. B. die Sprechsituation, der Sprechanlass, die wesentlichen Aussagen und die Stimmung.
- **Formale Aspekte** sind z. B. die Gedichtform (z. B. das Sonett), der äußere Aufbau, das Reimschema und das Metrum.
- **Sprachlich-stilistische Aspekte** sind z. B. der Satzbau, die Wortwahl, die Bildlichkeit, Stilmittel.
- In der **Deutungshypothese** formuliert man das eigene Textverständnis. Sie drückt aus, wie man den Inhalt im Hinblick auf eine allgemeinere Aussage verstehen kann, und dient bei der näheren Untersuchung als gedanklicher „roter Faden", wobei sie durch Belege zu begründen, zu prüfen und während der Erschließung des Textes ggf. anzupassen ist.
- Ggf. wird der Kontext des Gedichts, z. B. historische, gesellschaftliche oder poetologische Hintergründe, berücksichtigt bzw. verglichen, wie die Themen/Motive, z. B. Natur, Krieg, Vergänglichkeit, Reise, Grenzerfahrungen, in einem anderen literarischen Werk gestaltet werden.

Stellen Sie sich vor, Sie bekommen folgende Aufgabe:

1 Interpretieren Sie Andreas Gryphius' Gedicht „Abend" und berücksichtigen Sie dabei Material 1.

2 Vergleichen Sie im Anschluss, wie die Vergänglichkeit des menschlichen Lebens in Gryphius' „Abend" und in Enzensbergers „Eventuell" gestaltet wird.

Andreas Gryphius: Abend (1650; hier nach der Fassung von 1663)

DEr schnelle Tag ist hin / die Nacht schwingt ihre Fahn /
Und führt die Sternen auff. Der Menschen müde Scharen
Verlassen Feld und Werck / wo Thir und Vögel waren
Traurt itzt die Einsamkeit. Wie ist die Zeit verthan[1]!

Der Port[2] naht mehr und mehr sich zu der Glider Kahn.
Gleich wie diß Licht verfil / so wird in wenig Jahren
Ich / du / und was man hat / und was man siht / hinfahren.
Diß Leben kömmt mir vor als eine Renne-Bahn.

Laß höchster Gott / mich doch nicht auff dem Lauffplatz gleiten /
Laß mich nicht Ach / nicht Pracht / nicht Lust nicht Angst verleiten!
Dein ewig-heller Glantz sey vor und neben mir /

Laß / wenn der müde Leib entschläfft / die Seele wachen
Und wenn der letzte Tag wird mit mir Abend machen /
So reiß mich aus dem Thal der Finsternuß zu dir.

Material 1:

In vielen seiner rhetorisch effektvoll strukturierten Sonette lässt Gryphius dem in den Quartetten geschilderten Natur-, Sinnen- und Welt-Bild eine allegorische Deutung und ein Gebet folgen, in dem er um Errettung aus dem irdischen Jammertal bittet. Der Vanitas-Gedanke ist bei Gryphius so stark wie bei keinem seiner Zeitgenossen ausgeprägt; das Irdische besitzt prinzipiell keinen Eigenwert; der Mensch erringt das ewige Heil nur durch geduldiges Aufsichnehmen der Wechselfälle des eitlen Lebens, indem er der äußeren Unbeständigkeit die innere Beständigkeit, den Glauben an das geoffenbarte Wort, entgegensetzt […] *

1 verthan (Partizip zu Infinitiv „vertun"): nutzlos verbrauchen 2 Port: Hafen

Hans Magnus Enzensberger: Eventuell (2020)

Vorläufig bin ich noch da. Ich harre aus,
wie dort oben der schwarze Nachtfalter
an der weißen Wand. Ich rühre mich nicht.
Einstweilig sind meine Verfügungen.
Nirgends ein Heureka[1]. Nur ab und zu

winzige Offenbarungen, millimetertief,
vorübergehend wie das Glück, wie der Rauch
der beinahe letzten Zigarette.
Das meiste verdunstet wie das Parfum in einer Flasche,
die den Stöpsel eingebüßt hat.

Die Astrophysiker sagen,
selbst die Sonne sei nicht so dauerhaft,
wie sie scheint. Die letzte Instanz
ist bloß eine Kneipe, in der die Anwälte
ihre Zeit totschlagen.

Das Jüngste Gericht läßt auf sich warten.
Geduld, sag ich mir, nur keine Panik!
Wer weiß, ob auf die Vergänglichkeit
wirklich Verlaß ist. Nur der Tod,
sagen die Sterblichen, sei definitiv.

Doch ob wir beide erwachen,
sobald die Posaune erschallt,
ob wir sie bemerken werden,
unsere Wiedergeburt,
ich und die dunkle Motte dort?

1 (aus dem Griech.): Ausruf der Freude, wenn etwas gelungen ist

Erster Schritt: Die Aufgabenstellung verstehen

1 **a** Markieren Sie in der Aufgabenstellung die Operatoren. Kennzeichnen Sie die Stelle, die über das erwartete Ausmaß des Vergleichs Auskunft gibt.

b Bestimmen Sie, ob die folgenden Aussagen zur Bearbeitung der Aufgabenstellung zutreffend sind. Kreuzen Sie an. Erläutern Sie Ihre Entscheidung in Ihrem Heft.

	zutreffend	nicht zutreffend
Teilaufgabe 2 gibt Hinweise zum Thema bzw. für eine mögliche Deutungshypothese.	☐	☐
Material 1 darf bei Bedarf zur Hilfe hinzugezogen werden.	☐	☐
Beim Vergleich der beiden Gedichte gilt es, nur die jeweiligen Stilmittel zu betrachten.	☐	☐
Die Aufgabe erfordert informierende und argumentierende Kompetenzen.	☐	☐

Zweiter Schritt: Erstes Textverständnis und Ideen formulieren

1 **a** Lesen Sie das Gedicht von Andreas Gryphius und übertragen Sie es in modernes Deutsch, ohne auf Verse oder Reime zu achten.

b Formulieren Sie spontan einen ersten Eindruck zu dem Gedicht. Schreiben Sie in Ihr Heft. Beginnen Sie folgendermaßen:

Das Gedicht spricht mich / spricht mich nicht an, denn das Thema / die in ihm vermittelte Stimmung / ...

c Nähern Sie sich dem Inhalt des Gedichts, indem Sie zunächst die einfachen W-Fragen beantworten:

Wer spricht? ______________________________

____

____

Wo und wann wird gesprochen? ______

Welchen Gesprächsanlass gibt es? ______

Wer ist der Adressat? ______

Welche Wörter sind Schlüsselwörter? ______

2 **a** Notieren Sie das Thema des Gedichts.

______

b Entwickeln Sie ein erstes Textverständnis zu dem Gedicht, indem Sie den folgenden Satz in Ihrem Heft vervollständigen.

In dem Sonett „Abend" von Andreas Gryphius ... der lyrische Sprecher ...

Dritter Schritt: Den Text erschließen – Eine Stoffsammlung anlegen

1 **a** Erfassen Sie den Inhalt des Gedichts. Legen Sie vorab eine Tabelle nach folgendem Muster an.
Tipp: Nehmen Sie das Heft quer. Sie können das Gedicht auch kopieren und in der Mitte des Blattes einfügen.

Inhalt	Text	Form
...	DEr schnelle Tag ...	...

b Notieren Sie links neben dem Text den Inhalt der jeweiligen Strophe. Fassen Sie am Ende jeder Strophe deren Inhalt knapp zusammen. Orientieren Sie sich am folgenden Beispiel:

Inhalt	Text	Form
Der Tag neigt sich dem Ende, die Nacht bricht an; der Mensch zieht sich zurück, alles liegt verlassen zusammengefasst: Beschreibung einer abendlichen Welt nach schnell vergangenem Tag	DEr schnelle Tag ist hin / die Nacht schwingt ihre Fahn / Und führt die Sternen auff. Der Menschen müde Scharen Verlassen Feld und Werck / wo Thir und Vögel waren Traurt itzt die Einsamkeit. Wie ist die Zeit verthan!	...

c Geben Sie mit Hilfe der kurzen Zusammenfassungen aus Teilaufgabe 1 b den gedanklichen Aufbau des Gedichts in eigenen Worten wieder. Schreiben Sie in Ihr Heft.

2 Erschließen Sie die formale Gestaltung des Gedichts.
a Untersuchen Sie dazu den äußeren Aufbau (z. B. Strophen, Metrum, Rhythmus und Reim).

Inhalt	Text	Form
Mensch (Körper) ... zusammengefasst: die gesamte irdische Welt ist nur von kurzer Dauer	Der Port naht mehr und mehr sich zu der Glider Kahn. **a** Gleich wie diß Licht verfil / so wird in wenig Jahren **b** Ich / du / und was man hat / und was man siht / hinfahren. **b** Diß Leben kömmt mir vor als eine Renne-Bahn. **a**	4 Verse ... umarmender Reim: deutet Abgeschlossenheit ... Metrum: ...

b Stellen Sie Zusammenhänge zwischen Inhalt, Form und Aufbau aller Strophen her. Übertragen und vervollständigen Sie dazu die Sätze **A** und **B** mit Hilfe des Wortspeichers in Ihrem Heft oder auf einem Blatt.

A Jedes der beiden ? wirkt durch den ? Reim in sich geschlossen. Dass die beiden ? ein ? Reimschema aufweisen, deutet auf eine Parallelität hin. Beide Strophen sprechen von der Endlichkeit, die eine ? die des Tages, die folgende ? die des Lebens.

umarmend • identisch • sich konzentrieren auf • thematisieren • Quartett • Quartett

B Die Form des ? mit dem ? von Quartetten und Terzetten unterstreicht einen inhaltlichen ?. Während zunächst allgemeine ? getroffen werden, gleicht der ? des Gedichts einem ?.

Feststellungen • Gebet • Sonett • Bruch • Wechsel • zweite Teil

C Ergänzen Sie mit Hilfe des Wortspeichers weitere Sätze in Ihrem Heft oder auf einem Blatt.

Terzette • parallele Aussagen • Bitte um Beistand • Möglichkeit des Sterbens

3 Erschließen Sie die sprachlich-stilistische Gestaltung, indem Sie auffällige Stilmittel im Text markieren und sie benennen. Erläutern und klären Sie in Ihrem Heft ihr Zusammenwirken mit dem Inhalt wie hier für die 3. Strophe.

Einschub, direkte Anrede — Metapher

Imperativ — Laß höchster Gott / mich doch nicht auff dem Lauffplatz gleiten /

Wiederholung „laß“ — Laß mich nicht Ach / nicht Pracht / nicht Lust nicht Angst verleiten!

Dein ewig-heller Glantz sey vor und neben mir / — Wiederholung „nicht“

Adjektiv

Stilmittel	Textbeleg / Erläuterung	Wirkung in Bezug auf Inhalt und Aussage
Metapher	„Lauffplatz“ (V. 9): Bild für das Verletzungsrisiko auf einer Wettkampfstätte, auf der es gilt, mit Geschwindigkeit von A nach B zu kommen	Anspielung auf ein mögliches Scheitern in dem mit hohem Tempo ablaufenden Leben
Wiederholung	Mehrfache Nennung der Verneinungspartikel „nicht“ (V. 10):	...
Einschub	...	...

4 **a** Nehmen Sie begründet dazu Stellung, inwiefern Ihnen die folgenden Deutungshypothesen geeignet bzw. ungeeignet erscheinen. Schreiben Sie in Ihr Heft.

A In dem Gedicht wird deutlich, dass man das Leben immer genießen sollte, da es jederzeit enden kann.
B In dem Gedicht manifestiert der lyrische Sprecher seinen unbedingten Glauben an Gott.
C Das Sonett zeigt einen lyrischen Sprecher, der über die Endlichkeit des Lebens verzweifelt.
D Der lyrische Sprecher bedauert die Kürze des Lebens, weiß sich aber nach dessen Ende in den sicheren Händen Gottes.

b Formulieren Sie in Ihrem Heft Ihre eigene Deutungshypothese, auch indem Sie ggf. eine der in Teilaufgabe 3 a genannten Deutungshypothesen überarbeiten.

5 **a** Legen Sie durch Ankreuzen fest, worüber Material 1 (► Seite 6) Auskunft gibt.

☐	Interpretationsansatz	☐	Inhalt des Gedichts	☐	Poetologischer Kontext
☐	Gedichtform	☐	Historischer Kontext	☐	Motive des Gedichts

b Fassen Sie die Aussagen von Material 1 in eigenen Worten in Ihrem Heft zusammen.

allgemeiner Dreischritt	Dreischritt im Gedicht
...	...

c Legen Sie in Ihrem Heft dar, inwiefern die Aussagen auf das Gedicht „Abend“ bezogen werden können.

d Überprüfen und überarbeiten bzw. ergänzen Sie in Ihrem Heft ggf. Ihre bei Teilaufgabe 3 b entwickelte Deutungshypothese. Sie können so beginnen: Das Sonett veranschaulicht auf allegorische Art ...

6 Bei dem Vergleich von Gryphius' „Abend“ mit Enzensbergers „Eventuell“ soll das Motiv der Endlichkeit betrachtet werden. Finden Sie Gemeinsamkeiten und Unterschiede bei dessen Gestaltung, indem Sie einzelne Kriterien herausarbeiten. Übertragen Sie dazu folgende Tabelle in Ihr Heft und ergänzen Sie sie.

	Gryphius „Abend“	**Enzensberger „Eventuell“**
Lyrischer Sprecher und Situation	...	...
Umgang mit der Situation	...	...
Ursache bzw. Folgen / Auswirkungen der Situation	Hoffnung auf ...	allgemeines Aufgehobensein im Universum
Darstellung der Situation – Bildlichkeit	...	...
Kontext / Entstehungszeit	17. Jhdt. – Barock: Vanitas, memento mori	21. Jhdt. – Gegenwart: u. a. in Folge der Aufklärung geringe Jenseitsorientierung

Vierter Schritt: Den Schreibplan erstellen und eine Interpretation schreiben

1 **a** Rekapitulieren Sie zunächst, welche Elemente in die Einleitung, den Hauptteil bzw. den Schluss Ihrer Ausführungen gehören, indem Sie folgende Begriffe unterschiedlich farblich kennzeichnen.

über den Inhalt informieren • auf eine alternative Deutungshypothese verweisen • zur Zeitlosigkeit der Thematik Stellung nehmen • die Gedichtform benennen • die Gedichtform beschreiben • das Thema des Gedichts benennen • sprachlich-stilistische Auffälligkeiten erläutern • Stilmittel benennen und deuten • eine Interpretationsthese aufstellen • Gemeinsamkeiten mit dem anderen Gedicht erläutern • Epochenmerkmale diskutieren • Textsorte, Titel, Autor/-in, Entstehungsjahr nennen • eine Überleitung formulieren • Motive hinterfragen • die Frage nach der Endlichkeit als Thema der Literatur anreißen • Rückbezüge zur These herstellen • die Bildlichkeit untersuchen • ein Fazit formulieren

b Versehen Sie Ihre eigenen Untersuchungsergebnisse mit vergleichbaren farblichen Markierungen.

2 **a** Bei einem thesenorientierten Interpretationstext wird eine Deutungshypothese in den Mittelpunkt gestellt und argumentativ unter Rückgriff auf Textbelege bzw. -zitate begründet.
Die folgende Deutungshypothese könnte einer thesenorientierten Interpretation zugrunde liegen. Umkreisen Sie alle Aspekte, die einer Argumentation bedürfen:

Der lyrische Sprecher gibt dem Gedanken des „memento mori" und der „vanitas" Ausdruck und setzt seine Hoffnung auf ein Leben bei einem personifizierten Gott im Jenseits.

b Entwickeln Sie Argumente zu der Deutungshypothese. Bestimmen Sie zunächst, welche Aspekte der Deutungshypothese die folgenden Argumente jeweils abdecken. Vervollständigen Sie sodann die Stichpunkte und ergänzen Sie weitere Argumente.

personifizierter Gott	Direkte Ansprache eines konkreten Gegenüber: (V. 14)	Personalpronomen 2. Person, „Dein [...] Glantz“ (V. 11), „zu Dir“ Großschreibung, ... Bezeichnung als „Gott“, ...
Hoffnung	... :	Wiederholung von „Laß“, ... Gebrauch der Imperative, ... Emphase, ...
Leben im Jenseits	Verweise auf ein anderes, besseres Leben: ...	Verb, ... Metapher, ...

c Übertragen Sie die Vorgehensweise von Teilaufgabe 2 a und b auf Ihre eigene Deutungshypothese im Heft und entwickeln Sie so einen Teil Ihres Schreibplans für eine thesenorientierte Vorgehensweise.

d Erstellen Sie einen vollständigen Schreibplan für eine thesenorientierte Vorgehensweise, indem Sie Ihren in Teilaufgabe 2 c begonnenen Teil des Schreibplans mit Ihren Ergebnissen der Schritte 1–3 ergänzen.

Achten Sie auf das Zusammenwirken der von Ihnen erfassten **sprachlich-stilistischen Auffälligkeiten** mit Inhalt, Aussage und Aufbau. So können Sie diese schlüssig in Ihre Argumentation zu Ihrer Deutungshypothese einbinden. Reine Informationen zu Inhalt und Aufbau stehen vor der Argumentation, z. B. in Form einer strukturierten Inhaltsangabe. Der Vergleich mit Enzensbergers Gedicht steht – der Aufgabenstellung entsprechend – an deren Ende.

3 Formulieren Sie Ihre Interpretation. Stützen Sie sich auf Ihren Schreibplan und Ihre bisherigen Untersuchungsergebnisse. Folgende Formulierungen können Ihnen bei der Verknüpfung helfen:

auch • außerdem • darüber hinaus • des Weiteren • ebenfalls • ergänzend • gleichermaßen • zugleich • zusätzlich • überdies • gleichfalls • ferner • insbesondere

Fünfter Schritt: Den Text überarbeiten

1 Überarbeiten Sie Ihren Text mit Hilfe der folgenden Checkliste.

Checkliste

- Ist mein Aufsatz durch **Absätze** und **sinnvolle Überleitungen** klar aufgebaut?
- Habe ich in der **Einleitung** den Titel und den Autor/-in genannt sowie zum Thema hingeführt und am **Schluss** meine Ausführungen mit einem **Fazit** abgerundet?
- Habe ich am Anfang meiner Ausführungen eine klar erkennbare und verständliche **Deutungshypothese** formuliert und diese am Ende bestätigt bzw. korrigiert?
- Habe ich Material 1 berücksichtigt?
- Habe ich meine Deutungshypothese argumentativ und schlüssig erläutert und dabei Textbezüge und -zitate als Belege herangezogen?
- Habe ich die **relevanten Aspekte** zu Inhalt, Aufbau, Form, Sprache und Stil des Textes berücksichtigt, z. B. lyrischer Sprecher, Ausgangslage, Gedichtform, Auffälligkeiten, Bildlichkeit?
- Habe ich das **Zusammenwirken** von Inhalt bzw. Aussage und Form sowie sprachlicher und stilistischer Auffälligkeiten herausgearbeitet und genau erläutert?
- Habe ich Gemeinsamkeiten und Unterschiede in der **Motivgestaltung** zwischen Gryphius' und Enzensbergers Gedicht aufgezeigt?
- Habe ich auf die Wahrung des **Sachstils, Verständlichkeit** und **Textkohärenz** geachtet?
- Habe ich **Fachsprache** richtig verwendet und formal **korrekt zitiert**?
- Habe ich die **Rechtschreibung**, **Grammatik** und **Zeichensetzung** geprüft?

Eine Dramenszene untersuchen und interpretieren

Wissen und können **Eine Dramenszene interpretieren**

Zur Interpretation eines Dramenausschnitts muss eine Deutungshypothese auf Grundlage der Ergebnisse formuliert und bestimmte Aspekte müssen untersucht werden:

- inhaltliche Aspekte: z. B. der Handlungsaufbau und Handlungsgang, die Gesprächssituation, die Gestaltung der Figuren und Figurenbeziehung und die Entfaltung des Themas oder Konflikts
- gestalterische Aspekte: z. B. das Gesprächsverhalten und sprachliche Gestaltungsmittel
- weiterführende Aspekte: z. B. der Blick auf die Epoche oder Vergleich eines Konflikts

Stellen Sie sich vor, Sie bekommen folgende Aufgabe:

a Interpretieren Sie die folgende Szene aus Schillers Drama „Don Karlos“. Berücksichtigen Sie dabei den Gesprächsverlauf, die Figurengestaltung und die Sprache der Figuren.
b Beurteilen Sie, ob Don Karlos als Vertreter der Aufklärung gesehen werden kann. Ziehen Sie dazu den Text des Literaturwissenschaftlers Jochen Schulte-Sasse (▶ M1, S. 17) und die Aussagen Friedrich Schillers (▶ M2, S. 17) hinzu.

Friedrich Schiller: Don Karlos 1. Akt, 5. Auftritt (Auszug)

Der spanische König Philipp II. (1527–1598) hat aus politischen Gründen die französische Prinzessin Elisabeth von Valois geheiratet. Sie war allerdings schon seinem Sohn Karlos versprochen. Karlos durfte seine Geliebte und jetzt gleichzeitig Stiefmutter nicht mehr treffen. Verzweifelt vertraut sich Karlos seinem Freund Marquis Posa an, der gerade aus Flandern nach Spanien zurückgekehrt ist. Posa will Don Karlos davon überzeugen, dass dieser dem unterdrückten Flandern helfen müsse und so seine Liebe zu Elisabeth vergessen könne. Nach einem Freundschaftsschwur arrangiert Posa aber dennoch ein heimliches Treffen zwischen Karlos und Elisabeth. Die Szene spielt in einer einfachen ländlichen Gegend in Aranjuez, wo das Landhaus der Königin liegt.

KARLOS. *vor der Königin niedergeworfen.*
So ist er endlich da der Augenblick,
Und Karl darf diese teure Hand berühren! –
KÖNIGIN.
Was für ein Schritt – Welch eine strafbare[1],
Tollkühne Überraschung! Stehn Sie auf!
Wir sind entdeckt. Mein Hof ist in der Nähe.
KARLOS.
Ich steh nicht auf – Hier will ich ewig knien.
Auf diesem Platz will ich verzaubert liegen,
In dieser Stellung angewurzelt –
KÖNIGIN.
Rasender!
Zu welcher Kühnheit führt Sie meine Gnade?
Wie? Wissen Sie, dass es die Königin,
Dass es die Mutter ist, an die sich diese
Verwegne Sprache richtet? Wissen Sie,
Dass ich – ich selbst von diesem Überfalle
Dem Könige –
KARLOS.
Und dass ich sterben muss!
Man reiße mich von hier aufs Blutgerüste!
Ein Augenblick gelebt im Paradiese
Wird nicht zu teuer mit dem Tod gebüßt.
…
KÖNIGIN.
... Unglücklicher! Was wollen Sie von mir?
KARLOS.
O Königin, daß ich gerungen habe,
Gerungen, wie kein Sterblicher noch rang,
Ist Gott mein Zeuge – Königin! Umsonst!
Hin ist mein Heldenmut. Ich unterliege.
KÖNIGIN.
Nichts mehr davon – um meiner Ruhe willen –
KARLOS.
Sie waren mein – im Angesicht der Welt
Mir zugesprochen von zwei großen Thronen,
Mir zuerkannt von Himmel und Natur,
Und Philipp, Philipp hat mir sie geraubt –
KÖNIGIN.
Er ist Ihr Vater.
KARLOS.
Ihr Gemahl.
KÖNIGIN.
Der Ihnen
Das größte Reich der Welt zum Erbe giebt.

1 Der König hat festgelegt, dass Karlos seine Stiefmutter nie allein treffen darf.

KARLOS.
Und *Sie* zur Mutter –
KÖNIGIN.
Großer Gott! Sie rasen –
KARLOS.
Und weiß er auch, wie reich er ist? Hat er
Ein fühlend Herz, das Ihrige zu schätzen?
Ich will nicht klagen, nein, ich will vergessen,
Wie unaussprechlich glücklich ich mit Ihrer Hand
Geworden wäre – wenn nur Er es ist.
Er ist es nicht – Das, das ist Höllenqual!
Er ist es nicht und wird es niemals werden.
Du nahmst mir meinen Himmel nur, um ihn
In König Philipps Armen zu vertilgen.
KÖNIGIN.
Abscheulicher Gedanke!
KARLOS.
O ich weiß,
Wer dieser Ehe Stifter war – ich weiß,
Wie Philipp lieben kann und wie er freite[2].
Wer sind ***Sie*** denn in diesem Reich? Lass hören.
Regentin etwa? Nimmermehr! Wie könnten,
Wo ***Sie*** Regentin sind, die Alba würgen?[3]
Wie könnte Flandern für den Glauben bluten[4]?
Wie, oder sind Sie Philipps Frau? Unmöglich!
Ich kann's nicht glauben. Eine Frau besitzt
Des Mannes Herz – und wem gehört das seine?
Und bittet er nicht jede Zärtlichkeit,
Die ihm vielleicht in Fieberglut entwischte,
Dem Zepter ab und seinen grauen Haaren?
KÖNIGIN.
Wer sagte Ihnen, dass an Philipps Seite
Mein Los beweinenswürdig sei?
KARLOS.
Mein Herz,
Das feurig fühlt, wie es an meiner Seite
Beneidenswürdig wäre.
KÖNIGIN.
Eitler Mann!
Wenn mein Herz nun das Gegenteil mir sagte?
Wenn Philipps ehrerbiet'ge Zärtlichkeit
Und seiner Liebe stumme Mienensprache
Weit inniger als seines stolzen Sohns
Verwegene Beredsamkeit mich rührten?
Wenn eines Greisen überlegte Achtung –
KARLOS.
Das ist was andres – Dann – ja, dann –
Vergebung.
Ich wusst es nicht. – Das wusst ich nicht, dass Sie den
König lieben.
KÖNIGIN.
Ihn ehren ist mein Wunsch und mein Vergnügen.
KARLOS.
Sie haben nie geliebt?
KÖNIGIN.
Seltsame Frage!

KARLOS.
Sie haben nie geliebt?
KÖNIGIN.
– Ich liebe
nicht mehr.
KARLOS.
Weil es Ihr Herz, weil es Ihr Eid verbietet?
KÖNIGIN.
Verlassen Sie mich, Prinz, und kommen Sie
Zu keiner solchen Unterredung wieder.
KARLOS.
Weil es Ihr Eid, weil es Ihr Herz verbietet?
KÖNIGIN.
Weil meine Pflicht – – Unglücklicher, wozu
Die traurige Zergliederung des Schicksals,
Dem Sie und ich gehorchen müssen?
KARLOS.
Müssen?
Gehorchen müssen?
KÖNIGIN.
Wie? Was wollen Sie
Mit diesem feierlichen Ton?
KARLOS.
So viel,
Dass Karlos nicht gesonnen ist, zu müssen,
Wo er zu wollen hat; dass Karlos nicht
Gesonnen ist, der Unglückseligste
In diesem Reich zu bleiben, wenn es ihm
Nichts als den Umsturz der Gesetze kostet,
Der Glücklichste zu sein. *

---

2 freien = um die Hand einer Frau werben

3 Anspielung auf Herzog Alba, einen spanischen Feldherrn, seit 1567 Generalkapitän der Niederlande, der jeden Protest oder Aufstand dort blutig unterdrückte

4 für den Glauben bluten: Spanien war Vorreiter des Katholizismus, Flandern protestantisch

Erster Schritt: Die Aufgabenstellung verstehen

1 **a** Markieren Sie in der Aufgabenstellung die Operatoren (► Umschlaginnenseite, Operatorenliste).
b Machen Sie sich klar, wann Sie informieren und wann Sie argumentieren müssen.

2 Klären Sie, welche Arbeitsschritte die Aufgabe von Ihnen verlangt: Bringen Sie dazu die unten stehenden Kompetenzen in eine logische Reihenfolge, indem Sie sie nummerieren. **Tipp:** Es gibt mehrere Lösungen.

- [ ] den Konflikt analysieren
- [ ] den Inhalt der Textstelle knapp und mit eigenen Worten zusammenfassen
- [ ] den Schauplatz untersuchen
- [ ] das Thema der Szene benennen
- [ ] den Gesprächsverlauf erarbeiten
- [1] Schiller als Dichter zwischen Aufklärung und Klassik
- [ ] die Aktualität des Dramas prüfen und begründen
- [ ] die Beziehung der Figuren herausstellen
- [ ] die Sprache der Figuren analysieren
- [ ] die Möglichkeiten des weiteren Handlungsverlaufs skizzieren
- [ ] die charakterlichen Unterschiede zwischen den Figuren herausstellen

Zweiter Schritt: Erstes Textverständnis und Ideen formulieren

1 **a** Formulieren Sie spontan einen ersten Eindruck zu Charakter und Verhalten der Figuren. Vervollständigen Sie dazu den folgenden Satz.

Don Karlos wirkt auf mich ______________________________. Bei der Königin habe ich den Eindruck, ______________________________

b Nähern Sie sich dem Dialog zwischen Karlos und der Königin, indem Sie zunächst die einfachen W-Fragen beantworten:

Wer spricht mit wem? ______________________________

Wo befinden sich die Dialogpartner? ______________________________

Wann findet das Gespräch statt? ______________________________

Worüber sprechen sie? ______________________________

In welcher Stimmung wird das Gespräch geführt? ______________________________

____

____

c Fassen Sie den Inhalt des Gesprächs in einem vorläufigen Basissatz schriftlich zusammen.

Durch die Vermittlung seines Freundes, des Marquis Posa, kann sich Don Karlos gegenüber Elisabeth erklären.

Er macht im Dialog deutlich, dass ______________________________

______________________________.

d Gliedern Sie den Text in Abschnitte und geben Sie jedem Abschnitt eine zusammenfassende Überschrift.

Abschnitt 1 (V. ______ – ______): Karlos' unbedingte Liebe und Elisabeths entsetztes Zurückweichen

Abschnitt 2 (V. ______ – ______): ______________________________

Abschnitt 3 (V. ______ – ______): ______________________________

e Analysieren Sie die Dialogführung. Füllen Sie dazu die folgende Tabelle aus.

Untersuchungsaspekt	Don Karlos	Elisabeth / die Königin
Redeanteil		
Zusammenhang von Sprache und Verhalten		
Gesamteindruck von der Figur		Für Elisabeth steht die Staatsräson im Vordergrund

Dritter Schritt: Den Text interpretieren

1 **a** Unterstreichen Sie im Text (► S. 12 f.) alle Ausdrücke, die Gefühle benennen.
b Unterstreichen Sie im Text (► S. 12 f.) alle Ausdrücke, die sich auf „Vernunft" beziehen.
c Charakterisieren Sie die beiden Figuren. Legen Sie dazu eine Tabelle wie die folgende an:

Don Karlos	Königin	Zitate als Belege
...	...	...

Wissen und können **Sprechhandlung**

Ein Drama besteht ganz wesentlich aus der Rede der Figuren, die verschiedene Sprachhandlungen (Sprechakte) ausführen, z. B.: Behauptung, Feststellung, Beschuldigung, Vermutung, Frage, Aufforderung, Versprechen, Bitte, Befehl, Reflexion, Erinnerung, Ausdruck einer Empfindung, Klage, Gewissensforschung, Argumentation, Entschluss, Rechtfertigung.

2 **a** Der Dialog lässt sich als Abfolge von Aussage und Reaktion beschreiben. Vervollständigen Sie den Verlauf. Achten Sie dabei auf die genaue Bezeichnung der Sprechhandlung und geben Sie konkrete Textstellen an.

Karlos drückt sein Glück aus (vgl. V. 1), endlich Elisabeth zu begegnen → Elisabeth zeigt sich überrascht und fordert Karlos auf, sofort aufzustehen

Karlos beharrt auf ...

→ Elisabeth betont die Unmöglichkeit

b Schillers Sprache ist rhetorisch und bilderreich. Untersuchen Sie, welche inhaltlichen Aussagen sich aus den sprachlichen und den rhetorischen Mitteln jeweils ableiten lassen. Notieren Sie sie in der folgenden Tabelle.

bildliches / sprachlich-stilistisches Gestaltungsmittel	Funktion im Text

c Ihre Mitschüler/-innen stellen verschiedene Deutungshypothesen auf. Nehmen Sie jeweils dazu Stellung, indem Sie Ihre Zustimmung bzw. Ablehnung am Text begründen.
Schreiben Sie ins Heft.

A Zu Beginn des fünften Auftritts im ersten Akt geht es um einen vergeblichen Versuch des Don Karlos, seine Mutter nochmals umzustimmen.
B Schiller lässt im fünften Auftritt des ersten Aktes den Widerstreit zwischen Pflicht und Neigung aufscheinen.
C In der Figur des Don Karlos werden Züge des Sturm und Drang genauso fassbar wie das Gedankengut der Aufklärung.

3 Lesen Sie die folgenden Texte zur Einordnung des Dramas in die Literaturgeschichte.

M1 Jochen Schulte-Sasse **Die frühen Dramen Schillers**

Schillers frühe Dramen zeigen sich in ihrem sozialen Gehalt abhängig von Hochaufklärung und Sturm und Drang. Stilistisch steht er dabei letzterem näher, wirkungsästhetisch und gesellschaftspolitisch der Hochaufklärung. Denn während der Sturm und Drang eine Darstellungsästhetik[1] auszubauen sich bemüht, die der Kunst keine zentrale gesellschaftspolitische Wirkung mehr zuschreibt, hält Schiller – hierin der letzte Aufklärer – am wirkungsästhetischen[2] Optimismus der Hochaufklärung fest. Für ihn gipfelt die ästhetische Wirkung großer dramatischer Kunst in ihrer Kraft, im Zuschauerraum für Augenblicke jene politische Utopie real werden zu lassen, die das Denken aller Literaten des 18. Jahrhunderts bestimmt.

1 Kunstvorstellung, die v. a. auf die inneren Regeln eines Kunstwerks achtet, nicht auf die Außenwirkung
2 von „Wirkungsästhetik": Kunstvorstellung, die davon ausgeht, dass ein Kunstwerk konkrete Wirkung auf die Leser/-innen oder Zuschauer/-innen ausübt

M2 Friedrich Schiller **Zur Wirkung des Theaters**

„Und dann endlich – welch ein Triumph für dich, Natur! – so oft zu Boden getretene, so oft wieder auferstehende Natur! – wenn Menschen aus allen Kreisen und Zonen und Ständen, abgeworfen jede Fessel der Künstelei und Mode, herausgerissen aus jedem Drange des Schicksals, durch eine allwebende Sympathie verbrüdert, in ein Geschlecht wieder aufgelöst, ihrer selbst und der Welt vergessen und ihrem himmlischen Ursprung sich nähern. Jeder einzelne genießt die Entzückungen aller, die verstärkt und verschönert aus hundert Augen auf ihn zurückfallen, und seine Brust gibt jetzt nur einer Empfindung Raum – es ist diese: ein Mensch zu sein." *

a Fassen Sie die Aussagen des Literaturwissenschaftlers Jochen Schulte-Sasse in eigenen Worten zusammen. Vervollständigen Sie dazu die folgenden Sätze.

Schulte-Sasse verortet die frühen Dramen Schillers zwischen ______

und ______. Die politische Sprengkraft der Literatur liegt für den

Wissenschaftlicher darin, dass der Theaterbesucher ______

______.

b Arbeiten Sie aus M2 heraus, welche Wirkung Schiller dem Theater zuschreibt. Berücksichtigen Sie dabei die im Text unterstrichenen Passagen besonders.
TIPP: Versuchen Sie stets, eigene Formulierungen zu finden. Schreiben Sie den Text nicht einfach wörtlich ab.
c Prüfen Sie, inwiefern die Einordnung des Dramas in die Literaturgeschichte, die Schulte-Sasse diskutiert, auf den Auszug aus Don Karlos (► S. 12 f.) bezogen werden kann. Beziehen Sie die Ergebnisse aus 3 b mit ein.

d Ergänzen Sie ggf. die Deutungshypothese aus Aufgabe 2 c (► S. 17).

Vierter Schritt: Den Schreibplan erstellen und den Text schreiben

1 Erstellen Sie für Ihren Aufsatz einen Schreibplan, der die Struktur Ihres Aufsatzes abbildet: Füllen Sie die folgende Tabelle mit den Stichworten aus dem Wortspeicher. Ergänzen Sie ggf. weitere Aspekte der Interpretation.
Tipp: Die Deutungshypothese dient als „roter Faden“.

Hinführung	Deutungshypothese	Erschließung und Deutung des Textauszugs	Schlussbemerkung	ggf. Bearbeitung der Zusatzaufgabe und Ergänzung der Deutungshypothese

Zur Aktualität des Dramas Stellung nehmen • Verlauf und Entwicklung des Dialogs darstellen • Gesprächssituation beschreiben • eine Hypothese über das eigene Verstehen aufstellen • Sprache der Figuren analysieren • Figuren charakterisieren • Epochenmerkmale diskutieren • Überleitung formulieren • Textsorte, Titel, Autor, Entstehungsjahr benennen • Beziehungen als Thema der Literatur anreißen

2 Formulieren Sie auf der Grundlage des Schreibplans und der bisherigen Untersuchungsergebnisse den Aufsatz. Schreiben Sie ins Heft. Sie können auf folgende Bausteine zurückgreifen:

Hinführung:
In literarischen Texten stehen sehr häufig Beziehungsfragen im Mittelpunkt. Goethes Werther hat sich in Charlotte verliebt, die jedoch bereits ... Auch in Schillers „Don Karlos“ steht eine schwierige Liebesgeschichte im Fokus, denn ...

Erschließung:
Die Szene lässt sich in insgesamt ... Abschnitte gliedern. Ausgangspunkt der Szene ist ...
Königin Elisabeth bleibt zunächst distanziert, im zweiten Teil des Gesprächs aber ...
Don Karlos setzt mit seinem Auftritt alles auf eine Karte, aber ...
Schon hier zeigt sich ... Die Gesprächssituation ist geprägt von ...
Die Figuren legen den Konflikt zwischen Pflicht und .... immer wieder offen ...
Im letzten Abschnitt zeichnet Don Karlos ein eindrückliches Bild seiner politischen Philosophie ...
Elisabeths Einwand kontert Don Karlos mit ... Besonders deutlich wird Don Karlos' Auffassung ...
In der Szene werden deutliche Hinweise auf die Epoche .... gegeben.
Für die Einordnung in das Zeitalter der Aufklärung spricht ...
Der Literaturwissenschaftler Schulte-Sasse definiert .... Schiller selbst hat die Aufgabe der Kunst als .... gesehen. Die Interpretation hat gezeigt, dass die anfangs aufgestellte Hypothese ...

Schlussbemerkung:
Beziehungen spielen in der Literatur und in der Kunst allgemein auch heute eine zentrale Rolle. In Bernhard Schlinks Erfolgsroman „Der Vorleser“ wird eine sehr ungewöhnliche Liebesgeschichte erzählt, die auch zwei Figuren zusammenbringt, die, wie bei Schiller, ...

Fünfter Schritt: Den Text überarbeiten

1 Überarbeiten Sie Ihren Text mit Hilfe der folgenden Checkliste und der Gliederungspunkte (► S. 18, Aufg. 1)

Checkliste **Eine Dramenszene untersuchen und interpretieren**

- Habe ich das **Thema der Aufklärung** benannt?
- Hat mein Aufsatz einen klaren **Aufbau**, der durch Absätze gegliedert ist und sinnvolle Überleitungen hat?
- Habe ich in meiner **Einleitung** zum Thema hingeführt und Textsorte, Titel, Autor, Erscheinungsjahr und eine Deutungshypothese als Grundlage für die Interpretation der Szene genannt?
- Habe ich den **Inhalt** knapp und mit eigenen Worten zusammengefasst?
- Habe ich den **Schauplatz** untersucht?
- Habe ich den **Konflikt** analysiert und den Gesprächsverlauf herausgearbeitet?
- Habe ich die **Beziehung der Figuren** und deren charakterlichen Unterschiede herausgestellt sowie deren Sprache analysiert?
- Habe ich sämtliche in der Aufgabe **genannten Aspekte der Analyse** aufgeführt und dabei Inhalt, Sprache und Form in Beziehung gesetzt und eine zusammenfassende Deutung formuliert?
- Habe ich die **Deutungshypothese** als roten Faden meiner Erschließung benutzt?
- Habe ich die Deutungshypothese am Ende geprüft und ggf. bestätigt oder korrigiert?
- Habe ich geprüft, ob Don Karlos als Vertreter der Aufklärung angesehen werden kann, und zur Aktualität des Dramas **Stellung genommen?**
- Habe ich **sachlich formuliert** und meine Beobachtungen durch Verweise und **Textzitate belegt?**
- Habe ich meine Aussagen durch sinnvolle Konjunktionen und Adverbien **verknüpft?**
- Ist mein Text sprachlich richtig (**Rechtschreibung, Grammatik, Zeichensetzung**)?

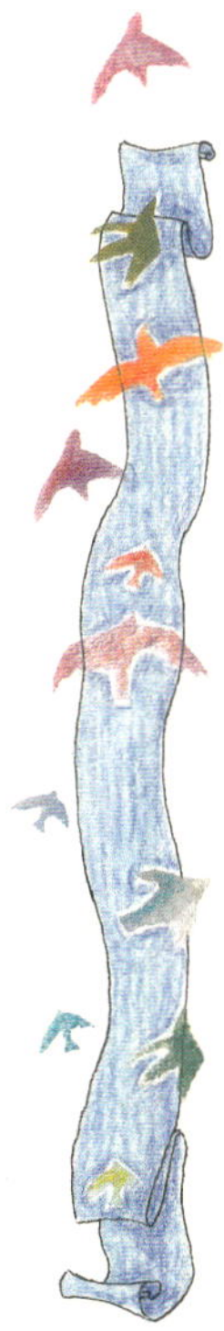

Über einen epischen Text schreiben

Wissen und können **Einen epischen Text erschließen**

Um einen epischen Text zu **verstehen** und um zu einer begründbaren **Deutungshypothese** zu gelangen, ist es wichtig, ihn zu **erschließen** (*ihn sich auf-zu-schließen*).
Dazu ist es hilfreich, methodisch **verschiedene Einzelschritte** durchzuführen:

1. **erste Leseeindrücke** festhalten: Assoziationen und Ideen zum Text sammeln,
2. den **Aufbau** untersuchen: Sinnabschnitte und Schlüsselbegriffe markieren,
3. den **Inhalt** genauer erfassen: die äußere Handlung und den Gedankengang klären,
4. die **Figuren- und Raumkonstellation** untersuchen: Bezüge zwischen den Figuren und zu den Schauplätzen der Handlung herausarbeiten,
5. die **Erzählweise** analysieren: die Fokalisierung, die Erzählhaltung (z. B. neutral, affirmativ (bejahend), ablehnend, kritisch) sowie die Kommunikationssituation bestimmen,
6. die **sprachlich-stilistische Gestaltung** untersuchen: Auffälligkeiten herausarbeiten und ihre Wirkung bestimmen,
7. eine **Deutungshypothese** formulieren: nach der **Bedeutsamkeit des Textes** (für das Schicksal der Figuren, die Entstehungszeit oder für heutige Leserinnen und Leser) fragen und ein **höheres Abstraktionsniveau** anlegen, z. B. allgemeingültigere Aussagen ableiten, zentrale Konflikte aufzeigen, die Gestaltung eines Motivs erläutern.

Die stichpunktartig notierten Ergebnisse sowie Markierungen am und im Text können als Grundlage dienen, um einen **Schreibplan** für den Interpretationsaufsatz zu erstellen.

Stellen Sie sich vor, Sie erhalten folgende Aufgabe:

a Interpretieren Sie Judith Hermanns Erzählung „Zigaretten". Gehen Sie dabei auch auf erzählerische und sprachliche Gestaltungsmittel ein. Berücksichtigen Sie in Ihrer Analyse besonders die Haltung der Ich-Erzählerin zum dargestellten Geschehen.
b Vergleichen Sie das Thema Eifersucht in Hermanns Erzählung mit der in Goethes Briefroman „Die Leiden des jungen Werthers" aus dem Schulbuch.

Judith Hermann: Zigaretten (2001)

Er hat mir die folgende, kleine Geschichte beiläufig erzählt, unspektakulär, ohne Anspruch auf ihre Wichtigkeit, sie schien ihn kaum zu beschäftigen. Er erzählte sie wie jemand, der in Gedanken schon ganz woanders ist, er war mit mir zusammen, eigentlich wollte er jetzt gehen. Er wollte das Gespräch nicht mehr fortsetzen, aber an der Tür blieb er dann doch stehen, er wollte nicht flüchten. Er erzählte nicht irgendetwas, aber auch nichts, was ihn hätte aufhalten können, im Fortgehen sagt man etwas vom Fortgehen, ob man will oder nicht. Die Geschichte war auch kurz, eine kleine, kurze Geschichte, ich habe sie nicht vergessen: Er war sehr jung, damals, er ist jetzt noch nicht alt, aber damals war er wirklich sehr jung, zwanzig oder einundzwanzig Jahre alt. Ich kannte ihn noch nicht. Er hatte eine Lehre hinter sich und die Armee, er war vom Land nach Berlin gekommen wie alle anderen auch, er wohnte damals in der Marie-Curie[1] -Allee, das ist nicht wichtig, aber der Straßenname klingt so schön – Marie-Curie-Allee. Ich versuche mir vorzustellen, wie er damals ausgesehen hat. Er hat mir einmal ein Foto gezeigt aus dieser Zeit, ein Schwarzweiß-Portrait, selbst entwickelt. Er guckt ernst in die Kamera, ausdruckslos, aber dennoch mit einer gewissen Pose, er sieht sehr schön aus, herzzerreißend schön, so kann er nicht ausgesehen haben. Ich erinnere mich deutlich an das Gefühl, das ich hatte, als er mir das Foto zeigte, an meine Traurigkeit darüber, ihn nicht schon damals, nicht schon immer gekannt zu haben. Ich kann mir nicht vorstellen, wie er damals ausgesehen hat.

Er hatte in diesem ersten Jahr in Berlin eine Freundin, Constanze, mit der er heute nicht mehr zusammen, aber noch immer befreundet ist. Ich habe ihn gefragt, wo sie sich kennen gelernt hätten, er konnte sich erstaunlicherweise nicht mehr genau daran erinnern, obwohl er – wie er selbst sagt – Constanze sehr geliebt hat. „In der Universität, glaube ich", sagte er und ich musste lachen, weil ich weiß, dass er nie studiert hat, sie hingegen ist heute promoviert. Auch Constanze kann ich mir nicht

1 Marie Curie: polnische Chemikerin (1867-1934), 1903 Nobelpreis für Physik, zusammen mit ihrem Mann Pierre, und 1911 Nobelpreis für Chemie.

vorstellen, obgleich es mir leichter fällt, Einzelheiten zusammenzufügen – ein blasses Mädchen mit dünnen, langen Beinen, einem verschlossenen Gesicht, fast mongolischen Zügen und grünen oder graugrünen Augen. Ich glaube, sie hat lange, schwarze Haare gehabt und war sehr groß und so schmal wie er. Wenn sie lacht – heute –, lacht sie nur halb, vielleicht kann man sagen: halbherzig; sie lacht eindeutig nur mit der einen Hälfte ihres Gesichtes, ihres Mundes. Ich habe ihn gefragt, ob sie sich verändert habe seit damals, genauer, ich habe gefragt: „War sie damals schon so, wie sie heute ist?“ Er hat ohne zu zögern geantwortet: „Ja“, ich nehme also an, dass sie schon damals so gelacht hat, schief, eigentlich ernsthaft, halb.

In der Geschichte, die er mir im Fortgehen erzählt hat, haben sie sich an einem Nachmittag im Sommer am Brunnen hinter dem Alexanderplatz getroffen. Auf dem Alexanderplatz steht der Fernsehturm auf einer wie bleiernen Fläche Beton, die dann in ein treppenartig angelegtes Wasserspiel übergeht, eine Springbrunnenanlage aus den Sechziger- oder Fünfzigerjahren, dahinter ein kleiner Park, ein alter Springbrunnen mit einem Wasser speienden Neptun, kleine Wege, Parkbänke, dann die Spree, der Blick auf den Palast der Republik. Viel Himmel über allem. Sie haben sich in diesem Park hinter dem Brunnen getroffen, es war Nachmittag, ich glaube, er sagte, es sei heiß gewesen, Sommer, sie saßen auf einer dieser Bänke, eine Stunde lang, zwei.

Wenn es überhaupt gelingen will, sie zu sehen, an diesem Nachmittag im Juni, Juli, dann nur in einem Bild, einem Foto, einem gefrorenen Moment, ohne Ton. Sehr viel Licht, Schatten, erstaunlicherweise ein bewegter Himmel, schnelle Wolken, die beiden auf der Bank jedoch reglos, ihr Kopf auf seiner Schulter, vielleicht so, sehr einfach. Sie haben sich nicht getrennt, an diesem Nachmittag. Sie haben sich nichts gestanden und nichts versprochen, sie haben nicht gezweifelt und nicht gestritten, sie waren ganz heil und einfach miteinander; später musste sie nach Frankfurt/Oder fahren, nach Hause, zu ihren Eltern, er hat sie zum Zug gebracht. (Ein Jahr später, als sie ihn verließ, soll er auf der Straße hinter ihr hergerannt sein und sie lauthals beschimpft haben, eine Vorstellung, die mir, so wie ich ihn heute sehe, völlig absurd erscheint, obgleich ich weiß – es ist wahr.) Sie sind von der Bank aufgestanden, vielleicht haben sie sich gestreckt, umarmt. Ich kann ihnen hinterhersehen, am ehesten das, sein Arm um ihre Schulter gelegt, ich denke, sie sind langsam gelaufen, träge, es soll so warm gewesen sein, heiß. Sie sind in die S-Bahn gestiegen am Alexanderplatz und zum Bahnhof Lichtenberg gefahren, mag sein, dass sie noch Zeit hatten, bis der Zug kam. Sie haben am Gleis gewartet, er sagt, sie hätten eine letzte Zigarette rauchen wollen miteinander, aber er habe die Zigaretten liegen gelassen, vergessen auf dieser Bank im Park. Sie haben dann nicht mehr geraucht. Der Zug kam, sie stieg ein und fuhr weg, sie kann nicht für lange Zeit fortgefahren sein, er sagte nichts von einem dramatischen, schweren Abschied. Er habe dann eigentlich nach Hause fahren wollen, in die Marie-Curie-Allee nach Lichtenberg, in diese Neubauwohnung, die ich mir nicht vorstellen kann, er war noch fremd in Berlin und kannte so gut wie niemanden außer Constanze. Aber dann habe er an die Zigaretten gedacht auf der Bank im Park und er sei mit der S-Bahn zurück zum Alexanderplatz gefahren. Er ist aus der S-Bahn gestiegen, aus dem Bahnhof gelaufen auf den Platz vor dem Fernsehturm, das Licht dort ist im Sommer fast blendend, wie reflektiert von den grauen, glänzenden Steinen. Er ist die Treppen am Springbrunnen hinuntergelaufen, später Nachmittag, fast Abend jetzt, den Parkweg entlang auf die Bank zu, die Bank war leer, niemand saß darauf. An ihrem Rand lag die Packung Zigaretten. Er hat sie genommen, in die Hosentasche gesteckt, ist nach Hause gefahren.

Als er mir diese Geschichte erzählte, Jahre später, beiläufig und schon im Fortgehen, fragte er mich, ob ich verstehen würde. Er sagte: „Verstehst du? Die Zigaretten waren tatsächlich noch da. Ich habe mir eine angezündet, das Päckchen in die Hosentasche gesteckt und bin nach Hause gefahren“, er sagte es so oder ähnlich und vor allem erinnere ich mich dabei an sein Gesicht, an seinen Ausdruck der Zufriedenheit über das schöne Ende dieser Geschichte. „Ja“, sagte ich, ich sagte, ich würde verstehen und ich habe ihn auch tatsächlich verstanden.

Ich bin nicht eifersüchtig. Nicht so, nicht so einfach. Ein Satz, an den ich mich erinnere, als sei ich als Kind in seinem Sprachrhythmus dazu auf den Steinplatten des Gartenweges gesprungen: Eifersucht ist eine Leidenschaft, die mit Eifer sucht, was Leiden schafft. Ein Satz, an den ich mich erinnere wie an einen Abzählreim, und heute weiß ich sicher, ich habe ihn damals gar nicht verstanden. Ich verstehe ihn auch jetzt noch nicht recht, irgendetwas scheint mit diesem Satz nicht zu stimmen. Ich bin nicht eifersüchtig auf Constanze; auf diese frühere Liebe zwischen ihm und Constanze; wenn sie sich heute sehen, küsst sie ihn, sachte, auf den Mund, sie sieht manchmal bedauernd dabei aus, ich bin nicht eifersüchtig. Aber was ist es dann?

Nachdem er mir diese Geschichte erzählt hatte, ist er gegangen, habe ich die Tür hinter ihm geschlossen, bin so stehen geblieben im dunklen Flur, bewegungslos, traurig und schwer und etwas war schlimm. Ich kann sie nebeneinander sitzen sehen auf dieser Bank im Park, er sitzt zurückgelehnt, die Augen geschlossen, sie redet, gestikuliert mit kleinen, eckigen, schönen Bewegungen, sie rauchen Zigaretten, sie hat eine etwas theatralische Art, den Rauch auszublasen. Ich weiß nicht, ob und wie sie sich berühren, oder weiß ich es doch? Ich kann das Licht sehen auf den grauen, glänzenden Steinen, ich weiß, es ist heiß. Ich bin eifersüchtig auf diese kleine, kurze Geschichte. Auf ihre Einfachheit. Auf die Zeit. Auf die, die ihn kannten, als ich ihn noch nicht kannte. Darauf, dass er die Welt sah ohne mich, dass er von mir nichts wusste und glücklich war. Ich bin eifersüchtig auf das Damals, auf die Vergangenheit, in der es mich für ihn nicht gab, an der ich nicht teilhatte und in der ich – unwiderruflich – keinen Platz habe. Aber davon hatte er mir nicht erzählt. Und was er mir eigentlich erzählte, habe ich verstanden. Dass die Zeit mit Constanze nämlich eine Zeit war, in der sie geschützt waren. Verschont. Unbewusst, unverletzt. Die andere Zeit, die Zeit der Verletzungen, der Trauer, des Verrates und der Müdigkeit, war noch nicht einmal vorstellbar. Das habe ich verstanden. Dass er die eine Zeit mit Constanze und die andere zum Teil mit mir verbracht hat, das verstehe ich nicht. Die Eifersucht, die mit Eifer sucht, was ein Leiden schafft. Dieser Abzählreim bricht mir das Herz und dennoch kann ich nicht anders als immer und immer wieder über ihn nachzudenken, mich an ihn zu erinnern, ihn in die Hand nehmen zu wollen – als wäre er sehr schön.

Er erzählte mir diese Geschichte, im Fortgehen und er sah wirklich zufrieden dabei aus, so wie jemand, der etwas zu einem Ende bringt. „Die Zigaretten waren tatsächlich noch da. Ich habe mir eine angezündet, das Päckchen in die Hosentasche gesteckt und bin nach Hause gefahren."

Erster Schritt: Die Aufgabenstellung verstehen

1 Formulieren Sie mit eigenen Worten, was in den beiden Teilen der Aufgabenstellung verlangt wird.

Zweiter Schritt: Erstes Textverständnis und Ideen formulieren

1 a Entscheiden Sie, welche der folgenden Aussagen das Thema der Erzählung treffen. Kreuzen Sie an.

Der Text handelt von …

- ☐ A einer Ich-Erzählerin, die über ihre Beziehung zu ihrem Partner reflektiert.
- ☐ B der Vergesslichkeit junger Menschen.
- ☐ C einer Episode aus dem früheren Leben des Partners der Ich-Erzählerin, die sie ins Nachdenken bringt.
- ☐ D den Ungenauigkeiten der Erinnerung an frühere Begebenheiten.
- ☐ E der Entstehung und dem Umgang mit Eifersucht in einer Beziehung.
- ☐ F dem Ende einer Beziehung.
- ☐ G der Freude über die wiedergefundenen Zigaretten.
- ☐ H der Zerbrechlichkeit und Unsicherheit in Beziehungen.

b Formulieren Sie anhand Ihrer Ergebnisse aus der Teilaufgabe 1a das Thema der Erzählung in ein bis zwei zusammenhängenden Sätzen. Schreiben Sie in Ihr Heft.

2 Lesen Sie die Erzählung ein zweites Mal. Stellen Sie in Ihrem Heft Fragen zusammen, die der Text nicht direkt beantwortet, z. B.:

- Warum erzählt die Er-Figur diese Begebenheit aus seinem früheren Leben?
- Ist das Ende der Beziehung zwischen Ich-Erzählerin und ihrem Partner in der Erzählung zu erkennen?

Dritter Schritt: Den Text erschließen und eine schriftliche Interpretation vorbereiten

1 Untersuchen Sie den Text aspektorientiert, indem Sie wichtige Erschließungsschritte für epische Texte durchführen (▶ Wissen und können, S. 20) und in ihrer Wirkung aufeinander beziehen. Schreiben Sie in Ihr Heft.

2 **a** Klären Sie den Handlungsablauf der Erzählung, indem Sie den Text in Sinnabschnitte einteilen und jeden Abschnitt mit ein bis zwei Sätzen inhaltlich zusammenfassen. Die folgende Übersicht soll Ihnen helfen, den Text nach Abschnitten zu strukturieren.

Textstelle	Inhaltliche Zusammenfassung
Z. 1–12	Die Ich-Erzählerin erinnert sich an eine Geschichte, die ihr von ihrem Freund nebenher beim Aufbrechen erzählt wurde.
Z. 12–52	
Z. 53–112	

Textstelle	Inhaltliche Zusammenfassung
Z. 113–137	
Z. 138–170	
Z. 171–176	

b Untersuchen Sie die Figuren in der Erzählung, indem Sie deren Beziehungen und Kommunikation mit Hilfe einer Skizze darstellen. Übertragen Sie die folgende Skizze in Ihr Heft oder auf ein Blatt. Ergänzen Sie sie. Berücksichtigen Sie dabei, dass die Figuren in zwei unterschiedliche Zeitebenen eingeordnet werden können. Gehen Sie auch darauf ein, welche Räume den Figuren zugeordnet werden können.

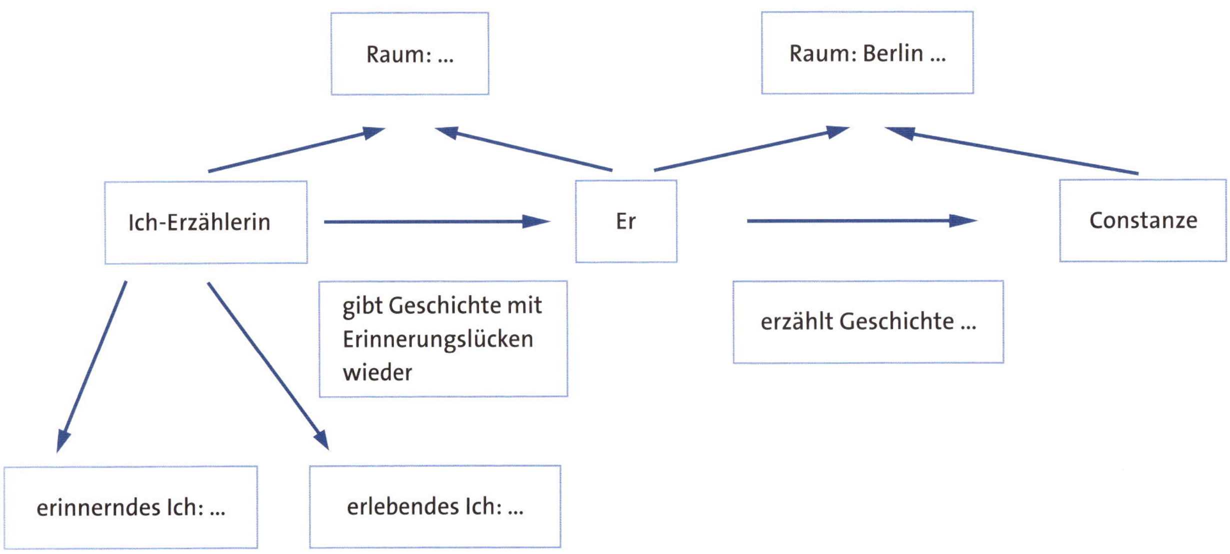

c Bestimmen Sie wichtige Elemente der erzählerischen Gestaltung des Textes und ergänzen Sie die folgende Tabelle.

Element der erzählerischen Gestaltung	Judith Hermann: Zigaretten
Erzählform	Ich-Erzähler
Fokalisierung	Interne Fokalisierung
Darbietungsformen	
Zeitgestaltung	
Innen-/Außensicht	
Erzählhaltung	distanziert

d Die Ich-Erzählerin thematisiert wiederholt die Ungenauigkeit oder Unzuverlässigkeit ihrer Erinnerung. Sammeln Sie dafür Belege aus dem Text und notieren Sie, welche Wirkung dies auf die Lesenden hat.

Unzuverlässiges Erzählen ist eine spezielle Form des Erzählens, die häufig in Texten der Gegenwartsliteratur erscheint. Dabei wird die **Zuverlässigkeit der Erzählerfigur** bezogen auf das Geschehen **in Frage gestellt.**

e Untersuchen Sie die sprachlich-stilistische Gestaltung der Erzählung, indem Sie aussagekräftige Auffälligkeiten auswählen, sie mittels Textstellen belegen und ihre jeweilige Wirkung oder Funktion bestimmen. Übertragen Sie dazu die folgende Tabelle in Ihr Heft und ergänzen Sie sie.

Sprache/Stil	sprachliches Mittel/Textbeleg	Wirkung/Funktion
Wiederholungen	„im Fortgehen" (Z. 9, 53, 114, 171)	Betonung der einer Übergangs- oder Schwellensituation
rhetorische Fragen	„Aber was ist es dann?" (Z. 137)	...
elliptischer Satzbau	...	...
Abzählreim	...	...
Aufzählungen	...	...
Wortschatz/Stil	...	...

3 Formulieren Sie Sätze in Ihr Heft, in denen Sie den Inhalt und die sprachliche wie erzählerische Gestaltung des Textes miteinander in Beziehung setzen, z. B.:
Die Ich-Erzählerin wirkt im Text häufig verunsichert. Dieser Umstand zeigt sich an vielen Wendungen, die eine ungenaue Erinnerung an die Geschichte nahelegen, die ihr von ihrem Partner erzählt wurde (vgl. Z. 43, 50 f., 64 f., 72). Weiter demonstrieren auch die rhetorischen Fragen der Ich-Erzählerin ihre Ratlosigkeit: „Aber was ist es dann?" (Z. 137) ...

4 **a** Formulieren Sie auf Grundlage Ihrer Untersuchungsergebnisse eine Deutungshypothese, die zum roten Faden Ihres Interpretationsaufsatzes werden soll. Schreiben Sie in Ihr Heft.

b Notieren Sie in Ihrem Heft Merkmale der sprachlichen und erzählerischen Gestaltung der Kurzgeschichte, die Ihre Deutungshypothese stützen. Die folgenden Formulierungsbausteine können Ihnen helfen:

Eine Möglichkeit zur Deutung wäre ... • Der Text lässt sich wie folgt deuten ... •
Eine naheliegende Deutung wäre ... • Der Text kann als ... gedeutet werden. •
Folgende Deutung lässt sich entwickeln / ableiten ... • Eine mögliche Deutungshypothese ist ...

Dies lässt sich anhand der Textstelle / Passage belegen. • Ein schöner / deutlicher Beleg ist ... •
Dies lässt sich am Folgenden erkennen ... • Das folgende Beispiel illustriert / zeigt ... •
Begründet werden kann dies ... • Folgendes Beispiel macht deutlich / demonstriert ...

5 Der Motivvergleich der Kurzgeschichte von Judith Hermanns „Zigaretten" mit Goethes Briefroman „Die Leiden des jungen Werthers" zum Thema Eifersucht sollte kriterienbasiert nach Gemeinsamkeiten und Unterschieden erfolgen. Übertragen Sie dazu die folgende Tabelle in Ihr Heft und ergänzen Sie diese.

Gemeinsamkeiten	Unterschiede
Ich-Erzählerinstanz reflektiert über Eifersucht	Protagonisten bei Hermann: zwei Frauen ein Mann; Protagonisten bei Goethe: zwei Männer, eine Frau
Verhalten der Ich-Erzählerinstanz:	Ausgang: ...
...	Form: ...
...	Dreieckskonstellation: ...

Vierter Schritt: Den Schreibplan erstellen und einen Interpretationsaufsatz verfassen

1 Ordnen Sie Ihre Ergebnisse zu einem Schreibplan, der Ihnen helfen soll, Ihren Interpretationsaufsatz zu verfassen. Schreiben Sie in Ihr Heft. Das folgende Beispiel hilft Ihnen:

Einleitung / Hinführung:
– allgemeine Informationen zum Text:
  Die Erzählung ... aus dem Jahr ... handelt von ...
– Deutungshypothese:
  Der Text reflektiert ...

Texterschließung und Interpretation:
– Inhalt und Aufbau (Sinnabschnitte des Textes und deren Zusammenfassung des Inhalts):
– Figuren (Charakter/Verhalten, Kommunikation/Beziehung untereinander)
– Räume (Bedeutung der Schauplätze im Text)
– erzählerische Gestaltung (Erzählformen, Fokalisierung, Darbietungsformen...)
– sprachlich-stilistische Gestaltung (Wortschatz, Stil ...)
→ **Die Reihenfolge der Aspekte kann variieren. Wichtig ist, dass sie mit der Deutungshypothese in Beziehung gesetzt werden.**

Motivvergleich:
– Gemeinsamkeiten
– Unterschiede

Abrundender Schlussgedanke (z. B.: zusammenfassendes Resümee, eigene Überlegungen zum Text, Rückbezug zur Deutungshypothese und ggf. Korrektur, Verwerfung oder Bestätigung):
Alles in allem lässt sich festhalten / Zusammenfassend lässt sich feststellen ...

2 Verfassen Sie Ihren Aufsatz anhand Ihres Schreibplans. Schreiben Sie in Ihr Heft.

Fünfter Schritt: Den eigenen Text überarbeiten

1 Überprüfen Sie Ihren Aufsatz mit Hilfe der folgenden Checkliste und überarbeiten Sie ihn entsprechend, falls das notwendig sein sollte.

Checkliste

- Hat mein Aufsatz einen klar erkennbaren Aufbau, der durch **Absätze** gegliedert ist?
- Habe ich in der **Einleitung**, Textsorte, Titel, Autorin, Erscheinungsjahr und Thema genannt sowie meine Deutungshypothese klar formuliert?
- Habe ich alle geforderten Aspekte bei der **Erschließung** und **Interpretation** berücksichtigt und mit meiner Deutungshypothese in Beziehung gesetzt?
- Habe ich den **Motivvergleich** kriterienbasiert nach Gemeinsamkeiten und Unterschieden durchgeführt?
- Gibt es ein zusammenfassendes **Fazit**, das meinen Aufsatz abrundet?
- Habe ich darin einen **Rückbezug** zur **Deutungshypothese** vorgenommen und diese ggf. korrigiert, verworfen oder bestätigt?
- Habe ich die Regeln des **korrekten Zitierens** beachtet?
- Habe ich mich **sachlich ausgedrückt** und Umgangssprache vermieden?
- Werden **Fachbegriffe** in meinem Aufsatz zutreffend verwendet?
- Sind meine Aussagen durch **sinnvolle Konjunktionen** und **Adverbien** verknüpft?
- Ist der Text sprachlich korrekt gestaltet (**Rechtschreibung**, **Grammatik**, **Zeichensetzung**)?

Schreiben mit Stil: Einen Interpretationsaufsatz verfassen

Fachbegriffe verwenden: Ein Gedicht interpretieren

Wissen und können Fachbegriffe verwenden

Die **Interpretation** eines literarischen Textes versucht, eine **Deutungshypothese argumentierend** zu begründen und am Text zu belegen. Sprachlich-stilistisch wird der Argumentationsgang dadurch unterstützt, dass der Text mit Hilfe von **Fachbegriffen** beschrieben wird. Die Interpretation zeichnet sich insgesamt durch sachliche Formulierungen aus.

1 Ordnen Sie die folgenden Fachbegriffe den literarischen Gattungen Lyrik, Drama und Epik zu. Umkreisen Sie sie dazu in verschiedenen Farben. Mehrfachnennungen sind möglich.

Dialog • Erzähler/-in • Exposition • Figuren • Gestik • Katastrophe • Komödie • Kurzgeschichte • lyrisches Ich • Metapher • Mimik • Monolog • Motiv • Novelle • Peripetie • Reimform • Roman • Sonett • Strophe • Tragödie • Versmaß/Metrum

2 Markieren Sie alle Formulierungen, die eine falsche oder ungenaue Begrifflichkeit aufweisen, und verbessern Sie sie in Ihrem Heft. Verfassen Sie anschließend einen Text in Ihrem Heft, der eine weitere Strophe des Gedichts „Abend" von Andreas Gryphius (▶ S. 6) fachlich korrekt beschreibt.

VORSICHT FEHLER!

Das Gedicht „Abend" von Andreas Gryphius erzählt davon, wie die Menschen des Barock sich mit der Vergänglichkeit des Lebens beschäftigen. Die ersten beiden Abschnitte des Textes belegen die wichtigsten Merkmale barocker Literatur, die Beschreibung der Vanitas und das Memento mori. Im zweiten Abschnitt vergleicht die Hauptfigur das Leben mit einer Rennbahn. Mit diesem Bild ist gemeint, dass Gryphius sein Leben als harten Kampf sieht, der sich vom Start, der Geburt, bis zum Ziel, dem Tod, hinzieht.

Aussagen belegen am Text: Einen epischen Text interpretieren

Wissen und können Aussagen am Text belegen

- Zitate werden am **Anfang** und am **Ende** durch **Anführungszeichen** kenntlich gemacht.
- Am Ende des Zitats wird in einer Klammer die **Quelle** (Zeilenzahl) angegeben.
- Kurze Zitate werden in einen selbst formulierten Satz integriert; **Veränderungen** müssen gekennzeichnet werden.
- Bei **Paraphrasen** (Wiedergabe der Textstelle mit eigenen Worten) wird am Ende die Quelle in einer Klammer mit dem Zusatz vgl. (= „vergleiche") angegeben.

Goethes erfolgreicher Briefroman „Die Leiden des jungen Werthers" beginnt mit einem Vorwort eines fiktiven Herausgebers:

Was ich von der Geschichte des armen Werther nur habe auffinden können, habe ich mit Fleiß gesammelt und lege es euch hier vor, und weiß, daß ihr mir's danken werdet. Ihr könnt seinem Geist und seinem Charakter eure Bewunderung und Liebe, seinem Schicksale eure Tränen nicht versagen.
Und du gute Seele, die du eben den Drang fühlst wie er, schöpfe Trost aus seinem Leiden, und laß das Büchlein deinen Freund sein, wenn du aus Geschick oder eigener Schuld keinen näheren finden kannst.

1 In der folgenden Interpretation des Vorworts finden Sie unterschiedliche Formen des Textbelegs. Notieren Sie diese in Ihrem Heft. Erklären Sie, welche Formen des Textbelegs eingehalten wurden.

> Goethes Briefroman „Die Leiden des jungen Werthers“ wird als Sammlung von Briefen der Hauptfigur präsentiert, die die Hauptfigur verfasst hat. Eingeleitet wird diese Sammlung durch einen Erzähler, der sich als Herausgeber vorstellt und dabei ankündigt, dass er die „Geschichte des armen Werther“ (Z. 1) zusammengestellt habe. Er verfolgt damit ein konkretes Ziel, denn er versteht die Briefe als „Trost“ (Z. 4), vermutlich für diejenigen, die einen ähnlichen (Liebes-)Kummer wie Werther erleiden. Er erwartet dafür den Dank der Leserschaft (vgl. Z. 2) und geht deshalb wohl auch vom Erfolg der Veröffentlichung aus, denn er behauptet, dass die Lesenden als „gute Seele[n]“ (Z. 4) Empathie für die Hauptfigur entwickeln werden.

2 Verfassen Sie einen kleinen Text, der die idealen Lesenden beschreibt, so wie ihn der Erzähler oben entwirft. Sie können so beginnen:

Für den Erzähler sind die idealen Lesenden offenbar Freunde, denn zweimal spricht er sie mit dem vertrauten „Du“ an: Zunächst verwendet er die Pluralform „euch“ (Z. 2), später …

Tempus

Wissen und können **Tempus**

Interpretieren bedeutet, über einen gerade vorliegenden Text zu schreiben. Das muss deshalb im **Präsens** geschehen. Bei Verweisen auf **Vergangenes** wird in der Regel **Perfekt** verwendet.

1 Untersuchen Sie den Tempusgebrauch im folgenden Textauszug einer Schülerinterpretation zu Schillers „Don Karlos“ (► S. 12 f). Bestimmen Sie dazu die verwendeten Zeitformen in Ihrem Heft.

> Als sich Don Karlos und seine große Liebe Elisabeth zum ersten Mal allein gegenüberstehen (vgl. Abschnitt 1, V. 1–34), bekennt der Königssohn seine rauschhaften Gefühle. Er würde lieber sterben, als Elisabeth wieder zu verlassen. Die Königin ist entsetzt, denn sie weiß, dass ihr der Kontakt zu Karlos verboten worden ist und sie die Begegnung ihrem Gatten, König Philipp, melden müsste. Auch scheint sie nicht zu wissen, was der ehemalige Geliebte eigentlich von ihr will. Ob das ehrlich gemeint ist oder nur vorgeschoben, erschließt sich an dieser Stelle den Zuschauenden nicht.

Abtönungspartikel verwenden

Wissen und können **Abtönungspartikel**

Literarische Texte sind mehrdeutig. Sie lassen einen Interpretationsspielraum. Deshalb kann es angebracht sein, dass man die eigene Deutung sprachlich als Vorschlag markiert. Dazu dienen Abtönungspartikeln, wie z. B. *auch – bloß – doch – eben – eigentlich – etwa – nur – ruhig – schon – überhaupt – vielleicht – wohl.* Mit Phrasen wie „in der Regel" kann man Hypothesen signalisieren.

1 Schreiben Sie die folgende Interpretation des Gedichts „Eventuell" von Hans Magnus Enzensberger (▶ S. 7) in Ihr Heft. Füllen Sie die Lücken aus, indem Sie Abtönungspartikeln einsetzen.

> In Enzensbergers Gedicht „Eventuell" aus dem Jahr 2020 denkt der lyrische Sprecher über das barocke Thema der Vergänglichkeit nach. Anders als im Zeitalter des Barock deutet er ________ im Titel an, dass über das ________ Ende des Lebens wenig Konkretes ausgesagt werden kann. In der ersten Strophe weist der Sprecher darauf hin, dass sein Dasein von einer gewissen Vorläufigkeit geprägt wird. Die Anspielung, die sich aus dem griechischen Wort „Heureka" (V. 5) ableiten lässt, muss ________ so gedeutet werden, dass er noch keine Lösung für dieses Lebensrätsel gefunden hat, denn der Begriff steht ________ für das positive Gefühl, das entsteht, wenn man ein Problem überwunden hat. Der Vergleich mit dem Nachtfalter ist hier ________ das Eingeständnis, dass alle Lebewesen mit der „vanitas" umgehen müssen.

2 Vergleichen Sie anschließend die Wirkung der beiden Versionen. Was bewirken die Partikeln?

Einen informierenden Text auf Materialbasis verfassen

Wissen und können **Gedankliche Struktur und Gliederung in informierende Texten**

- Beim Verfassen eines informierenden Textes auf Materialbasis geht es darum, die Leser/-innen entsprechend der Themenstellung sachlich über einen Sachverhalt in Kenntnis zu setzen und dabei auf die Informationen aus den gegebenen Materialien zurückzugreifen.
- Informierende Texte weisen eine **übergeordnete gedankliche Struktur** auf, die die **Informationen in einen bestimmten Zusammenhang** bringen. Mögliche Strukturen können sein:
  - **Ursachen (U) → Wirkungen (W) → Folgen (F); Vergangenheit (V) → Gegenwart (G) → Zukunft (Z),** z. B.: *Ursache/Vergangenheit: Komplexe Texte → Wirkung/Gegenwart: Unverständlichkeit → Folge/Zukunft: Umformulierung komplexer Texte in Leichte Sprache*
  - **Problem (P) → Lösung (L) → Umsetzung (U),** z. B.: P: *Viele Texte sind für einige Personengruppen schwer zu verstehen …* → L: *Vereinfachung der Sprache* → U: *Umformulierung in Leichte Sprache*
  - **Frage (Fr) → Antwort (A) → Folgerung (F),** z. B.: Fr: *Warum Leichte Sprache?* → A: *um barrierefreien Zugang zu ermöglichen …* → F: *prüfen, ob Leichte Sprache …*

Stellen Sie sich vor, Sie bekommen folgende Aufgabe:

Im Rahmen der SINUS-Jugendstudie „Wie ticken Jugendliche" werden alle vier Jahre die Lebenswelten deutscher Jugendlicher untersucht. Die letzte Veröffentlichung der Studie war für Ihre Schule der Anlass zu einem Schulprojekt, in dessen Rahmen ein Portfolio entstehen soll, das typische Phänomene des Jugendalltags vorstellt. Neben Themen wie Mode, Musik oder Medien soll auch auf den Bereich der Jugendsprache eingegangen werden. Man betraut Sie mit der Aufgabe, einen Informationstext über das Sprachphänomen „Kiezdeutsch" zu erstellen.

Verfassen Sie auf der Basis der Materialien M1 bis M4 einen Informationstext mit dem Titel „Sprachphänomene des Deutschen – Kiezdeutsch" im Umfang von ca. 500 Wörtern, in dem Sie das Phänomen Kiezdeutsch definieren und einen Überblick darüber geben, wie der Status des Phänomens von Experten eingeschätzt wird.

M1 Niemand spricht nur Kiezdeutsch (2013)
Ein Interview von Jan Georg Plavec mit Heike Wiese

Dialektsprecher sollten nicht diskriminiert werden, sagt die Potsdamer Sprachwissenschaftlerin Heike Wiese im StZ-Interview. Wieses Spezialgebiet ist das sogenannte Kiezdeutsch, also die Milieusprache Jugendlicher.

Frau Wiese, Kiezdeutsch, also die Milieusprache Jugendlicher, hat keinen guten Ruf. Warum?
Unter Sprachwissenschaftlern sieht kaum jemand Kiezdeutsch als negativ an. Die Öffentlichkeit sieht es hingegen eher kritisch, da stimme ich zu. Der Grund ist einfach: Dialekten gegenüber hat man oft eine schlechte Meinung – vor allem, wenn es nicht der eigene ist. Gehen Sie mal durch Berlin und schwäbeln. Kiezdeutsch ist im Grunde ein deutscher Dialekt.

Was macht diesen Dialekt aus?
Zunächst ist die Sprache offen für neue Wörter, die aus anderen Sprachen importiert werden. „Yalla!" etwa kommt aus dem Arabischen und heißt „Los!". Außerdem

kann man in Kiezdeutsch Ortsangaben nur mit Nomen ausdrücken, zum Beispiel: „Ich gehe Kino." Was das angeht, ist Kiezdeutsch reicher als das Standarddeutsche, wo man hierzu nur Wortstellung und Betonung nutzen kann. Dazu kommen Besonderheiten bei der Aussprache, etwa das gerollte r oder „isch" statt „ich". Das haben Sie auch in anderen deutschen Dialekten wie dem Fränkischen oder dem Hessischen.

Wer spricht Kiezdeutsch?

Wir haben einen hohen Anteil mehrsprachiger Sprecher, viele von ihnen sind jung. Für die ist es ganz normal, dass man Zusammenhänge in verschiedenen Sprachen ausdrücken kann, also auf teils ganz unterschiedliche Weise. Hinzu kommen Jugendliche, die einsprachig deutsch aufgewachsen sind. Kiezdeutsch ist ihre gemeinsame Sprache. Doch der Dialekt ist noch jung, dynamisch. Er ist im Werden.

Können die mehrsprachig aufgewachsenen Kiezdeutsch-Sprecher Standarddeutsch?

Dazu gibt es keine validen Daten. Aber grundsätzlich spricht niemand nur Kiezdeutsch, sondern immer auch andere Varianten des Deutschen – umgangssprachliche ebenso wie formellere. In Deutschland ist es generell so, dass der Gebrauch des Standarddeutschen stark von der sozialen Schicht abhängt, denn Standarddeutsch ist eng am Sprachgebrauch der Mittelschicht. Das hat aber nichts damit zu tun, ob jemand Kiezdeutsch spricht oder nicht.

Das heißt, die Gesellschaft im Allgemeinen und Erzieher sowie Lehrer im Besonderen sollten nichts gegen das Kiezdeutsch unternehmen?

Natürlich kann es nicht sein, dass kein Standarddeutsch mehr gelehrt wird. Es ist extrem wichtig in unserer Gesellschaft, das zu beherrschen. Doch ich wette, dass auch bei Ihnen im Sprachgebrauch Elemente sind, die wir auch in Kiezdeutsch finden.

Zum Beispiel?

Das Wörtchen „so" als Marker für Wichtiges habe ich schon im Literarischen Quartett gefunden und bei Lessing. Oder dass wir die Präposition weglassen: „Steigen Sie Hauptbahnhof um." Oder „Lass ma ins Kino gehen", da fehlt ein „uns". *Quelle: Stuttgarter Zeitung*

M2 Stellungnahme der Deutschen Gesellschaft für Sprachwissenschaft: Die Sprachvarianten (Kiezdeutsch, Jugendsprachen, etc.) des Deutschen stellen keinen Sprachverfall dar (2012)

In Deutschland wird derzeit eine Diskussion über Sprachvarianten des Deutschen geführt. Hitzige Debatten entbrennen zu der Vorstellung, das gute und richtige „Hochdeutsch" sei derzeit einer Bedrohung ausgesetzt: Sprecher bestimmter Sprachvarianten könnten, so das Argument, kein richtiges Deutsch sprechen. Die Sprachvarianten, die hier genannt werden, sind oft Dialekte oder, in letzter Zeit, häufig bestimmte Formen von Jugendsprache, wie z. B. das Kiezdeutsch. Wenn diese sprachlichen Varianten gesprochen werden, stehe, so die Befürchtung, ein Verfall der deutschen Sprache bevor. Nicht selten wird damit einhergehend auch ein Verfall anderer kultureller Werte beklagt.

Die Deutsche Gesellschaft für Sprachwissenschaft ist die größte Vereinigung von Sprachwissenschaftlerinnen und Sprachwissenschaftlern im deutschen Sprachraum. Wir repräsentieren diejenigen Forscherinnen und Forscher, die in Deutschland professionell und um weltanschauliche Neutralität bemüht menschliche Sprachen (wie das Deutsche) untersuchen.

Vor dem Hintergrund dieser Arbeit betrachten wir es als notwendig, zum eingangs genannten Thema Stellung zu beziehen: Die Behauptung, dass Sprachvarianz allgemein (oder einzelne Sprachvarianten im Besonderen) die Hochsprache gefährden, ist falsch. Zusammenhänge dieser Art werden zwar gelegentlich behauptet, sie entbehren aber einer wissenschaftlichen Grundlage.

Die folgenden Anmerkungen können unseres Erachtens zur Versachlichung der Diskussion beitragen:

- Das Deutsche ist in seiner gesamten Geschichte niemals eine Sprache ohne Varianten gewesen: Sprecher aus verschiedenen Regionen Deutschlands haben sich zu jeder Zeit in ihrer Aussprache, Wortwahl und Grammatik unterschieden.
- Auch zwischen Sprechern verschiedener Altersstufen lassen und ließen sich zu jeder Zeit klare Unterschiede nachweisen.
- Es ist daher ein Missverständnis, dass Sprecher des Deutschen nur jeweils „eine Sprache“ sprächen – oder sprechen dürften: Die meisten Sprecher können zwischen ihrem lokalen Dialekt und dem Hochdeutschen wechseln. Wir alle können uns in verschiedenen Kontexten differenziert angepasst ausdrücken – wir alle sprechen mehrere Varianten des Deutschen.
- Jugendliche können ebenfalls nicht nur ihre Jugendsprachen sprechen. Wer dies anzweifeln möchte, sieht sich einer erdrückenden Beweislast gegenüber: Die wissenschaftliche Forschung kann keinen Zusammenhang erkennen zwischen der Verwendung einer bestimmten Sprachvariante und dem Verfall der Kompetenz im Standarddeutschen. […]

Reißerische Schlagzeilen wie „Das Deutsche stirbt aus“ halten daher näheren Untersuchungen nicht stand: Sie sind, aus der Perspektive genauer wissenschaftlicher Untersuchungen betrachtet, vielmehr dazu geeignet, Polarisierungen in einem Bereich zu verstärken, der großer wissenschaftlicher Sorgfalt und abwägender gesellschaftlicher Konsensbildung bedarf.

M3 Matthias Heine: **In Wahrheit ist Kiezdeutsch rassistisch (2014)**

Zwei Germanistinnen versuchen uns einzureden, Kiezdeutsch sei der Standardsprache gleichrangig und jeder, der auf korrektem Deutsch beharre, sei ein Rassist. Türkische Aufsteiger wissen es besser.

Die Potsdamer Germanistin Heike Wiese hat Menschen, die Kiezdeutsch für eine defizitäre Sprache halten, als Rassisten bezeichnet. „Kiezdeutsch“ ist ein Begriff, den Frau Wiese erfunden hat, um den die deutsche Standardgrammatik ignorierenden Jargon von Migrantenkindern aufzuwerten. Für die Wissenschaftlerin ist diese Sprechweise ein akzeptables Deutsch unter vielen möglichen Varianten. Seitdem die Professorin vor zwei Jahren in einem Buch für die Anerkennung von Kiezdeutsch plädiert hat, wird sie teilweise heftig kritisiert. Jetzt hat sie ihre Fassungslosigkeit darüber zu Protokoll gegeben: „Sprache ist wohl einer der wenigen Bereiche, in denen man noch offen rassistisch sein kann.“ Offenbar dämmert es Heike Wiese keine Sekunde, dass der wahre Rassismus darin bestehen könnte, Jugendlichen mit türkischem oder arabischem Migrationshintergrund die Fähigkeit abzusprechen, korrektes Standarddeutsch zu lernen. Aber wenn die Professorin Sätze wie „Machst du rote Ampel?“ für „innovativ“ erklärt und nahelegt, solche Konstruktionen, die auf Präpositionen und Artikel verzichten, stünden gleichwertig neben schulgrammatisch korrekten Formulierungen, dann verfolgt sie damit eine klassische linke Onkel-Tom[1]-Strategie. Im Bildungsbereich besteht in diesem politischen Lager nämlich immer die Tendenz, alles, was für ihre marginalisierte Klientel zu schwierig sein könnte, als überflüssiges Herrschaftswissen zu diffamieren, dessen geheimer Zweck darin besteht, die Klassenunterschiede auch

1 Figur eines Romans von Harriet Beecher Stowe aus dem Jahr 1852. Der Roman schildert den von Gewalt geprägten Alltag von Sklaven in den USA der 1840er Jahre. Als Überlebensstrategie zeigten die Sklaven im Werk ein besonders angepasstes und gefügiges Verhalten, um von ihren Herren nicht als Bedrohung gesehen zu werden.

sprachlich zu zementieren. Im Grunde ihres Herzens hält Frau Wiese offenbar Migranten für zu dumm und zu verweichlicht, um die Härte eines traditionellen Deutschunterrichts aushalten zu können. Sie erniedrigt die so Geschützten aber allesamt zu sprachlichen „Onkel Toms“, also zu lustigen Zurückgebliebenen, auf die die Mehrheitsgesellschaft wohlwollend herabsieht. […]

Nichts provoziert die Eltern zuverlässiger

Denn darin besteht das Missverständnis von Professor Wiese und anderen Sprachwissenschaftlern, die sich der Kampagne für die Emanzipation des Kiezdeutschs angeschlossen haben: Nur weil es mittlerweile auch deutschstämmige Deutsche gibt, die Kiezdeutsch sprechen, heißt das noch lange nicht, dass wir in einigen Jahrzehnten alle so reden. Die Beispiele, die Frau Wiese und ihre ähnlich argumentierende Linguistenkollegin Diana Marossek belauscht haben, teilen sich ganz offensichtlich in zwei Gruppen: Einerseits gibt es Deutsche aus bildungsfernen Schichten, die sich sprachlich den Migrantenkindern, die auf ihrer Schule die Mehrheit bilden, angepasst haben und tatsächlich gar nicht anders reden können.

Andererseits sind da diejenigen, die die Standardsprache durchaus beherrschen, aber gelegentlich aus Laune in den Kiez-Code wechseln, so wie sich der Bürger ja gelegentlich mal aus Jux und für den Nervenkitzel in eine Proletarierkneipe begibt. Frau Wiese glaubt, bei diesen Jugendlichen stünde Kiezdeutsch für das entspannte Plaudern unter Freunden und manchmal auch für Provokation – denn die Jugendlichen wissen, dass keine Nazi-CD und keine Gesichtstätowierung ihre Eltern zuverlässiger in Panik geraten lässt als Kiezdeutsch.

Beide Motive spielen bestimmt tatsächlich eine Rolle. Aber zuallererst imitieren deutsche Gymnasiasten oder Studenten doch den (echten oder vermeintlichen) Jargon türkischer Altersgenossen, um sich darüber zu belustigen. […] *

M4 Grafik: Was bedroht die deutsche Sprache? INSA-Sprachumfrage 2019/20

Das Erfurter Institut INSA-CONSULERE GmbH hat eine repräsentative Meinungsumfrage zur deutschen Sprache durchgeführt. Im Auftrag der Theo-Münch-Stiftung für die Deutsche Sprache befragte es im November 2019 mit Hilfe des INSA-Meinungstrends 2.079 Personen ab 18 Jahren ausführlich, was die Bevölkerung in Deutschland über die deutsche Sprache und ihre Entwicklung denkt.

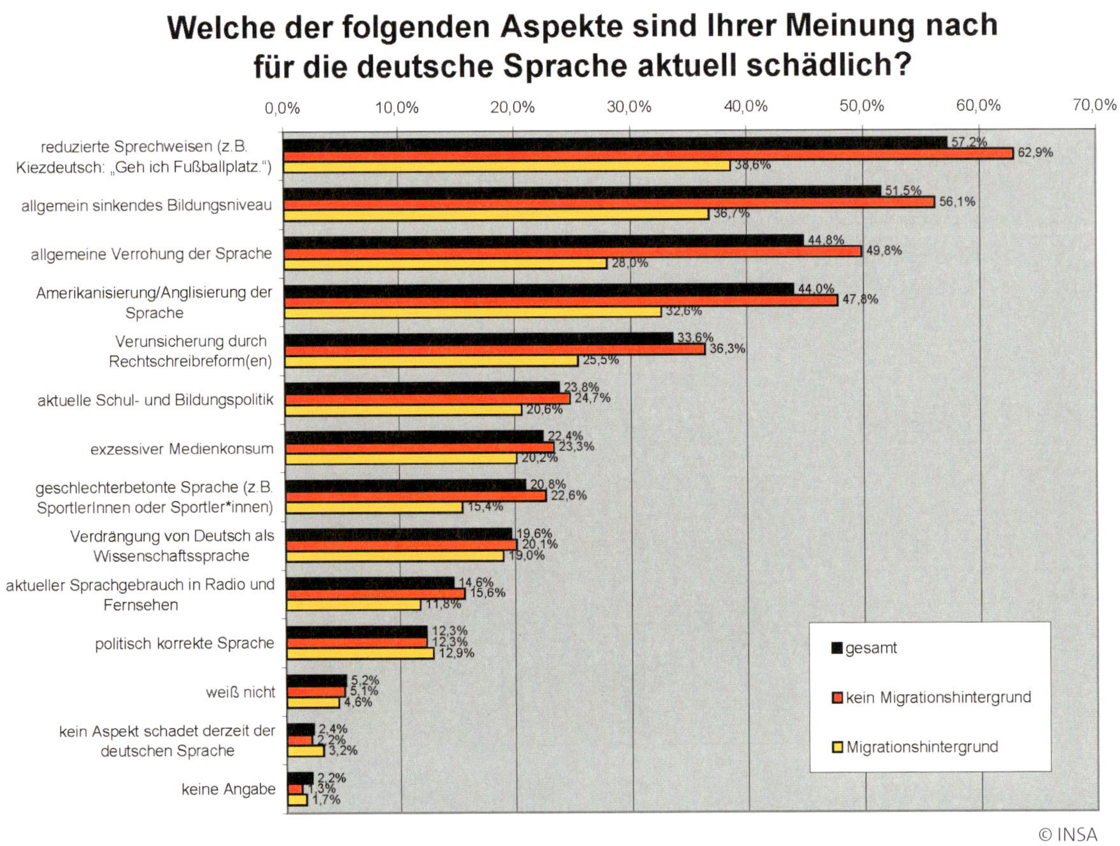

© INSA

Schritt 1: Die Aufgabenstellung verstehen

1 Erschließen Sie die Aufgabenstellung, indem Sie die zutreffenden Anweisungen in der folgenden Auflistung ankreuzen:

		trifft zu	trifft nicht zu
A	Sie sollen die beigefügten Materialien hinsichtlich ihrer Sprache analysieren.	☐	☐
B	Sie sollen den Materialien gezielt Informationen entnehmen, die Sie für Ihren Text verwenden können.	☐	☐
C	Sie sollen alle Texte genau exzerpieren und so eine umfassende Stoffsammlung erstellen.	☐	☐
D	Ihr Text soll nur einen Aspekt der Jugendsprache erläutern.	☐	☐
E	Sie sollen die SINUS-Studie reproduzieren.	☐	☐
F	Die Materialien stellen lediglich eine Hilfestellung dar. Sie dürfen sich auch nur auf das stützen, was Sie über das Thema wissen, und den Inhalt der Materialien ignorieren.	☐	☐
G	Der Text soll auch darauf eingehen, welche verschiedenen Meinungen über Kiezdeutsch in Umlauf sind.	☐	☐
H	Im Fazit des Textes müssen Sie Ihre eigene Meinung darlegen, die auf einer der Expertenmeinungen basiert.	☐	☐

Schritt 2: Erstes Textverständnis und Ideen formulieren

1 Sichten Sie die Materialien M1 bis M4, indem Sie die Texte und die Grafik überfliegen. Ordnen Sie dann die folgenden Kurzzusammenfassungen den einzelnen Materialien zu. Verbinden Sie.

M1	A Einschätzung der Auswirkungen von Sondersprachen im Sprachsystem
M2	B Stellungnahme gegen Kiezdeutsch als neuen deutschen Dialekt
M3	C Definition des Begriffs, Einordnung ins sprachliche System, Verbreitung
M4	D Einschätzung der Schädlichkeit verschiedener Spracheinflüsse

2 Kreuzen Sie an, welche Darstellungsweise bei dem Text in M3 vorherrscht. Begründen Sie Ihre Wahl, indem Sie die Wirkungsabsicht des Textes einbeziehen.

Heines Text ist vor allem

☐ argumentativ. ☐ deskriptiv. ☐ narrativ.

Dies sieht man auch an der Wirkungsabsicht des Textes, die ______________________________

____

3 Visualisieren Sie die Hauptpunkte, die Sie in M1 bis M4 gefunden haben, indem Sie die Mindmap vervollständigen.

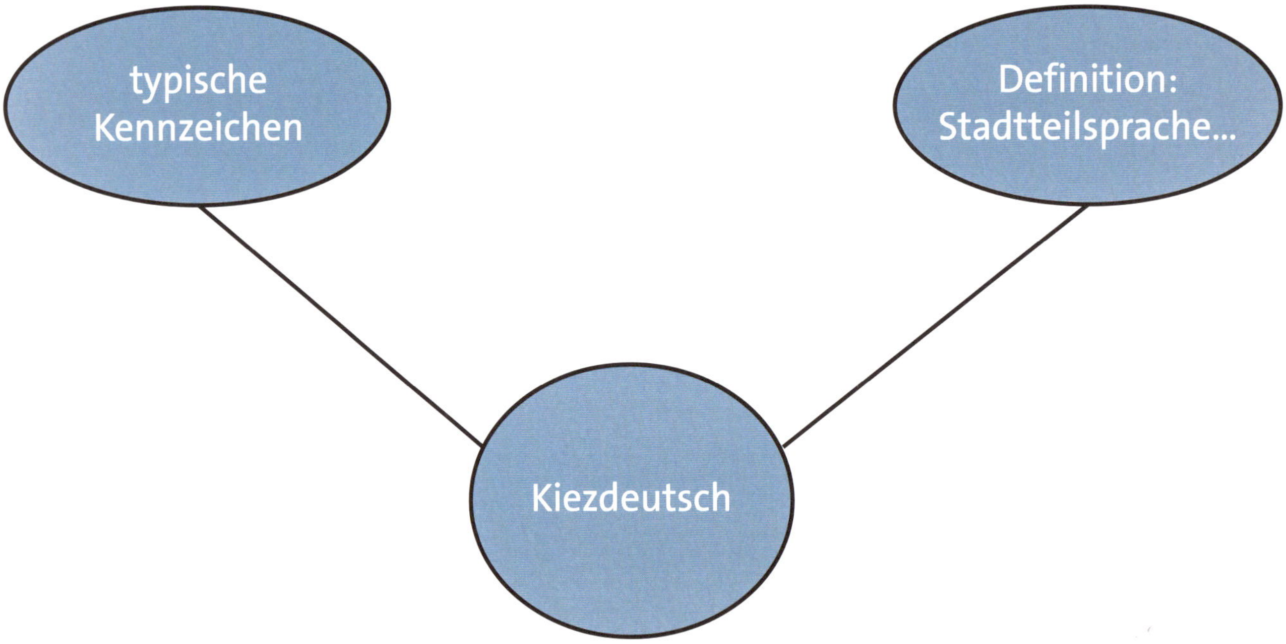

Schritt 3: Die Materialien gezielt lesen und auswerten

1 Lesen Sie die Texte M1 bis M3 kursorisch. Sie können sich am Beispiel aus M3 unten orientieren.
- Markieren Sie in verschiedenen Farben, welche Informationen zu welchen Untersuchungsaspekten gehören.
- Nutzen Sie den Rand neben dem Text für Notizen: Hier können Sie Informationen festhalten, Beziehungen zu anderen Materialien herstellen oder Fragen notieren.

Untersuchungsaspekte der Aufgabenstellung: Definition „Kiezdeutsch" Expertensicht	
Aber wenn die Professorin Sätze wie „Machst du rote Ampel?" für „innovativ" erklärt und nahelegt, solche Konstruktionen, die auf Präpositionen und Artikel verzichten, stünden gleichwertig neben schulgrammatisch korrekten Formulierungen, dann verfolgt sie damit eine klassische linke Onkel-Tom-Strategie.	Anführungszeichen zeigen gegensätzliche Meinung Heines Was bedeutet „Onkel-Tom-Strategie"?

2 Führen Sie eine eigene Recherche durch, um die am Rand von M 3 notierten Fragen zu beantworten.

3 **a** Schauen Sie sich die Grafik M4 an. Geben Sie an, worüber sie in Bezug auf Kiezdeutsch informiert. Vervollständigen Sie dazu den folgenden Satz in Ihrem Heft.

Die Grafik gibt einen Überblick darüber, welche Aspekte der deutschen Sprache als für sie schädlich angesehen werden. Dabei zeigt sich, dass ...
Es wurden Menschen ... befragt.

b Notieren Sie in Ihrem Heft die Quelle und die Datengrundlage der Grafik. Beurteilen Sie kritisch, wie repräsentativ die dargestellten Ergebnisse sind.
Tipp: Prüfen Sie, wer die Umfrage in Auftrag gegeben hat und welche Interessen dabei womöglich verfolgt wurden.

Schritt 4: Den Schreibplan erstellen – die gedankliche Struktur des Textes

1 Erstellen Sie zu den Informationen, die Sie aus den Materialien M1 bis M4 entnommen haben, einen Schreibplan in Ihrem Heft, indem Sie sie unter die folgenden Stichworte einordnen.

Rolle des Kiezdeutsches in der Standardsprache

Definition „Kiezdeutsch":
- Wiese: Definition als Dialekt
- ...

Sichtweise bez. Kiezdeutsch:
M1: Heike Wiese (Interview)
- Negatives Bild von Kiezdeutsch in der Öffentlichkeit ...

M2: Stellungnahme der DGfS
- Sprachvarianten wie Kiezdeutsch keine Gefahr für Standard ...

M3: Matthias Heine
- Kiezdeutsch ist rassistisch, weil ...

M4: Grafik
- Mehrzahl der Gesamtbefragten sieht reduzierte Sprechweise als Hauptgefährdungsaspekt

Schritt 5: Den informierenden Text verfassen

1 Die Einleitung des Textes soll das Interesse Ihrer Leser/-innen wecken und einen ersten Überblick über das Sprachphänomen des Kiezdeutsches geben. Prüfen Sie die folgenden Texte auf diese zwei Aspekte hin. Markieren Sie gelungene Formulierungen grün, weniger gelungene rot. Notieren Sie Anmerkungen und/oder Korrekturvorschläge in Ihrem Heft.

A Unsere Sprache ist unser höchstes Gut. Deshalb müssen wir sie bewahren. Ich kann total verstehen, dass manche Mitmenschen panisch reagieren, wenn sie sprachlichen Verirrungen wie der Jugendsprache oder dem Kiezdeutschen begegnen. Michael Heine sieht das genauso. Er findet Kiezdeutsch auch ziemlich daneben. In diesem Informationstext sage ich, warum Kiezdeutsch unserer Sprache schadet.

B Etwa 100 Millionen Menschen sind deutsche Muttersprachler. Auch wir Bayern zählen dazu. Ein Großteil der in Bayern Geborenen spricht allerdings kein blütenreines Standarddeutsch, sondern einen Dialekt – das Bairische eben. Keiner würde sagen, dass ein Dialekt die deutsche Sprache gefährdet. Bei Phänomenen der Jugendsprache ist dies allerdings anders. Sprachphänomene wie „Kiezdeutsch" haben in der Gesellschaft den Ruf, für die deutsche Sprache schädlich zu sein. Aber ist das wirklich so? Im Folgenden werde ich das diskutieren.

C Nach einer repräsentativen Studie sind 57 % der Deutschen davon überzeugt, dass Phänomene der Jugendsprache wie das Kiezdeutsch die deutsche Sprache schädigen. Diese Diskussion findet nicht nur in der breiten Öffentlichkeit statt. Auch in die sprachwissenschaftlichen Forschungsbereiche der Universitäten hat sie inzwischen Einzug gehalten. Manche Forschenden sehen in Kiezdeutsch eine dialektale Bereicherung für die deutsche Sprache, manche das Symbol der Sprachverrohung, andere empfinden ihren Gebrauch sogar als rassistisch. Um einen Überblick über die Thematik zu bekommen, muss man zunächst wissen, worum es sich bei dem Sprachphänomen überhaupt handelt. Danach müssen die verschiedenen Forschungsmeinungen erläutert und gegeneinander abgewogen werden.

2 Verfassen Sie Ihre eigene Einleitung in Ihrem Heft. Greifen Sie Elemente aus den Beispielen auf, die Ihnen gelungen erscheinen.

Wissen und können **Redewiedergabe in informierenden Texten**

Sie können Darstellungen aus den verwendeten Fremdtexten auf unterschiedliche Weise wiedergeben: In eigenen Worten (paraphrasieren), in indirekter Rede oder als wörtliches Zitat. Beim materialgestützten Schreiben muss nicht die gesamte Quelle angegeben, Material und Autor/-in aber kurz vorgestellt werden, z. B. *Wie die Sprachwissenschaftlerin Heike Wiese im Interview mit der Stuttgarter Zeitung erklärt ...*

3 Vervollständigen Sie die folgenden Sätze in Ihrem Heft.

- Eine durch das Erfurter INSA-Institut durchgeführte Befragung von über 2000 Personen ergab, dass ...
- Laut einer Stellungnahme der Deutschen Gesellschaft für Sprachwissenschaften stellen jugendsprachliche Sprachvariationen wie Kiezdeutsch keine Gefahr für unsere Sprache dar. Die DGfS nennt dafür vier Gründe: ...

4 Verfassen Sie den Hauptteil Ihres Textes. Orientieren Sie sich an Ihrem Schreibplan (Schritt 4) und nennen Sie an angebrachten Stellen Ihre Informationsquellen.
Schreiben Sie in Ihr Heft.

Wissen und können **Den Schluss eines informierenden Textes formulieren**

Für den Schlussteil Ihres Textes gibt es zwei grundsätzliche Möglichkeiten:

A In der Aufgabenstellung ist der Schluss nicht ausdrücklich erwähnt. Dann können Sie relativ frei gestalten: Fassen Sie z. B. zentrale Gedanken nochmals zusammen, schlagen Sie den Bogen zurück zur Einleitung (Rahmenstruktur), geben Sie einen Ausblick oder ordnen Sie das Thema in größere Zusammenhänge ein.

oder

B Die Aufgabenstellung gibt eine inhaltliche Ausrichtung vor (z. B. eine Schlussfolgerung oder einen Ausblick). Achten Sie in diesem Fall darauf, dass der Hauptteil inhaltlich-logisch auf diesen Schluss hinsteuert.

5 Formulieren Sie einen eigenen Schlussgedanken, z. B. mit Blick auf die gewählte Einheit aus Aufgabe 1.
Schreiben Sie in Ihr Heft.

Schritt 6: Den eigenen Text überarbeiten

1 Überarbeiten Sie Ihren eigenen informierenden Text mit Hilfe der folgenden Checkliste.

Checkliste **Materialgestützt einen Text verfassen**

- Habe ich alle **relevanten Informationen** zum Thema aufgenommen und korrekt wiedergegeben?
- Habe ich zusätzlich **Vorwissen** ergänzt?
- Habe ich auf Gesichtspunkte verzichtet, die für das Thema **nicht relevant** sind?

- Gliedert der Text sich klar in **Einleitung, Hauptteil und Schluss?**
- Weist der Text eine **klare gedankliche Struktur** auf?
- Habe ich meinem Text eine **Überschrift** gegeben, die das Thema umreißt?
- Habe ich meinen Text **sachlich** formuliert?
- Habe ich den **Zusammenhang meiner Informationen sprachlich verdeutlicht,** z. B. durch Konjunktionen, Adverbien und Proformen (▶ Textkohärenz, S. 46)?
- Ist mein Text für die Leserinnen und Leser **verständlich?**
- Habe ich meine **Quellen** kurz **vorgestellt** und **korrekt zitiert bzw. paraphrasiert?**

- Ist mein Text **sprachlich richtig:** Rechtschreibung, Grammatik, Zeichensetzung?

Abtönungspartikel verwenden

Seite 30

1 In Enzensbergers Gedicht „Eventuell“ aus dem Jahr 2020 denkt der lyrische Sprecher über das barocke Thema der Vergänglichkeit nach. Anders als im Zeitalter des Barock deutet er schon im Titel an, dass über das vermutliche Ende des Lebens wenig Konkretes ausgesagt werden kann. In der ersten Strophe weist der Sprecher darauf hin, dass sein Dasein von einer gewissen Vorläufigkeit geprägt wird. Die Anspielung, die sich aus dem griechischen Wort „Heureka“ (V. 5) ableiten lässt, muss wohl so gedeutet werden, dass er noch keine Lösung für dieses Lebensrätsel gefunden hat, denn der Begriff steht in der Regel für das positive Gefühl, das entsteht, wenn man ein Problem überwunden hat. Der Vergleich mit dem Nachtfalter ist hier vielleicht auch das Eingeständnis, dass alle Lebenwesen mit der „vanitas“ umgehen müssen.

2 Der Vergleich der beiden Versionen sollte deutlich machen, dass die Abtönungspartikel die Vieldeutigkeit von literarischen Texten aufnimmt und die eigene Interpretation nicht als letztgültige Aussage ausweist. Beliebig darf die eigene Lesart nicht sein, sie muss auf begründeten Vermutungen basieren.

Einen informierenden Text auf Materialbasis verfassen

Schritt 1: Die Aufgabenstellung verstehen

Seite 35

1 Zutreffend sind die Punkte B, D, G

Schritt 2: Erstes Textverständnis und Ideen formulieren

1 Kurzzusammenfassung der Texte in M1 bis M4:

M1	C Definition des Begriffs, Einordnung ins sprachliche System, Verbreitung
M2	A Einschätzung der Auswirkungen von Sondersprachen im Sprachsystem
M3	B Stellungnahme gegen Kiezdeutsch als neuen deutschen Dialekt
M4	D Einschätzung der Schädlichkeit verschiedener Spracheinflüsse

2 Heines Text ist vor allem argumentativ, was man auch an der Wirkungsabsicht des Textes sieht, die vor allem den Leser überzeugen möchte.

Seite 36

3 Mögliche Mindmap:

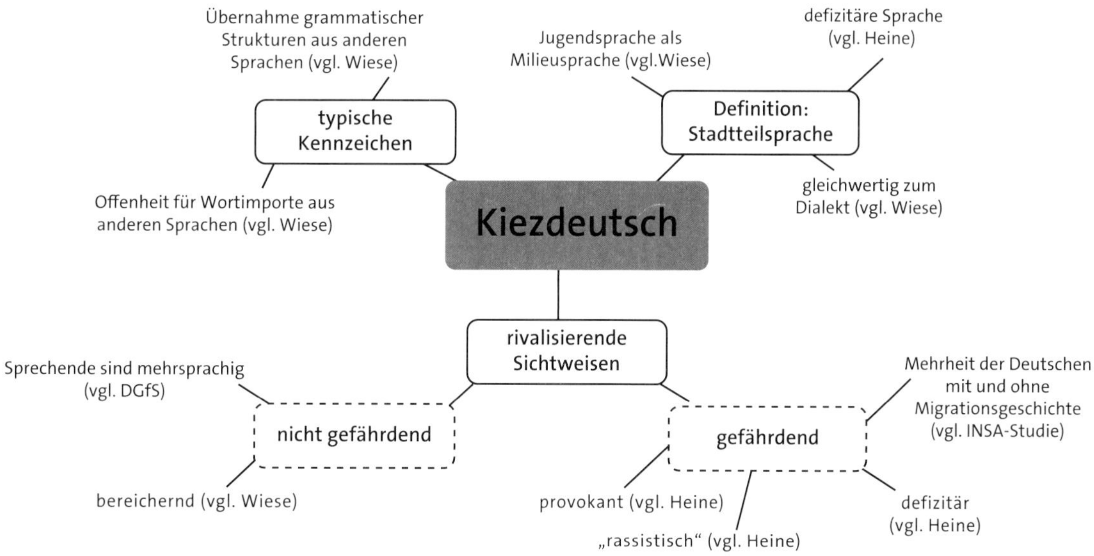

Schritt 3: Die Materialien gezielt lesen und auswerten

1 Siehe Lösungen zu den einzelnen Materialien.

2 Mögliche Stichworte aus M 3, die nach einer weiteren Recherche verlangen:
- Definition für „Standardsprache" (Z. 2)
- Wortbedeutung „defizitär" (Z. 6)
- Wortbedeutung „Jargon" (Z. 9)
- Weitere Recherche des von Wiese 2012 verfassten Buches zum Thema (Z. 12)
- Wortbedeutung „marginalisiert" (Z. 29)
- Person Diana Marossek (Z. 50)
- Bedeutung der Wortschöpfung „Proletarierkneipe" (Z. 60)

3 a Die Grafik gibt einen Überblick darüber, welche Aspekte der deutschen Sprache als für sie schädlich angesehen werden. Es wurden Menschen mit und ohne Migrationshintergrund befragt. Dabei zeigt sich, dass die meisten Befragten reduzierte Sprechweisen, zu denen laut der Umfrage auch das Kiezdeutsch gehört, als den Aspekt ansehen, der aktuell der deutschen Sprache am meisten schadet. Interessant ist hierbei, dass dies auf die gesamte Befragtengruppe zutrifft. Betrachtet man hierbei allerdings die befragten Personengruppen separat, so fällt auf, dass lediglich 38,6 % der Personen mit Migrationshintergrund dies so sehen, während es auf der Seite derer ohne Migrationshintergrund erheblich mehr, nämlich 62,9 % sind.

b Quelle der Grafik: Erfurter Institut INSA-CONSULERE GmbH
Die INSA-Consulere GmbH gehört zum unter der Trägerschaft der INSA-Stiftung getragenen, gemeinnützigen Institut für neue soziale Antworten, kurz INSA. Das Institut INSA Consulere ist ein Markt- und Sozialforschungsinstitut und erstellt im Auftrag von Organisationen und Unternehmen empirische Studien und Umfragen.
Die Umfrage wurde von der Theo-Münch-Stiftung für die Deutsche Sprache in Auftrag gegeben. Die 2001 gegründete Stiftung bezeichnet als ihr Stiftungsziel die Pflege der deutschen Sprache. Sie unterstützt Projekte im Bereich der Spracharbeit und hat einige Preise ins Leben gerufen, die an Personen verliehen werden, die sich um die deutsche Sprache verdient gemacht haben.
Die Umfrage ist insofern repräsentativ, als sie über 2000 Personen befragt hat und so einen weitreichenden und übertragbaren Überblick über einen Querschnitt der Bevölkerung gibt.
Während die Erhebung nachvollziehbar und die Daten sicherlich belastbar sind, muss sowohl das Institut, das die Umfrage durchführte, als auch die Auftraggeberin der Umfrage kritisch gesehen werden. Die INSA-Consulere GmbH steht zwar unter der Trägerschaft einer gemeinnützigen Stiftung, ist aber trotzdem ein Meinungsforschungsinstitut mit marktwirtschaftlichen Interessen. Die Theo-Münch-Stiftung hat sich der Pflege der deutschen Sprache verschrieben, die Einseitigkeit und die Vehemenz, mit der sie dies betreibt, rückte sie zuweilen in die Nähe einer rechtspolitischen Orientierung. Dies wurde aber mehrfach von den Vorstandsmitgliedern zurückgewiesen.

Seite 37

Schritt 4: Den Schreibplan erstellen

1 Mögliche Ergänzung des Schreibplans:
Rolle des Kiezdeutschs in der Standardsprache
Definition „Kiezdeutsch":
- Wiese: Definition als Dialekt **des Deutschen, vergleichbar mit dem Schwäbischen; aber: junger und dynamischer Dialekt, „im Werden" (M 1, Z. 34 f.)**
  Kriterien des Kiezdeutschen: offen für neue Wörter und grammatische Konstruktionen (Importe aus anderen Sprachen), Besonderheiten in der Aussprache
  Interview nennt Kiezdeutsch eine „Milieusprache" (M 1, Z. 5)
- **Deutsche Gesellschaft für Sprache: Definition als Sprachvariante als Überbegriff für Dialekte oder Jugendsprache; Kiezdeutsch als Beispiel für Form der Jugendsprache, die neben der Standardsprache besteht**
- **Heine: „die deutsche Standardgrammatik ignorierenden Jargon von Migrantenkindern" (M 3, Z. 8–10); „Kiez-Code" (M 3, Z. 58)**

Sichtweise bez. Kiezdeutsch:
M 1: Heike Wiese (Interview)
- Negatives Bild von Kiezdeutsch in der Öffentlichkeit
- **In Wahrheit nicht defektiv, Kiezdeutsch reicher als Standarddeutsch (s. Definition)**
- **Hoher Anteil junger mehrsprachiger Sprechender, aber auch einsprachig deutsch aufgewachsene Jugendliche**
- **Sprechende sprechen mehrere Varianten des Deutschen, nicht nur Kiezdeutsch**

M 2: Stellungnahme der DGfS
- Sprachvarianten wie Kiezdeutsch keine Gefahr für Standard; **gab es schon immer in verschiedenen Regionen und Altersstufen**
- **Sprechende sprechen immer mehrere Sprachen, z. B. Dialekt und Hochdeutsch**
- **Wissenschaftlich kein Zusammenhang zwischen Verwendung von Sprachvarianten und Verfall der dt. Sprache zu finden**

M 3: Matthias Heine
- Kiezdeutsch ist rassistisch, weil **er Jugendlichen mit Migrationsgeschichte die Fähigkeit abspricht, Standarddeutsch korrekt zu lernen und zu sprechen**
- **Onkel-Tom-Strategie macht Sprechende zu „lustigen Zurückgebliebenen, auf die die Mehrheitsgesellschaft wohlwollend herabsieht" (M3, Z. 38–40)**

M4: Grafik
- Mehrzahl der Befragten (insgesamt 57,2 %) sieht reduzierte Sprechweise als Hauptgefährdungsaspekt

Schritt 5: Den informierenden Text verfassen

1 **Kommentare zu den Einleitungsvarianten**

A eine generell nicht sehr gelungene Einleitung, ungeeignet für einen sachlichen, informierenden Text
- umgangssprachliche Ausdrücke („total", „ziemlich daneben")
- Aussagen sind gefärbt anstatt neutral („sprachliche Verirrungen")
- Argumentation bzw. Meinungsäußerung beginnt bereits hier („deshalb müssen wir sie bewahren")
- ungelenke Überleitung, die die eigene Sichtweise aufführt

B einige durchaus positiv hervorzuhebende Aspekte:
- stimmige Hinführung zum Thema über deutsche Muttersprache und Dialekt des Bairischen,
- auf die Zielgruppe hin verfasst: Nennen des Bairischen als Beispiel
- Spiel mit Erwartungen der Leserschaft: „keiner würde sagen, dass ein Dialekt die deutsche Sprache gefährdet"

C einige durchaus positiv hervorzuhebende Aspekte:
- Einstieg über Studie: wirkt kompetent, verwendet bereits hier die bereitgestellten Materialien in sinnvoller Weise
- verschiedene Sichtweisen werden hier bereits angerissen
- Überblick über die Gliederung des Textes am Ende der Einleitung gibt Lesenden Orientierung

Seite 38

2 Eine Mischung aus Einleitung B und Einleitung C ist vorstellbar. Z. B. Beginn mit Daten aus Studie aus Variante C, Überleitung Kiezdeutsch als Dialekt – Bairisch aus Variante B, Überblick über den weiteren Verlauf des Textes aus Variante C.

3 Eine durch das Erfurter INSA-Institut durchgeführte Befragung von über 2000 Personen ergab, dass **57 % aller Deutschen davon überzeugt sind, dass sich Jugendsprachen wie Kiezdeutsch auf Standarddeutsch schädlich auswirken.**

Laut Stellungnahme der Deutschen Gesellschaft für Sprachwissenschaften stellen jugendsprachliche Sprachvariationen wie Kiezdeutsch keine Gefahr für unsere Sprache dar. Die DGfS nennt dafür vier Gründe: **Erstens betont sie, dass die deutsche Sprache schon immer Sprachvarianten hervorbrachte. Zweitens stellt die DGfS fest, dass auch zwischen Sprechenden verschiedenen Alters Unterschiede in der Sprechweise auftreten. Drittens macht sie klar, dass Deutschsprechende häufig mehrere Sprachvarianten beherrschen und zwischen diesen wechseln können. Viertens wird klargestellt, dass es keinen wissenschaftlich nachweisbaren Zusammenhang zwischen dem Gebrauch von Jugendsprachen und dem Verfall der Standardsprache gibt.**

4 Der folgende Lösungsvorschlag umfasst einen Ausschnitt aus dem Hauptteil und steht exemplarisch für eine Möglichkeit, eine Passage nach der Checkliste in Schritt 6 zu erstellen. Diejenigen Punkte der Checkliste, die in dem folgenden Abschnitt beachtet werden, sind im Text markiert und am Rand vermerkt.

Eine der vehementesten Verfechterinnen des Kiezdeutschs ist die Potsdamer Sprachwissenschaftlerin Heike Wiese, **die seit 2003 das sprachliche Phänomen erforscht. In einem Interview mit der Stuttgarter Zeitung aus dem Jahr 2013** erklärt Wiese, warum der schlechte Ruf, den die Jugendsprache in der Gesellschaft genießt, unberechtigt ist. Für sie ist die Milieusprache „im Grunde ein deutscher Dialekt" (M1, Z. 13), der die deutsche Sprache eher bereichert als gefährdet. **Gründe hierfür** liegen nach Meinung Wieses **zum einen** in der **Offenheit des Kiezdeutschs gegenüber der Eingliederung neuer Wörter, zum anderen** in der **Übernahme grammatischer Strukturen** aus anderen Sprachen. Dies bewirkt nach Meinung Wieses sogar, dass Kiezdeutsch vielfältiger ist als Standarddeutsch (vgl. M1, Z. 15–23).	Vorwissen ergänzt Quelle direktes Zitat mit Quelle sinngliedernde Elemente indirektes Zitat Quelle des indirekten Zitats

5 Welche Art des Schlusses möglich ist, hängt maßgeblich von der Aufgabenstellung ab. Wenn dort eine inhaltliche Vorgabe gemacht wird, beispielsweise, dass der Schluss eine Konsequenz oder ein Fazit aufzeigt, muss das Textende auch so gestaltet werden. Gibt die Aufgabenstellung keine inhaltlichen Vorgaben, ist man als Verfasserin oder als Verfasser des Textes freier. Dann kann der Schluss beispielsweise die grundlegenden Aspekte des vorangegangenen Textes zusammenfassen, einen Rückbezug auf den Einleitungsgedanken ziehen, einen Ausblick für die Zukunft geben oder das Thema in einen breiteren Kontext einordnen.

Sprache und Politik – Sachtexte analysieren

Schritt 1: Die Aufgabe verstehen

Seite 40

1 a Analysieren Sie den folgenden Zeitungsartikel von Jana Anzlinger hinsichtlich seines gedanklich-argumentativen Aufbaus und der sprachlichen Gestaltung. Formulieren Sie zu Beginn Ihrer Analyse einen Verstehensentwurf

b

Die Aufgabe verstehen	Trifft zu	Trifft nicht zu
Aufbau, Inhalt und Argumentation einzeln abhandeln	☐	×
Inhalt und Gedankengang des Autors / der Autorin (Argumentationsstruktur) gemeinsam erarbeiten	×	☐
die sprachliche Gestaltung einschließlich der rhetorischen Mittel beschreiben und ihre Funktion in Bezug auf die Argumentationsstruktur aufzeigen	×	☐
Belegen des gedanklich-argumentativen Aufbaus und der sprachlichen Gestaltung mittels geeigneter Textstellen	×	☐
den Problemgehalt des Sachtextes erörtern	☐	×
zu Beginn eine Deutungshypothese als Teil der Einleitung entwerfen	☐	×
zu Beginn einen Verstehensentwurf als Teil der Einleitung entwerfen und diesen als „roten Faden" für die Darlegung im Hauptteil nutzen	×	☐

Schritt 2: Das erste Textverständnis formulieren

Seite 41

1 a Mögliche Schlüsselwörter:
„Hysterie" (Z. 18), „Empörung" (Z. 19), „Wahrnehmung beeinflusst" (Z. 21), „Dinglichkeit" (Z. 25), „manifestiert Haltung" (Z. 26 f.), „computerlinguistische Auswertung" (Z.30 f.), „Diskurs über Migration" (Z. 33 f.), „nach rechts verschiebt" (Z. 34), „Umgang mit der Klimakrise" (Z. 36), „verdrängt" (Z. 38), „verharmlost" (Z. 39), „Sprache [...] Politik verhindern" (Z. 45 f.), „Klimapolitik" (Z. 47), „wenig ambitioniert" (Z. 48), „auf öffentlichen Druck hin" (Z. 52), „geben [...] Gewicht" (Z. 53 f.), „Fridays for Future [...] Folgen benennt" (Z. 55 f.), „Klimakatastrophe" (Z. 57 f.), „gestohlene Zukunft" (Z. 58 f.), „apokalyptische, [...] nicht unpräzise Rhetorik" (Z. 60 f.), „ernster genommen" (Z. 63), „vertauscht Ursache mit Wirkung" (Z. 66 f.), „Populisten" (Z. 68), „paradoxerweise, in höchster Erregung" (Z. 70 f.), „Genderwahn" (Z. 74), „vermeintlich dramatische Sprache" (Z. 78 f.), „nicht Fremdenfeindlichkeit, sondern Rassismus" (Z. 82 f.), „Tabu gebrochen" (Z. 85), „bewusst mit Formulierungen umgegangen" (Z. 89 f.), „Empörung [...] anderes als [...] Mangel an Sachlichkeit" (Z. 95 f.), „sachlich argumentiert [...] mit dramatischen [...] Worten" (Z. 96 ff.), „nicht aber dramatisierenden" (Z. 98), „Sachlichkeit verbietet: [...] verletzen oder ausgrenzen" (Z. 99 f.), „Menschen [...] keine Krise" (Z. 100 f.), „Hunger [...], Armut [...], Erhitzung [...] ist eine Krise" (Z. 102 ff.), „kann ein wenig Empörung nicht schaden" (Z. 105 f.)

b Unbekannte Wörter lassen sich in einem Wörterbuch oder auch online nachschlagen. Oft lassen sie sich aber auch aus dem Textzusammenhang klären.

c 1. Absatz: Empörung soll deutlich geäußert werden, um Einfluss auf die Politik zu nehmen.

2. Absatz: SZ-Datenanalyse der Bundestagsprotokolle belegt Einfluss der Sprache auf die Politik.

3. Absatz: Fridays for Future übt mit der Benennung der Folgen des Klimawandels Druck auf die Politik aus.

4. Absatz: Drastik der Rhetorik vermittelt Dringlichkeit und Ernst der Lage und wühlt die Aktivisten nicht auf.

5. Absatz: Kritiker der dramatischen Wortwahl der Umweltaktivisten gebrauchen selbst drastische Ausdrücke.

6. Absatz: Bewusst gewählte dramatische Sprache ist in bestimmten Situationen angemessen.

7. Absatz: Dramatische Worte sind in sachlichen Diskussionen über Krisen wichtig, um der Empörung Ausdruck und damit dem Gesagten Nachdruck zu verleihen.

2 **A** Eine dramatische Wortwahl ist manchmal nötig, um Haltung zu zeigen, Krisen zu benennen und politischen Forderungen Nachdruck zu verleihen.
(**Hinweis:** Die Autorin spricht sich für eine dramatische Sprache bei einer sachlichen Argumentation aus, nicht für eine dramatisierende (vgl. Z. 96 ff. im Text). Daher können weder B noch C stimmen.)

3 a Mögliche Textstellen

Hier ...	trifft zu	Textstelle (Zeilenangabe)
... sollen die Leserinnen und Leser informiert werden.	×	Z. 1–9; 17–46
... will die Autorin ihre eigene Meinung zum Thema darlegen.	×	Vorspann, Z. 9–16, Z. 46–106

b Mögliche Antwort:

Jana Anzlinger verfolgt mit ihrem Zeitungsartikel vorwiegend die Absicht, ihre Meinung darüber dazulegen, warum Empörung und apokalyptische Sprache im politischen Diskus teilweise richtig und wichtig sind.

Schritt 3: Den Argumentationsgang analysieren

Seite 42

1 Mögliche Lösung:

2. Absatz	Überleitung, These/Behauptung	3. Absatz	Beleg mit Beispielen
4. Absatz	Überleitung, Begründung	5. Absatz	Beispiel, Entkräftung des Gegenarguments
6. Absatz	Entkräftung des Gegenargument s	7. Absatz	Begründung mit Beispielen
8. Absatz	Fazit		

2 Mögliche Lösung:

Beleg: Auswertung von Bundestagsprotokollen (SZ-Datenrecherche)
→ **Beispiele:**
- Diskursverschiebung durch die AfD
- Verharmlosung des Klimawandels

↓

Sprache macht Politik

↓

Behauptung: Notwendigkeit einer dramatischen Wortwahl in bestimmten Situationen

↙ ↘

Begründung: Druck auf die Politik
Beispiel: Einfluss von Fridays for Future auf den öffentlichen Diskurs

↓

Gegenargument
Wortwahl als Ursprung der Hysterie

↓

Entkräftung
Klimawandel als Ursprung der Empörung

Begründung:
Angemessenheit vermeintlich dramatischer Sprache
Beispiele:
- Bezeichnung von rechtsextremen Taten als rassistisch
- Bezeichnung der Ministerpräsidentenwahl in Thüringen als Dammbruch

↓

Fazit
Plädoyer für den Gebrauch von dramatischen Worten in einer sachlichen Argumentation (über Krisen)

Seite 47

3 **A** finaler Sinnbezug:
Memes werden eingesetzt, um Wählerinnen und Wähler zu beeinflussen.
Memes werden eingesetzt, damit sie Wählerinnen und Wähler beeinflussen.
B kausaler Sinnbezug:
Soziale Medien sind relevant, da/weil sie einen großen Einfluss auf die Gesellschaft haben.
Soziale Medien sind relevant, denn sie haben einen großen Einfluss auf die Gesellschaft.
C konsekutiver Sinnbezug:
Wenn/Sofern Politiker sich die digitale Welt zunutze machen, kann ihre Popularität steigen.

Ist die Unabhängigkeit der Presse in Gefahr? – Materialgestütztes Erörtern

Schritt 1: Die Aufgabenstellung verstehen

Seite 50

1 markierte Textstellen: Farbe 1: „Pressefreiheit nicht gewährleistet"; „Presse in Wirklichkeit durch verschiedene Akteure gelenkt"; Farbe 2: „Frage, ob journalistische Unabhängigkeit gesichert"; Farbe 3: „Basis", „nachfolgende Materialien", „Vorwissen", „Schülerzeitung", „sachlich argumentierender Text"

2 Die richtige Antwort lautet: **C**

3 Nicht zu markieren ist lediglich: Fakten abschreiben

Seite 51

4 **Adressat** ist vor allem die Schülerschaft; für den **Schreibstil** bedeutet dies, er muss sachlich und verständlich sein, ohne zu komplexe Satzstrukturen und Fremd- bzw. Fachwörter.

5 Ist die Pressefreiheit in Deutschland gewährleistet oder ist sie in Gefahr?

Schritt 2: Das erste Textverständnis und Ideen formulieren

1 mögliche relevante Aspekte zur Ergänzung finden sich auch im Schulbuch; ansonsten:
- Vierte Gewalt im Staat:
  - sichert ungehinderte Möglichkeit, sich zu informieren
  - keine Zensur
  - je mehr unabhängige Presse, desto leichter, sich frei zu informieren
- Pressefreiheit nach Art. 5 GG:
  - Meinungsfreiheit
  - Informationsfreiheit
  - Pressefreiheit
  - Freiheit von Zensur
  - Wahrung geltender Gesetze, insb. Jugendschutzgesetze sowie Persönlichkeitsrechte
- Aufgabe der Medien:
  - Meinungen äußern, Probleme benennen, Maßnahmen kontrollieren und kritisieren, gesellschaftliche und politische Teilhabe aktivieren
  - Informationen über den Markt und die Wirtschaft, über Warenaustausch informieren, über Arbeitsmarkt informieren
  - Orientierung ermöglichen, Lebenshilfe und Sinn geben, Menschen bilden, Menschen unterhalten, Werte der Gesellschaft vermitteln und diskutieren
- Pressekodex:
  - Achtung vor der Wahrheit und Menschenwürde
  - Unterrichtung der Öffentlichkeit
  - Zwang zur Richtigstellung bei fehlerhaften Darstellungen
  - keine ehrverletzenden Darstellungen durch Bild und Wort

2 sequenzielles Lesen = Der ganze Text wird mehrmals unter Beachtung aller Abschnitte und Details gründliche gelesen. überfliegendes Lesen = Der Text wird kursorisch gelesen, um einen Überblick über Thema, Inhalt und Aufbau zu gewinnen. punktuelles Lesen = Einzelne interessierende Textstellen werden genauer gelesen, das Übrige nur überblickshaft.

3 Mögliche Lösung:
gewährleistet: M 3, M 5; nicht gewährleistet: M 2, M 4, M 6, M 7

4 M 2 zunehmend die Meinung Weniger; M 1 zunehmend die Meinung der Mehrheit

5 M 4: Die Pressefreiheit ist die Basis unserer Demokratie. Ohne Pressefreiheit ist unsere Demokratie gefährdet.
M 5: Die Pressefreiheit wird zunehmend infrage gestellt in autokratischen Systemen und von populistischen Politikern.

6 M 7: mögliche zentrale Aussagen: Auflagenzahlen gehen zurück und damit auch die Werbeeinnahmen; Personalstand verschlechtert sich

Seite 52

Schritt 3: Die Materialien gezielt lesen

1 Die Skizze sollte beinhalten, dass es wichtig ist, eine hohe Zahl an Verlegerinnen und Verlegern in der Branche zu haben, da sonst wenige die Informationen beherrschen.

2 M 1: Gefahren für die Pressefreiheit:

Gefahren	Begründung
Presse wird schlechtgeredet	aus politischen Motiven wird die Presse in Deutschland schlecht dargestellt (vgl. Vorspann); um Qualitätsmedien in schlechtem Licht darzustellen, werden Stigmawörter wie „Lügenpresse" und „Fake News" eingesetzt (vgl. Z. 9–13)
einseitige und extreme Ansichten verbreiten sich schnell	auf sozialen Plattformen werden oft einseitige und extreme Meinungen geäußert, die sich schnell verbreiten und nicht fundiert recherchiert sind (vgl. Z. 13 ff.)
Fake News nehmen zu, sodass schon Aufklärungsarbeit geleistet werden muss	Dass u. a. die Bundesregierung schon über Fake News informiert und woran man sie erkennt, lässt darauf schließen, dass sie zunehmen und immer glaubwürdiger verfasst sind (vgl. Z. 47 ff.)
fehlender Diskurs und fehlende demokratische Willensbildung durch offene Diskussion wird erschwert durch die Arbeit der Medienhäuser	etablierte Medienhäuser prüfen die Informationen aus der Politik nicht mehr ausreichend, sondern verteilen die Meinungen ungefiltert über die Medienkanäle, was einen echten Diskurs verschiedener Meinungen erschwert (Z. 11–18)

3 Durch Kamera und Mikrofon wird auf die Arbeit in der Medienlandschaft hingewiesen. Ein Teil der Arbeit der Medien in einer Demokratie ist es, objektive Informationen bereitzustellen, über Missstände aufzuklären und ggf. einen Beitrag dafür zu leisten, Politiker/-innen und Personen von öffentlichem Interesse bei Fehlverhalten zur Rechenschaft zu ziehen. Durch die Berichterstattung werden die Bürger/-innen in die Lage versetzt, sich selbst ein Urteil zu einem Thema zu bilden, was eine Grundlage unserer Demokratie darstellt.

4

Schritt 1:	• die größten Herausforderungen der letzten 12 Monate für den Journalismus
Schritt 2:	• Balkendiagramm • zeigt die letzten 12 Monate • Quelle: statista
Schritt 3:	• die größten Herausforderungen werden zu Beginn genannt • die Zahlen flachen bis zum letzten und neunten Punkt ab
Schritt 4:	• es existieren einige Herausforderungen, denen sich der Journalismus und somit die Pressefreiheit entgegengestellt sieht
Schritt 5:	• der Journalismus sieht sich vor viele Herausforderungen gestellt

5 M 4: Die Demokratie wird durch unsere unabhängige Presse geschützt. Denn ohne Pressefreiheit und mit Zensur wäre eine Demokratie nicht möglich.

M 5: Die Pressefreiheit wird zunehmend infrage gestellt in autokratischen Systemen und von populistischen Politikern, die als Raubfische stilisiert sind; durch die „Gefräßigkeit" der Haie wird die Pressefreiheit immer weiter eingeschränkt und reduziert; insbesondere in autokratischen, populistischen Systemen wird die Pressefreiheit bekämpft, da sie es den autokratischen Machthabern erschweren würde, ihre Macht zu erhalten; ebenso setzt die Pressefreiheit Populisten zu, die aufgrund ihrer bewusst manipulativen Lügen und Falschdarstellungen von jeher ein Problem mit umfassenden objektiven Darstellungen haben

6 M 4:

Beschreibung	Bedeutung
Kamera im Hintergrund	steht für die mediale Berichterstattung
Hand	Basis, schützende Hand unter „Demokratie“
Stativ in gleicher Farbe wie das Wort „Demokratie“	Presse als Pfeiler unserer Demokratie

M 5:

Beschreibung	Bedeutung
drei Fische im Meer, zwei Haie mit der Aufschrift „Autokratien“ bzw. „Populisten“; kleinerer, verfolgter Fisch mit der Aufschrift „Pressefreiheit“ und zur Hälfte aufgefressen	sowohl autokratische Systeme als auch populistische Politiker haben ein Interesse daran, die Pressefreiheit abzuschaffen, um die Medien nach ihrem Willen zu lenken
Überschrift „Zunehmend angefressen“	„angefressen“ im wörtlichen Sinne im Bild dargestellt; „angefressen“ als Ausdruck für sich einstellende Unzufriedenheit mit etwas; kann hier natürlich als Selbstreferenz des Karikaturisten gelesen werden, der selbst auf die Presse- und Zensurfreiheit in seinem Beruf angewiesen ist

Seite 53

Schritt 4: Den Schreibplan erstellen

1/2 Themafrage: Ist die Pressefreiheit in Deutschland gewährleistet oder ist sie in Gefahr? möglicher Standpunkt: Nein, es gibt zwar ausreichende Gesetze zum Schutz der Pressefreiheit, aber sie durchzusetzen, ist eine tägliche Herausforderung.

	Behauptung	Begründung	Beispiel
Argument 1	Die Pressefreiheit in Deutschland leidet darunter, als negativ dargestellt und kritisiert zu werden.	Heutzutage werden den Bürgerinnen und Bürgern in den sozialen Medien Nachrichten und Informationen einseitig und polarisierend präsentiert.	Dies bemängelt auch Kim Berg in ihrem Artikel vom 05.06.2020, in dem sie auf diesen Zusammenhang hinweist und daraus einen fehlenden, öffentlichen Diskurs ableitet.
Argument 2	Die Pressefreiheit ist auch durch die zunehmend kleiner werdende Anzahl von Medienunternehmen auf dem Markt in Gefahr.	Die Anzahl der Firmen, die in ihrem Portfolio zumeist verschiedene Medien haben und herausgeben, nimmt kontinuierlich zu. Es entstehen Meinungsmonopole und selbstredend haben diese Unternehmen Einfluss darauf, was in ihren Blättern und auf ihren Plattformen im Netz verbreitet wird. Dies steht aber im Widerspruch zu einer objektiven, multiperspektivischen Berichterstattung, da davon auszugehen ist, dass für die Verlage geschäftsschädigende oder unvorteilhafte Inhalte nicht verbreitet werden sollen.	Auf diesen Zusammenhang wies schon 1965 Paul Sethe, einer der Gründungsherausgeber einer namhaften überregionalen deutschen Tageszeitung, der *Frankfurter Allgemeinen Zeitung*, hin.
Argument 3	Die Einschränkungen der Pressefreiheit stellen eine Gefahr für die Demokratie dar.	Nicht umsonst ist die Pressefreiheit im Grundgesetz verankert. Behörden sind verpflichtet, Auskunft zu geben. Ansonsten können sich die Bürger/-innen keine eigene Meinung bilden.	Beispielsweise kann man am Grad der Pressefreiheit ablesen, wie demokratisiert ein Staat ist.

3 mögliche Gegenargumente:

1 Die Presse und Medienlandschaft genießt maximale Freiheit. Die Pressefreiheit ist ein durch das deutsche Grundgesetz geschütztes Grundrecht, das darin präzise umrissen ist. Wortwörtlich heißt es dort, „eine Zensur findet nicht statt“ (vgl. Art. 5 GG). Hieran hält sich jedes deutsche Gericht und somit ist es für die Presseorgane und Medienschaffenden jederzeit möglich, ihre Meinung frei zu äußern. Eine größere Pressefreiheit ist nicht möglich. Aus diesem Grund ist auch die Unabhängigkeit unserer Medien groß genug.

2 Der beste Schutz der Pressefreiheit ist eine möglichst große Auswahl an verschiedenen Informationskanälen. Jede Journalistin und jeder Journalist hat ihre/seine ganz eigenen Art, über Geschehnisse zu berichten und zu schreiben. Somit muss jeder Artikel in gewisser Art und Weise tendenziös erscheinen. Sich hiergegen zu schützen gelingt nur, wenn man sich eine Vielzahl von Einschätzungen zum selben Thema besorgt. Und in ebendieser Möglichkeit, sich eine große Anzahl

verschiedener Informationen aus unterschiedlichen Quellen besorgen zu können, liegt der beste Schutz der Pressefreiheit. Und diesen trägt jede/-r Bürger/-in selbstverantwortlich in ihren/seinen Händen. Die Unabhängigkeit der Medien liegt somit auch in den Händen der Rezipienten derselben.

3 Dass die Pressefreiheit gewahrt ist und damit auch unabhängiger Journalismus möglich ist, wird auch dadurch deutlich, dass die Bundesregierung Aufklärungsarbeit über Fake News anbietet und den Bürgerinnen und Bürgern aufzeigt, wie sie Fake News entlarven können. Dadurch ist gewährleistet, dass weiterhin Qualitätsjournalismus von Fake News unterschieden werden kann.

4 antithetischer Aufbau: 1, 2, 3 / B, C, D
aspektorientierter Aufbau: Aspekt: Recherchequalität: 1, D; Aspekt: Rechtsverbindlicher Schutz: 2, C; Aspekt: Aussagegehalt von Medien: 3, B

Schritt 5: Den Aufsatz verfassen

1 Mögliche Einleitung:
Pressefreiheit bedeutet Sicherheit. Damit die Pressefreiheit aber dieses Versprechen der Sicherheit einlösen kann, ist es notwendig, dass sie vor ihren Feinden geschützt wird. Gerade in autokratisch gelenkten Staaten und unter dem Einfluss populistischer Akteure darf zurecht um die Pressefreiheit in der heutigen Zeit gebangt werden. Daher ist zu prüfen, ob die Pressefreiheit noch in ausreichendem Maße gewährleistet ist für unabhängigen Journalismus.

Seite 54

2 a Die richtige Antwort lautet A

b Variante A: aufgreifen und paraphrasieren einer Expertenmeinung; Variante B: Resümee vorgegebenen Materials, hier der Statistik M 6

3 Mögliche Musterlösung nach antithetischem Aufbau des Hauptteils:
Einleitung Siehe Lösung zu Aufgabe 1 auf Seite 53.
Hauptteil, Argument 1 Die Presse und Medienlandschaft genießt maximale Freiheit, daher ist unabhängiger Journalismus heutzutage in ausreichendem Maße gewährleistet. Die Pressefreiheit ist ein durch das deutsche Grundgesetz geschütztes Grundrecht, das darin präzise umrissen ist. Wortwörtlich heißt es dort, „eine Zensur findet nicht statt" (vgl. Art. 5 GG). Hieran hält sich jedes deutsche Gericht und somit ist es für die Presseorgane und Medienschaffenden jederzeit möglich, ihre Meinung frei zu äußern. Eine größere Pressefreiheit ist nicht möglich. Aus diesem Grund ist auch die Unabhängigkeit unserer Medien groß genug.
Argument 2 Ein weiterer Gesichtspunkt ist, dass die Regierung Aufklärungsarbeit über Fake News leistet und Tipps gibt, wie man diese als solche erkennen kann. Somit ist es für die Bürger/-innen möglich, weiterhin Qualitätsjournalismus von Fake News und Äußerungen einseitiger und extremer Ansichten zu unterscheiden.
Argument 3 Eng damit verknüpft ist eine möglichst große Auswahl an verschiedenen Informationskanälen als der beste Schutz der Pressefreiheit. Jede Journalistin und jeder Journalist unterliegt ihrer/seiner ganz eigenen Art über Geschehnisse zu berichten und zu schreiben. Somit muss jeder Artikel in gewisser Art und Weise tendenziös erscheinen. Sich hiergegen zu schützen gelingt nur, wenn man sich eine Vielzahl von Einschätzungen zum selben Thema besorgt. Und in ebendieser Möglichkeit, sich eine große Anzahl verschiedener Informationen aus unterschiedlichen Quellen besorgen zu können, liegt der beste Schutz der Pressefreiheit. Und diesen trägt jede/-r Bürger/-in selbstverantwortlich in ihren/seinen Händen. Die Unabhängigkeit der Medien liegt somit auch in den Händen der Rezipienten selbst.
Überleitung Beschäftigt man sich mit diesen Argumenten, so ist man tatsächlich geneigt, der Meinung zuzustimmen, dass die Pressefreiheit aktuell in ausreichendem Maße geschützt sei und unabhängiger Journalismus sich sozusagen automatisch einstellen würde. Allerdings sind hier meiner Meinung nach erhebliche Zweifel angebracht.
Argument 1 Eine wichtige Rolle, weshalb die Pressefreiheit eher als unzureichend einzuschätzen ist und sich in Gefahr befindet, ist die zunehmend kleiner werdende Anzahl von Medienunternehmen auf dem Markt. Die Anzahl der Firmen, die in ihrem Portfolio zumeist verschiedene Medien haben und herausgeben, nimmt kontinuierlich zu. Hierdurch entstehen automatisch Meinungsmonopole, denn selbstredend haben diese Unternehmen Einfluss darauf, was in ihren Blättern und auf ihren Plattformen im Netz verbreitet wird. Dies steht aber im Widerspruch zu einer objektiven, multiperspektivischen Berichterstattung, da davon auszugehen ist, dass für die Verlage geschäftsschädigende oder unvorteilhafte Inhalte nicht verbreitet werden. Auf diesen Zusammenhang verwies schon 1965 Paul Sethe, einer der Gründungsherausgeber einer namhaften überregionalen deutschen Tageszeitung, der *Frankfurter Allgemeinen Zeitung*.
Argument 2 Ein weiterer Gesichtspunkt ist, dass sich die Herausforderungen, denen sich die Pressefreiheit ausgesetzt sieht, an vielen Punkten zeigen und auch zunehmen. Beispielsweise müssen Journalistinnen und Journalisten um ihre Sicherheit bangen, weshalb weniger Menschen diesen Beruf ausüben - der für unsere Demokratie überaus wichtig ist - oder aber nicht mehr den Mut haben, ihre Meinung oder recherchierte Fakten zu veröffentlichen.
Argument 3 Meiner Meinung nach das wichtigste Argument jedoch ist eine in vermehrtem Maße immer einseitigere und unkritischere Berichterstattung in der Medienlandschaft, was natürlich auch einer echten Pressefreiheit zuwider läuft, da der Journalismus eben nicht unabhängig ist. Dies führt dazu, dass extreme Ansichten und einseitige Meinungsäußerungen in sozialen Medien zunehmen. Diese Informationen werden schnell verbreitet, statt hinterfragt oder auf Fakten hin geprüft zu werden.
Fazit Wenn ich aus dem dargelegten Für und Wider einen Schluss ziehen soll, so muss ich feststellen, dass man zwar über die theoretischen Fähigkeiten einer umfangreich geltenden Pressefreiheit verfügt und sich auch im Klaren darüber ist, worin der Wert ebendieser in einer freien und aufgeklärten Gesellschaft liegt. Nicht ohne Grund wird diese bspw. in Artikel 5 im

Grundgesetz der Bundesrepublik Deutschland normativ genannt und damit auch geschützt. In der Praxis aber überwiegen die Mängel und Gefahren, gerade mit Blick auf das weltweite Geschehen. Hier kann der Schluss nur lauten, dass wir aktiv werden müssen, um die Pressefreiheit zu bewahren, denn unabhängiger Journalismus ist so nur sehr bedingt möglich.
Schluss Somit komme ich am Schluss nochmals auf die einleitenden Worte von Thomas Jefferson zu sprechen: wo Pressefreiheit herrscht, und jedermann lesen kann, ist Sicherheit. Dem ist zuzustimmen. Aber so lange Journalisten an ihrer Arbeit behindert oder aufgrund ihrer Arbeit sogar bedroht oder getötet werden, wie es die oben genannte Statistik aus dem Jahr 2019 eindrucksvoll belegt, ist es notwendig, für die Pressefreiheit zu kämpfen und sie nicht als selbstverständlich hinzunehmen. In der Tat ist sie unter allen Umständen noch weiter auszubauen und ihr zu universeller Gültigkeit zu verhelfen. Echte Meinungsfreiheit kann es nur auf Basis echter Pressefreiheit geben, alles andere ist Manipulation!

Schritt 6: Den eigenen Text überarbeiten

Seite 55

1 **a–c** Über die Frage, ob die Pressefreiheit in der Bundesrepublik wirklich gewährleistet ist, wird in regelmäßigen Abständen intensiv diskutiert. Es wird behauptet, dass es echte Pressefreiheit nur auf dem Papier gebe. Dabei ist die Pressefreiheit im Grundgesetz verankert.
Populistische Tendenzen, die sich auch in einer Demokratie wie in der Bundesrepublik immer deutlicher zeigen, behindern die Unabhängigkeit der Journalistinnen und Journalisten. Mit der veränderten Medienlandschaft im Zeitalter der Digitalisierung geht zudem einher, dass Nachrichten ohne journalistische Prüfung verbreitet werden können. Wenn die Rezipientinnen und Rezipienten aber auf Berichte in sozialen Medien, Chatgruppen oder eben auch klassischen Tageszeitungen zurückgreifen, ohne die Unterschiede zu erkennen, ergeben sich Probleme, die mit der Pressefreiheit gar nichts zu tun haben. Hier geht es darum, dass die Nutzenden der Medien verantwortlich mit der Wahrheitssuche umgehen. Eine bessere Durchdringung der Pressefreiheit beantwortet die Frage nach richtigen und falschen Nachrichten gar nicht. Deshalb finde ich die Pressefreiheit gut.

Eine textbezogene Erörterung verfassen

Seite 56

1 **a/b** Leistung = etwas, das erbracht wird und nicht in allen Fällen messbar ist; Leistungsträger = Person/Institution, die die Leistung übernimmt/zahlt; Leistungsgesellschaft = Gesellschaft, die auf Leistung ausgelegt ist; Leistungsprinzip = Bemessung der/des Einzelnen nach ihrer/deren Leistung

Seite 58

Schritt 1: Die Aufgabe verstehen

1 Richtige Antworten sind: B (bei Teilaufgabe 1) – D (bei Teilaufgabe 1) – F (bei Teilaufgabe 2) – G (bei Teilaufgabe 2) – H (bei Teilaufgabe 1)

Schritt 2: Das erste Textverständnis formulieren

1 **a** Mögliche Zustimmung: Leistung sollte entsprechend anerkannt werden (vgl. Z. 98 ff.).
Möglicher Widerspruch: Der ideelle Wert einer Leistung kann entsprechend finanziell entlohnt werden (vgl. Z. 87–93).
b Philipp Holstein setzt sich in dem Text mit unserer Leistungsgesellschaft auseinander und vertritt dabei die Position, dass der Begriff der „Leistung" heutzutage negativ belastet ist.

Schritt 3: Den Argumentationsgang analysieren

1 Forderung/Appell (im Einleitungstext/Lead): Leistung bestimmt unser Leben, deshalb müssen wir unsere Einstellung zur Leistungsgesellschaft
ändern.

↓

Gegenüberstellung zweier Beispiele (Z. 1–10): Während prominente Persönlichkeiten für ihre Leistung bewundert werden, findet die Leistung von Menschen in sozialen Berufen keine Anerkennung.

↓

These 1 (Z. 10–12): **Wir haben ein falsches Verständnis von Leistung.**

↓

Definition des Begriffs der Leistungsgesellschaft (Z. 13–32): Zwei Seiten der Leistungsgesellschaft:
- Sie fordert dem Einzelnen ab, dass er seine Leistung stets steigert, was belastend ist.
- Sie gibt das Versprechen, dass sich Leistung lohnt, was für Gerechtigkeit sorgt.

↓

Begründung 1 durch Rückblick auf die historische Entwicklung des Leistungsbegriffs (Z. 33–67):
- Leistung ist vor dem 19. Jahrhundert ein positiv konnotierter sozialer Begriff: Leistung wird als Dienst für die Gesellschaft verstanden und stärkt den Zusammenhalt.
- Ab der Industrialisierung wird der Mensch zum Leistungsträger im Wettbewerb mit anderen. Leistung wird von nun an gemessen und bewertet.
- In der heutigen Zeit wird Leistung weiterhin als objektiv messbar betrachtet und gilt nur als solche, wenn sie mit Erfolg und Profit einhergeht.

↓

Beispiel 1 (Z. 57–59): Schulnoten, Zahl der Vertragsabschlüsse von Unternehmensmitarbeitern

↓

These 2 (Z. 68–72): **Der moderne Leistungsbegriff macht die Menschen unzufrieden und ist ungerecht.**

↓

Begründung 2 (Z. 68–82): Denn Leistung ist heutzutage stets mit Konkurrenz- und Vergleichsdenken verbunden. Außerdem wird Gemeinschaftsleistung oft fälschlicherweise als Leistung eines Einzelnen wahrgenommen.

↓

Beispiel 2 (Z. 77 f.): Leistungen von Sportlern oder Firmenchefs

↓

These 3 (Z. 83–85): **Leistungen im Sozialwesen, die für die Gesellschaft enorm wichtig sind, werden nicht wertgeschätzt.**

↓

Beispiel 3 (Z. 85–87): Altenpflegerinnen und Flüchtlingshelfer

↓

Begründung 3 (Z. 87–97): Denn sie sind oft schwer mess- und qualifizierbar und erfordern vermeintlich wenig berufliche Qualifikation.

↓

Lösungsvorschläge/Appelle (Z. 98–110):
- Die Leistungen einer/eines jeden sollten anerkannt und finanziell angemessen honoriert werden.
- Leistung muss infolgedessen neu definiert werden.
- Leistung sollte nicht mehr als Konkurrenz, sondern als sozial verbindend verstanden werden.

Seite 59

2 a Philipp Holstein richtet sich grundsätzlich an alle Leser/-innen bzw. Mitglieder unserer Gesellschaft, weil wir alle Teil der Leistungsgesellschaft sind und nach Ansicht des Autors alle unser Verständnis von Leistung überdenken sollten.

b Philipp Holstein will vor allem C überzeugen, F appellieren, G kritisieren.
Begründung: Holstein kritisiert die in unserer Gesellschaft weit verbreitete Definition von Leistung, versucht durch Argumente zu belegen, dass bzw. warum unser Leistungsverständnis falsch ist, und appelliert dafür, den Leistungsbegriff neu zu definieren.

Schritt 4: Die sprachliche Gestaltung untersuchen

1 Mögliche Lösung:

Textstelle	sprachliche Auffälligkeiten	Wirkung
„Mal ganz naiv gefragt“ (Z. 1), „Nicht, dass Missverständnisse aufkommen“ (Z. 23), „Womit wir bei der Ausgangsfrage wären“ (Z. 83)	umgangssprachlicher, salopper Plauderton	Schaffung eines leichteren Zugangs zur Aussage und dezente Leserlenkung als Hilfestellung bei der eher abstrakten Thematik
„Warum applaudieren wir eigentlich nicht […]? Warum gehen wir nicht zu ihr hin […]? Warum würden viele […]?“ (Z. 1–6)	Anaphern, Häufung von Fragen, Parallelismen, Verwendung des Personalpronomens „wir"	unmittelbares Einbeziehen der Leser in die Thematik, Konfrontation mit dem gängigen Leistungsverständnis, eindringliche Aufforderung zum Hinterfragen dieses Verständnisses
„schneller, höher, weiter […] nöcher“ (Z. 19 f.)	Asyndeton, Komparative, Neologismus	überspitzte Darstellung unseres Leistungsbegriffes, der nur Messbares und ständige Leistungssteigerungen anerkennt; Entlarvung dieses Verständnisses von Leistung als lächerlich
„Sogar in ihrer Freizeit. Das ist nicht gut. Es macht unzufrieden und krank.“ (Z. 70 f.)	elliptischer und parataktischer Satzbau, einfache Wortwahl	pointierter Ausdruck der Kritik an einem Leistungsbegriff, der auf Konkurrenzdenken beruht
„er kann ihn [den Glauben an Leistung] auch neu füllen. Im Grunde müssen wir die Leistung neu erfinden, neue Maßstäbe schaffen.“ (Z. 106 ff.)	Wiederholung des Adjektivs „neu"	Betonung der Notwendigkeit, dass der Leistungsbegriff neu definiert werden muss

Textstelle	sprachliche Auffälligkeiten	Wirkung
„Derzeit ist Leistung etwas, das uns trennt. Dabei sollte sie uns verbinden." (Z. 109 f.)	Antithese	Aufzeigen des Gegensatzes zwischen dem als negativ und unbefriedigend empfundenen Status quo (Leistung als etwas Trennendes) und der Wunschvorstellung für die Zukunft (Leistung als etwas Verbindendes)

Schritt 5: Einen Verstehensentwurf formulieren

1 In seinem Artikel „Leistung muss sich endlich lohnen" aus der Rheinischen Post vom 11. März 2018 kritisiert Philipp Holstein unser heutiges Verständnis von Leistung als falsch und ungerecht und fordert deshalb eine Neudefinition des Leistungsbegriffs.

Seite 60

Schritt 6: Eigene Argumente für eine textbezogene Erörterung entwickeln

1 a Holsteins These, dass unser Leistungsbegriff falsch definiert ist und zu mangelnder Wertschätzung und Ungerechtigkeit führt, stimme ich bedingt zu, da sein Argumentationsgang durchaus plausibel ist, dabei jedoch Gegenargumente außer Acht gelassen werden, die für einen ausgewogenen Blick auf das Thema nötig sind.

b Mögliche Lösung:

weitere unterstützende Aspekte	Gegenargumente
• Der von Konkurrenz geprägte Leistungsbegriff greift auf unser Freizeitverhalten über und beeinträchtigt so Erholung und Regeneration. – Begr.: Konkurrenz- und Vergleichsdenken selbst außerhalb des Berufslebens führt zu permanentem Druck: Selbstoptimierungswahn in vielen Bereichen, auch in der Freizeit darf man nicht „nichts tun", sondern muss etwas leisten, z. B. sich selbst und seinen Körper verbessern – Bsp./Beleg: Trend, in der Freizeit exzessiv Sport zu treiben … • Der moderne Leistungsbegriff macht Menschen krank. – Begr.: Konkurrenzkampf und Druck am Arbeitsplatz; krank zu sein wird als Schwäche betrachtet, die man sich nicht leisten kann; man muss immer und überall leistungsfähig und erreichbar sein – Bsp./Beleg: Burn-out als weit verbreitetes Phänomen, 2019 zählte die AOK durchschnittlich 5,9 Arbeitsunfähigkeitsfälle aufgrund einer Burn-out-Diagnose je 1.000 Mitglieder → hochgerechnet 185.000 Burn-out-Betroffene unter allen Arbeitnehmern in Deutschland 2019 (www.statista.com) • Für den Sozialstaat besonders relevante Leistungen erfahren keine gerechte Würdigung (vgl. These 3 in Holsteins Text) – Begr.: Kaum Wahrnehmung in der Öffentlichkeit, da kein „vorzeigbares Ergebnis" vorhanden, sondern „versteckt" im sozialen oder zwischenmenschlichen Bereich – Bsp./Beleg: Krankenpfleger in der Corona-Pandemie: aufgrund der akuten Bedrohungslage ins allgemeine Bewusstsein gerückt (Beifall als Ausdruck des Dankes), aber selbst dann nur kurzzeitig, kaum finanzielle Anerkennung: nur ein Einmal-Bonus von 1000 bis 1500 Euro für Pflegekräfte, aber keine dauerhafte Lohnerhöhung trotz der aktuell relativ geringen Lohnhöhe • Leistungen im täglichen Leben, die auf sozialen Kompetenzen beruhen, werden zu gering geschätzt, obwohl ohne sie kein soziales Miteinander möglich ist. – Begr: Leistung ist nicht unbedingt sicht- oder messbar; ihr Fehlen wirkt sich nicht unmittelbar, sondern nur langfristig aus – Bsp./Beleg: Schüler, die anderen helfen, freiwillig den Ordnungsdienst übernehmen, Streit schlichten etc.,	• Es ist oft sinnvoll, Leistung … auch nach Zahlen und Erfolg zu bewerten. (vgl. Schritt 6 / Aufgabe 1 c auf S. 60) • Das gegenwärtige Leistungsverständnis führt oftmals zu Verbesserungen, Fortschritt und Weiterentwicklung. - Begr.: Gerade der Wettbewerb und der Vergleich mit anderen spornt an, sich noch stärker zu engagieren, mehr zu leisten bzw. bessere Leistungen zu erbringen. Bsp./Beleg: die Entwicklergruppe für ein neues Elektroauto wird sich durch den Vergleich mit der Konkurrenz bemühen, ihr eigenes Produkt noch besser zu machen, um das Konkurrenzprodukt zu übertreffen; davon profitieren im besten Fall Hersteller und Verbraucher • Der moderne Leistungsbegriff ermöglicht beruflichen, sozialen und finanziellen Aufstieg – Begr.: Gerechtigkeitsversprechen: Leistung lohnt sich → wer mehr leistet / fleißiger ist / mehr kann als andere, kann sich beruflich verbessern und durch höheren Verdienst auch seine soziale Stellung – Bsp./Beleg: im Gegensatz zur mittelalterlichen Ständegesellschaft ist unsere Gesellschaft grundsätzlich sozial durchlässig, z. B. die Arbeitertochter, die Ärztin wird

weitere unterstützende Aspekte	Gegenargumente
bekommen höchstens ein Fleißkärtchen oder eine positive Zeugnisbemerkung, d. h. meist weniger Beachtung und Anerkennung als der Einser-Schüler; ehrenamtlich Tätige (z. B. bei der Tafel, als Jugendtrainer, etc.) werden im Werbefilm der Bundesregierung als „Rückgrat der Gesellschaft" bezeichnet, erfahren aber wenig öffentliche Wertschätzung; fehlt aber diese Art von Leistung, so fehlt der „soziale Kitt"	

c Gegenthese: Es ist in vielen Fällen sinnvoll und gerecht, Leistung, die objektiv gemessen und verglichen werden kann, auch nach Zahlen und Erfolg zu bewerten.
Begründung: Wenn gewisse Leistungen nicht entsprechend ihrem messbaren Output anerkannt und honoriert werden, führt das sehr schnell zu Unzufriedenheit und Ungerechtigkeit. Dies würde sich auf die Menschen, die mehr Leistung bringen als andere, sehr demotivierend auswirken.
Beispiel/Beleg: Ein Erntehelfer, der am Ende des Arbeitstages deutlich mehr Obst und Gemüse geerntet hat als sein Arbeitskollege, sollte auch entsprechend mehr Lohn erhalten. Eine pauschale Gleichbehandlung der Arbeiter bei der Bezahlung wäre nicht gerechtfertigt und würde ihr Engagement insgesamt senken. Genauso muss ein Schüler, der bei einer Abfrage in Englisch alle Vokabeln weiß, eine bessere Note bekommen als sein Mitschüler, der etwa die Hälfte der Fragen nicht beantworten kann. Alles andere wäre schlichtweg ungerecht.

Schritt 7: Den Schreibplan erstellen und die textbezogene Erörterung verfassen

1 Mögliche Lösung:

1	nach einer Hinführung zum Thema den Text von Pilipp Holstein in der Einleitung vorstellen und die Position des Autors zum Thema „Leistungsbegriff" präzise benennen
2	Holsteins Argumentationsstruktur geordnet wiedergeben
3	auffällige sprachliche Mittel benennen und ihre Wirkung beschreiben
4	eine Überleitung zur zweiten Teilaufgabe formulieren
5	die Position nennen, die ich in meiner Erörterung vertrete
6	mich mit Holsteins Position und seinen Argumenten kritisch auseinandersetzen
7	meine eigene Einschätzung der Debatte zusammenfassend auf den Punkt bringen (Fazit)
8	den Aufsatz mit einem Ausblick oder Wunsch zum Thema abschließen

Seite 61

2 Möglicher Schreibplan:
Einleitung: Omnipräsenz des Begriffes „Leistung"
Holsteins Position: Ungerechtigkeit und mangelnde Wertschätzung durch falschen Leistungsbegriff
Argumentationsstruktur:
- Forderung, unsere Einstellung zur Leistungsgesellschaft zu ändern
- Veranschaulichung der Thematik durch Gegenüberstellung zweier Beispiele
- Argumentation, dass unser Verständnis von Leistung falsch ist
- Argumentation, dass der moderne Leistungsbegriff Menschen unzufrieden macht und ungerecht ist
- Argumentation, dass Leistungen im Sozialwesen, die für die Gesellschaft enorm wichtig sind, nicht wertgeschätzt werden
- Appell, die Leistung eines jeden anzuerkennen und finanziell angemessen zu honorieren

Auseinandersetzung mit der Position Holsteins: teilweise Zustimmung
Gegenargumente:
- Berechtigung des herkömmlichen Leistungsbegriffs
- Leistungsbegriff als Voraussetzung für Fortschritt
- Leistungsbegriff als Gerechtigkeitsversprechen

Weitere unterstützende Argumente:
- Beeinträchtigung von Erholung und Regeneration durch Konkurrenz- und Leistungsdenken
- negative Auswirkungen auf die Gesundheit durch das moderne Leistungsverständnis
- mangelnde Honorierung von Leistungen, die für das Funktionieren des Sozialstaates unabdingbar sind
- mangelnde Wertschätzung von Leistungen, die für das tägliche Miteinander unabdingbar sind

Fazit: Notwendigkeit der höheren Wertschätzung von nicht messbarer Leistung bei gleichzeitiger Beibehaltung des herkömmlichen Leistungsbegriffes in Bereichen, in denen dieser sinnvoll und gerechtfertigt ist
Schluss: Wunsch, gerade der jungen Generation einen ausgewogeneren Leistungsbegriff zu vermitteln

3 **a/b** Mögliche Lösung zum 1. Aufgabenteil (textstrukturierende und Kohärenz herstellende Ausdrücke sind unterstrichen, Beschreibungsvokabular und Formulierungsbausteine sind wellig markiert):

Wir leben in einer Leistungsgesellschaft, die nach dem Leistungsprinzip funktioniert, sind selbst Leistungsträger, erweisen uns als leistungsstark oder -schwach, besitzen im besten Fall hohes Leistungspotenzial, geben uns gerne leistungsorientiert, müssen uns Leistungskontrollen und -erhebungen unterziehen und stehen deshalb oft genug unter Leistungsdruck. – Der Begriff der Leistung ist so omnipräsent und wird so selbstverständlich verwendet, dass kaum jemand über seine genauere Bedeutung nachdenkt. In seinem Artikel „Leistung muss sich endlich lohnen" aus der Rheinischen Post vom 11. März 2018 kritisiert Philipp Holstein unser heutiges Verständnis von Leistung als falsch, ungerecht und schädlich und fordert deshalb eine Neudefinition des Leistungsbegriffs.	Hinführung/Kontext Position des Autors Gliederung Forderung
Holsteins Ausführungen lassen sich in sechs Textteile gliedern. Seinem Artikel vorangestellt ist die Forderung des Autors, unsere Einstellung zur Leistungsgesellschaft zu ändern. Im zweiten Schritt führt er die Lesenden anschaulich in die Thematik ein, indem er zwei konkrete Beispiele vergleichend gegenüberstellt und die Kernfrage seines Textes formuliert. Während prominente Persönlichkeiten wie etwa Fußballstars für ihre Leistung bewundert würden, finde die Leistung von Altenpflegern keine große Anerkennung. Hostein stellt hierzu mehrmals die Frage nach dem Warum. Dabei beginnt er zunächst in umgangssprachlichem, saloppem Plauderton und zieht mit dem Personalpronomen „wir" die Leser mit ein, sodass für diese die eher abstrakte Thematik des Leistungsbegriffes leicht zugänglich wird. Die Häufung der „Warum"-Fragen und die damit verbundenen Anaphern jedoch fordern die Leser eindringlich dazu auf, ihr Verständnis von Leistung ernsthaft zu hinterfragen.	Einführung durch vergleichende Beispiele Argument Definition des Leistungsbegriffs
Aus diesem Vergleich folgert der Autor seine erste These, dass wir ein falsches Verständnis von Leistung haben, und definiert im Anschluss daran den Begriff der Leistungsgesellschaft als zweiseitig. Einerseits fordere diese dem Einzelnen ab, seine Leistung permanent zu steigern, was belastend sei. Seine Kritik kommt klar zum Ausdruck, wenn er konstatiert: „Leistungsgesellschaft bedeutet: schneller, höher, weiter [...] jetzt noch nöcher" (Z. 19 f.). Mittels der Komparative und des Neologismus stellt er unsere Vorstellung von Leistung überspitzt als auf das Messbare und die ständige Leistungssteigerung reduziert dar. Andererseits berge „diese Selbstbeschreibungsformel ein Gerechtigkeitsversprechen: Leistung lohnt sich" (Z. 28 ff.). Die eigentliche Begründung der zuvor aufgestellten These erfolgt dann mittels eines Rückblicks auf die historische Entwicklung des Leistungsbegriffs. Vor dem 19. Jahrhundert sei Leistung noch ein ausschließlich positiv konnotierter sozialer Begriff gewesen. Leistung sei als Dienst für die Gesellschaft verstanden worden und habe den Zusammenhalt gestärkt. Ab der Industrialisierung sei der Mensch dann zum Leistungsträger im Wettbewerb mit anderen geworden. Seitdem werde Leistung gemessen und bewertet. Auch in unserer Zeit werde Leistung weiterhin als objektiv messbar betrachtet und gelte nur als solche, wenn sie mit Erfolg und Profit einhergehe. Laut Holstein „verwechseln wir Profit mit Leistung" (Z. 60 f.). Untermauert wird die Argumentation mit Beispielen aus dem Schul- und Berufsleben.	Historischer Rückblick Argument
In einem nächsten Schritt stellt der Autor die Behauptung auf, dieser moderne Leistungsbegriff mache Menschen „unzufrieden und krank" und sei ungerecht. Seine Kritik kommt pointiert im parataktischen Satzbau und der einfachen Wortwahl zum Ausdruck: „Das ist nicht gut" (Z. 71 f.). Denn Leistung sei heutzutage stets mit Konkurrenz- und Vergleichsdenken verbunden. Außerdem werde Gemeinschaftsleistung oft fälschlicherweise als Leistung eines Einzelnen wahrgenommen. Als Beispiele führt er dazu die Leistungen von Spitzensportlern und erfolgreichen Firmenchefs an. Mit seiner letzten These nimmt Holstein schließlich wieder Bezug auf seine Ausgangsfrage und versucht sie zu beantworten. Leistungen im sozialen Bereich, wie etwa die von Altenpflegern oder Flüchtlingshelfern, die für die Gesellschaft enorm wichtig seien, würden nicht wertgeschätzt und auch nicht mit angemessener Bezahlung honoriert. Er begründet das damit, „dass Pflegearbeit schwierig zu qualifizieren" (Z. 88 f.) und zu bemessen und vermeintlich wenig berufliche Qualifikation dafür nötig sei.	Argument abschließende Appelle
Holstein beendet seinen Text mit mehreren Appellen: Leistungen eines jeden sollten seiner Meinung nach anerkannt und angemessen bezahlt werden, wofür der Leistungsbegriff nicht abgeschafft, aber neu definiert werden müsse. Die durch das Konkurrenzdenken trennende Wirkung von Leistung, die zurzeit vorherrsche, könne so vermieden werden, schließlich solle Leistung stattdessen gesellschaftlich verbinden. Mit dieser Antithese setzt der Text einen prägnanten Schlusspunkt, der dem negativ empfundenen Status quo die Wunschvorstellung für die Zukunft gegenüberstellt.	

Seite 62

c (Korrekturen sind durch Fettdruck kenntlich gemacht.)

Aus diesem Vergleich folgert der Autor seine erste These, dass wir ein falsches Verständnis von Leistung haben, und definiert im Anschluss daran den Begriff der Leistungsgesellschaft als zweiseitig. Einerseits **fordere** diese dem Einzelnen ab, seine Leistung permanent zu steigern, was belastend **sei.** Seine Kritik kommt klar zum Ausdruck, wenn er **konstatiert:** „Leistungsgesellschaft bedeutet: schneller, höher, weiter [...] jetzt noch nöcher" **(Z. 18 ff.).** Mittels der Komparative und des Neologismus stellt er unsere Vorstellung von Leistung überspitzt als auf das Messbare und die ständige Leistungssteigerung reduziert dar. Andererseits **stecke** in „diese[r] Selbstbeschreibungsformel ein Gerechtigkeitsversprechen: Leistung lohnt sich" **(Z. 28 ff.).**

4 a–d Mögliche Lösung:

Holsteins Kritik am herkömmlichen Leistungsbegriff ist in vielerlei Hinsicht plausibel, kann aber dennoch nicht völlig unwidersprochen stehen bleiben. Seiner These, dass unsere Vorstellung von Leistung falsch ist und zu mangelnder Wertschätzung und Ungerechtigkeit führt, kann also nur bedingt zugestimmt werden. Im Folgenden sollen hierzu weitere Aspekte zu beiden Seiten erörtert werden.	Überleitung eigene Position
Holsteins Haltung kann einiges entgegengesetzt werden. Zunächst kann es in vielen Fällen sinnvoll und gerecht sein, Leistung, die objektiv gemessen und verglichen werden kann, auch nach Zahlen und Erfolg zu bewerten. Wenn gewisse Leistungen nicht entsprechend ihrem messbaren Output anerkannt und honoriert werden, führt das sehr schnell zu Unzufriedenheit und Ungerechtigkeit. Dies würde sich auf die Menschen, die mehr Leistung bringen als andere, sehr demotivierend auswirken. Ein Erntehelfer etwa, der am Ende des Arbeitstages deutlich mehr Obst und Gemüse geerntet hat als sein Arbeitskollege, sollte auch entsprechend mehr Lohn erhalten. Eine pauschale Gleichbehandlung der Arbeiter bei der Bezahlung wäre nicht gerechtfertigt und würde ihr Engagement insgesamt senken. Genauso muss ein Schüler, der bei einer Abfrage in Englisch alle Vokabeln weiß, eine bessere Note bekommen als sein Mitschüler, der etwa die Hälfte der Fragen nicht beantworten kann. Alles andere wäre schlichtweg ungerecht.	Kontra-Seite Argument
Des Weiteren ist der herkömmliche Leistungsbegriff oft Voraussetzung für Verbesserungen, Fortschritt und Weiterentwicklung. Denn Konkurrenzdenken, Wettbewerb und der Vergleich mit anderen führen nicht zwangsläufig und bei jedem zum Burn-out, sondern spornen oft genug an, sich innerhalb eines gesunden Rahmens stärker zu engagieren und bessere Leistungen zu erbringen. Dies zeigt sich zum Beispiel deutlich bei der Entwicklung von neuen Produkten. Die Entwicklergruppe für ein neues Elektroauto wird sich durch den Vergleich mit der Konkurrenz bemühen, ihr eigenes Produkt noch besser zu machen, um das Konkurrenzprodukt zu übertreffen. Im besten Fall profitieren alle davon: die Herstellerfirma inklusive ihrer Mitarbeiter und die Verbraucher.	Argument
Schließlich ermöglicht unser modernes Leistungsverständnis beruflichen, sozialen und finanziellen Aufstieg, was auch Holstein in seinem Artikel kurz mit dem Schlagwort des Gerechtigkeitsversprechens aufgreift: Wer mehr leistet, fleißiger ist oder mehr kann als andere, kann sich von diesen absetzen, sich beruflich, seinen Verdienst und seine soziale Stellung verbessern. Im Gegensatz zur mittelalterlichen Ständegesellschaft ist unsere Gesellschaft grundsätzlich dank des Leistungsprinzips durchlässig. Die Arbeitertochter kann aufgrund ihres Leistungsvermögens Ärztin werden, der einfache Angestellte sich zur rechten Hand des Chefs hocharbeiten.	Argument
Dennoch gibt es auf der anderen Seite viele Aspekte, die Holsteins These stützen. So wirkt der herkömmliche Leistungsbegriff tatsächlich oft schädlich, da er längst vom beruflichen in den Freizeitbereich übergreift, was echte Erholung und Regeneration beeinträchtigt. Selbst nach Feierabend haben viele Menschen das Gefühl, nicht „nichts tun" zu dürfen, setzen sich auch dann noch unter Druck, indem sie versuchen, sich selbst bzw. ihren Körper zu „verbessern" – Selbstoptimierung ist das Schlagwort, das mit dem Leistungsdenken eng zusammenhängt und in eine ungesunde Richtung geht. Der Trend, in seiner Freizeit exzessiv Sport zu treiben, um fit zu bleiben, ist nur ein Beispiel dafür.	Pro-Seite Argument
Eine Steigerung dieses Aspekts ist der Umstand, dass der moderne Leistungsbegriff Menschen krank machen kann. An modernen Arbeitsplätzen herrscht Konkurrenzkampf, wir haben den Anspruch, immer und überall optimal leistungsfähig und einsatzbereit sein zu müssen, und betrachten krank zu sein als persönliche Schwäche, die man sich eigentlich nicht „leisten kann". Immer öfter ist ein Burn-out die Folge. Im Jahr 2019 etwa waren laut statista.com schätzungsweise 185.000 Arbeitnehmer in Deutschland von Burn-out betroffen.	Argument
Neben diesen schädlichen Auswirkungen des Leistungsbegriffs ist folgende These Holsteins eine bittere Wahrheit: Für den Sozialstaat besonders relevante Leistungen erfahren keine gerechte Würdigung, da sie kaum von der Öffentlichkeit wahrgenommen werden, quasi kein vorzeigbares Ergebnis haben, sondern kaum sichtbar im sozialen und zwischenmenschlichen Bereich erfolgen. Ein aktuelles Beispiel ist die Würdigung der Arbeit von Krankenpflegern in der Corona-Pandemie. Zwar rückte deren Leistung aufgrund der akuten Bedrohungslage kurzzeitig ins allgemeine Bewusstsein und es wurde ihnen öffentlich Beifall gespendet. Aber die mediale Aufmerksamkeit währte nur kurz und auch die finanzielle Anerkennung belief sich auf einen Einmal-Bonus von etwa eintausend Euro. Bis dato haben Pflegekräfte keine dauerhafte Lohnerhöhung bekommen, obwohl ihr Gehalt notorisch gering ist.	Argument

Ein letzter, ähnlicher Aspekt bezieht sich auf Leistungen im täglichen Leben, die auf sozialen Kompetenzen beruhen und für das soziale Miteinander unabdingbar sind: Auch sie werden kaum geschätzt, da sie wenig sichtbar und mit gängigen Maßstäben nicht messbar sind. Zudem wirkt sich ihr Fehlen nicht unmittelbar, sondern erst längerfristig aus. So wird der Schüler, der anderen bei den Aufgaben hilft, freiwillig einen Ordnungsdienst übernimmt oder Streit schlichtet, höchstens ein Fleißkärtchen oder eine positive Zeugnisbemerkung bekommen. Mehr Beachtung und Anerkennung erhält dagegen sicherlich der Einser-Schüler. Ähnlich steht es um die Ehrenamtlichen wie etwa den Helfern bei der Tafel oder Jugendtrainern in den Sportvereinen. Ihre Arbeit erfährt öffentlich wenig Wertschätzung, obwohl sie in einem Werbefilm der Bundesregierung als „Rückgrat der Gesellschaft" bezeichnet werden und ihre Leistungen der soziale Kitt unserer Gesellschaft sind.	Argument
Nimmt man zusammenfassend beide Seiten in den Blick, wird klar, dass es den einen „richtigen" Leistungsbegriff für alle Arten von Leistungen wohl nicht gibt. Insofern hat der herkömmliche Leistungsbegriff sicherlich weiterhin seine Berechtigung in Bereichen, in denen er sinnvoll, gerecht und förderlich ist. Gleichwohl ist der Mensch nun einmal keine Maschine und darf nicht auf seine Leistung reduziert werden. Folglich darf der Leistungsbegriff auch nicht unser Leben diktieren, zumal dies nachweislich negative physische und psychische Auswirkungen haben kann. Vor allen Dingen aber muss Leistung, die zwar nicht messbar, aber für die Gesellschaft und den sozialen Zusammenhalt zentral ist, tatsächlich eine höhere Wertschätzung erfahren.	Fazit
Diese Forderung bzw. dieser Wunsch ist sicherlich nicht von heute auf morgen zu realisieren, zumal es dafür eines grundlegenden Umdenkens in der breiten Bevölkerung bedarf. Dies wiederum erfordert, dass wir gerade der jungen Generation im Elternhaus, Kindergarten und in der Schule einen differenzierteren Leistungsbegriff vermitteln, als es im Moment meist der Fall ist.	Schluss

Schritt 8: Den eigenen Text überarbeiten

1 Die Wörter in der richtigen Reihenfolge lauten:
indem – Während – hierzu / in diesem Zusammenhang – Hierbei/Dabei – zunächst / anfänglich / zu Beginn – sodass – jedoch/hingegen

Schreiben mit Stil – sprachliche Merkmale argumentierender Texte gekonnt anwenden

Seite 63

1 Ausschnitt **A** ist schlüssiger und kohärenter formuliert.
A Den Schwächen des Bürgerjournalismus und der teils durchaus berechtigten Kritik daran steht eine ganze Reihe positiver Effekte gegenüber. Am schwersten wiegt hierbei sicherlich, dass der partizipatorische Journalismus die Presse- und Informationsfreiheit und damit die Demokratie bzw. demokratische Bestrebungen stärkt. Zum einen betrifft dies Länder mit nichtdemokratischen Strukturen. Denn hier sind Bürgerjournalisten diejenigen, die unabhängig, das heißt an der staatlichen Zensur vorbei, sowohl ihre eigenen Mitbürger als auch das Ausland über bestimmte Geschehnisse informieren. In solchen Ländern laufen Aufrufe zu und Informationen und Berichte über Proteste gegen die jeweilige Regierung fast ausschließlich über soziale Medien. Beispiele dafür sind etwa die regimekritischen Unruhen im Iran 2018 oder die Proteste in Russland 2022 gegen den Ukrainekrieg, über die es offiziell keine Berichterstattung geben durfte. Zum anderen profitieren aber auch die etablierten Demokratien westlicher Staaten vom Bürgerjournalismus. Hier ergänzen Berichte von Bürgerjournalisten die Informationen der traditionellen Medien um weitere Facetten, wodurch die Meinungsbildung der Bürger erleichtert wird. Folglich werden demokratische Grundgedanken durch diese besondere Form des Journalismus in jedem Fall gefördert.

2 Mögliche Überarbeitung:
Ein schwerwiegender Einwand gegen den Bürgerjournalismus ist die fehlende Professionalität. Zwar muss dies nicht zwangsläufig, kann aber durchaus von Nachteil sein, denn die Qualität der Berichterstattung, eine neutrale Haltung und die Kontrolle des Geschriebenen sind beim partizipatorischen Journalismus nicht gewährleistet. Während ausgebildete Journalistinnen und Journalisten darin geschult und erfahren sind, sorgfältig zu recherchieren, verlässliche Quellen zu suchen und nur verifizierbare Informationen weiterzugeben, sind Bürgerjournalistinnen und -journalisten in all diesen Dingen Laien. Außerdem informieren professionelle Berichterstatter/-innen grundsätzlich objektiv, Bürgerjournalistinnen und -journalisten hingegen sind tendenziell eher parteiisch und von eigenen Erfahrungen und Meinungen beeinflusst. Schließlich unterlaufen bei Zeitungen, Fernseh- und Rundfunkanstalten die Berichte Kontrollen, bevor sie publiziert werden. Anders verhält es sich beim Bürgerjournalismus, wo Informationen meist ungeprüft und ungefiltert an die Öffentlichkeit gelangen.

Nachdenken über Sprache – Grammatik

Diagnose: Überprüfen Sie Ihre Kenntnisse – Grammatik

Seite 64

1 **a/b** Lösung:

	Fehlerart
(1) In „Scripted Reality“, **ein** künstlich **inszeniertes** Reportage-Format, werden	G, G
einem inszenierten	
gesellschaftlich mehr oder weniger **bedeutsamen** Themen aufgegriffen. (2) Dabei	G
bedeutsame	
werden alle handelnden Personen von authentisch wirkenden Laienschauspielerinnen und -**schauspieler**	G
Laienschauspielern	
dargestellt. (3) Die scheinbar dokumentarische Sendung folgt einem **festem** Drehbuch.	G
festen	
(4) Das Sendeformat wirkt dennoch sehr realistisch, weil es **setzt sich** aus den für	Sb
weil es sich ... zusammensetzt	
Reportagen **übliche Elemente zusammen**: Interviews, Stimmen aus dem Off, Schilder	G
üblichen Elementen	
zum Schutz der Persönlichkeitsrechte der gezeigten Personen usw. (5) Mangels **klaren**	G
klarer	
Abgrenzungen **verschwimmt** auf diese Weise Realität und Fiktion. (6) Ein Beispiel für	BZ
verschwimmen	
ein solches Format ist die Sendung „Die Schulermittler“ (RTL). (7) Hier wird ein	
scheinbar engagierter Pädagoge von der Polizei auf deutsche **Pausenhöfen** entsandt,	G
Pausenhöfe	
um in **dessen** Auftrag für Ordnung zu sorgen. (8) RTL zeigt vermeintlich den Alltag an	BZ
deren	
deutschen Schulen, **die** voller Gewalt steckt. (9) Alle Personen und die Handlung **folgt**	BZ, Gr
der folgen	
jedoch einem Drehbuch. (10) Daher hat dieses Sendeformat schon viele Gemüter	
gespaltet. (11) Die Macher von Scripted Reality behaupten, die Zuschauer/-innen nehmen den	G / T
gespalten	
Unterschied zwischen Realität und Fiktion wahr. (12) Hinweise am Anfang und Ende	
solcher Sendungen **würden** ausreichend zur Aufklärung **beitragen**. (13) Kritiker/-innen halten	M
trügen bei	
solche Formate für problematisch, da die Zuschauer/-innen **würden getäuscht werden**. (14) So	G / M / T
getäuscht werde	
erzeuge zum Beispiel das Sendeformat „Die Schulermittler“ den Eindruck, dass die	

Gewaltbereitschaft an deutschen Schulen zunimmt. (15) Diese Vermutung wird aber durch	(M)
(oder: zunehme)	
Umfragen bestätigt, in **welcher** die Mehrheit der Befragten **angeben**, dass Szenen wie	G, BZ
welchen angibt	
die im Beitrag gezeigten fast täglich **vorkommen an deutschen Schulen**. (16) Darüber	Sb
an deutschen Schulen vorkommen	
hinaus zeigten sich 40% der Befragten unsicher im Hinblick auf die Echtheit der Inhalte	
von diesem Sendeformat.	
dieses Sendeformats	G
(17) Trotzdem strahlt der Sender **diesen** Format weiter aus.	
dieses	
(18) Man könnte meinen, es **geht** dem Sender also nicht um die Wahrheit, sondern nur um	
gehe	
Einschaltquoten.	
(19) Es müssen weniger Menschen einschalten, weil dann **sinken die Quoten**.	
die Quoten sinken	

Verben – Kongruenzbeziehungen prüfen

Seite 66

1 Mögliche Lösungen:
Viele Personen bewundern den Komponisten Johann Sebastian Bach.
Die meisten von Johann Sebastian Bachs zwanzig Kindern starben bereits vor dem dritten Lebensjahr.
Musikwissenschaftler streiten darüber, ob der Höhepunkt des Bach'schen Werks in der Matthäuspassion oder den weltlichen Kompositionen liegt.
Einige Mitarbeiter kommen zu spät.

Verben – Kasus nach Präpositionen

Seite 67

1 dem Minderheitenstatus – dem Tod – ihrem Onkel

2 **Mit** achtzehn Jahre**n** hatte Catharina eine religiöse Erleuchtung und sie entschied sich, **über die** Verherrlichung Gottes zu schreiben. **In** diese**r** erst**en** Sammlung sind ca. 300 Sonette und geistliche Lieder abgedruckt. **Aufgrund des** gering**en** anfänglich**en** Erfolg**s** ihrer Texte war Catharina **während** diese**r** Zeit sehr unglücklich. Zusätzlich wurde sie **von** ihr**em** Onkel **zu dieser** Heirat gezwungen. Dieser musste schließlich **wegen einer** Intrige **ins** Gefängnis, sodass Catharina sich nun ganz allein **um die** anspruchsvoll**e** Verwaltung des Familienanwesens kümmern musste. Schließlich zog Greiffenberg **von** Österreich **in die** Stadt Nürnberg um, wo sie endlich im Kreis**e** gleichgesinnter Freundinnen leben und dichten konnte.

Verben – Tempusformen richtig verwenden

Seite 68

1 die Verbformen in der richtigen Reihenfolge lauten: ist – sorgte – trieb – erfand – lesen – hat – geändert – sind – bleibt – wird – war – kann – durchsetzen – steht – ist – aufrufen soll – tat – kümmern müssen

2 Mögliche Lösung:
- Nachdem wir den Briefroman gelesen haben / gelesen hatten, schreibt / schrieb jede/-r eine Rezension. **Vorzeitigkeit**
- Obwohl der Wertherroman vor über 200 Jahren veröffentlicht worden ist, fasziniert er noch immer viele Lesende. **Vorzeitigkeit**

– Das so genannte „Wertherfieber" erfasste in den Folgejahren viele junge Männer, obgleich der Stadtrat die Verbreitung des Romans 1775 verboten hatte. **Vorzeitigkeit**

Verben – Modusformen richtig verwenden

Seite 69

1 **a/b** Lösung:

schimmere
Für Catharina Coblenz **würde** der mächtige Internetkonzern stets durch das Bühnenbild

seien
der „Kabale und Liebe"-Inszenierung **durchschimmern**. Es **wären** eben jene Konzerne, die die Kluft

stelle
zwischen Arm und Reich immer größer werden ließen. Ferdinand, Sohn des Geschäftsführers, **stellte** sich

gebe stehe
gegen seinen Vater und **gäbe** somit seine gesicherte Stellung auf. Sinnbildlich hierfür **würde** der Wechsel

sei trage
seines Kleidungsstils **stehen**. Während er zu Beginn noch im lockeren Anzug zu sehen **wäre**, **träge** er später

Jeans und ein weites Oberteil.

2 die Verformen in der richtigen Reihenfolge lauten: sei – habe – seien – besäßen – stelle ... dar – erzählt/erzähle

3 Mögliche Lösung:
Der Rezensent vertritt in seiner Kritik die Ansicht, dass Regie und Dramaturgie deutlich machten (oder machen würden), wie aktuell „Kabale und Liebe" heute noch ist.
Dem Regisseur sei es gelungen, das Drama in die heutige Zeit zu versetzen.
Das Stück behalte seine ursprüngliche Form und Aussage dennoch bei.
Das bürgerliche Familienmodell werde durch die alleinerziehende Mutter ersetzt, die Rolle des Vaters sei gestrichen worden.

Satzglieder bestimmen und den Satzbau variieren

Seite 71

1 die Satzglieder lauten: Subjekt – adv. Best. des Grundes / Kausaldverbiale – Präpositionalobjekt – adv. Best. des Ortes / Lokaladverbiale – Akkusativobjekt – adv. Best. des Grundes / Kausaladverbiale – adv. Best. des Ortes / Lokaladverbiale – avd. Best. der Zeit / Temporaladverbiale – Präpositionalobjekt – Subjekt – Dativobjekt

Seite 72

1 die Satzglieder lauten: adv. Best. der Zeit – adv. Best. des Ortes – Adjektivattribut – adv. Best. der Einräumung – adv. Best. der Zeit / Temporaladverbiale – Adjektivattribut – Genitivattribut – adv. Best. der Einräumung – adv. Best. Der Art und Weise / Modaladverbiale – Apposition (Attribut)

2 neuen = Adjektivattribut; des Karibischen Ozeans = Genitivattribut; meistens = adv. Best.; trotz ... = adv. Best.; frei = adv. Best.; während der Arbeit = adv. Best.; fantastischen = Adjektivattribut; weiten = Adjektivattribut; mit Zukunft = präp. Attribut

3 Mögliche Lösung:
Diese Arbeit, die ich sehr gern mache, ist nur möglich durch die heutige Technik. Der Laptop, ein Gerät aus der Firma, ist dabei grundlegend.

Haupt- und Nebensätze bestimmen

Seite 73

1 Lösung (unter- und nebenordnende Konjunktionen, Hauptsätze, Nebensätze):
„Emilia" ist eine 2005 entstandene moderne Verfilmung des Theaterklassikers „Emilia Galotti" von Gotthold Ephraim Lessing und erzählt von Menschen im heutigen Berlin, die aber in der Originalsprache Lessings sprechen. Hettore ist ein viel umjubelter Schauspieler am Theater, wo er den Prinzen von Guastalla in Lessings Drama spielt. Weil er nebenbei auch Besitzer eines renommierten Nachtclubs ist, liegen ihm die Frauenherzen zu Füßen. Als er eines Abends nach der Vorstellung die junge und

hübsche Emilia in seinem Club entdeckt, ist er sofort von ihr hingerissen. Unbewusst gerät er nun im wahren Leben in die Rolle des Prinzen und will Emilias Herz erobern. Als er erfährt, dass Emilia den Anwalt Appiani heiraten möchte, ist er am Boden zerstört. Hettores skrupelloser Manager Marinelli fürchtet, dass sich der Liebeskummer seines Stars negativ auf dessen Erfolg auswirken könnte.

2 a–c Lösung (**Konjunktionen und Kommas,** Hauptsätze, Nebensätze):
Marinelli heckt einen teuflischen Plan aus, **sodass** er Emilia ihrem zukünftigen Bräutigam Appiani ausspannen kann. Er lässt die Hochzeitslimousine der beiden überfallen **und** sorgt dafür, **dass** Appiani ermordet wird. **Weil** sie ihm für ihre vermeintliche Rettung dankbar ist, entwickelt Emilia Gefühle für Hettore, **dem** es als Experten auf dem Gebiet der Verführung gelingt, Emilia zu verführen. **Als** Orsina, die gekränkte Ex-Geliebte Hettores, das Spiel durchschaut, hofft sie auf Rache, **indem** sie Hettore an Emilias Vater verrät. Emilia, **die** sehr um ihren Verlobten Appiani trauert, ist völlig durcheinander. **Obwohl** sie Hettore liebt, spürt sie, **dass** eine Liebe, **die** sich auf den Tod eines anderen gründet, keinen Bestand hat.

Haupt- und Nebensätze sinnvoll verbinden

Seite 74

1 Sobald/Als Sara in Frankreich ankommt, bereut sie, dass sie ihren Vater verlassen hat.
Weil Marwood eifersüchtig ist, vergiftet sie Sara.
Sir William Sampson möchte sich bei seiner Tochter entschuldigen, indem er ihr einen Brief schreibt.
Während Sara Sampson tugendhaft ist, wird Marwood als kalt und berechnend dargestellt.
Nachdem Marwood Sara vergiftet hat, flieht sie.
Obwohl Arabella noch ein Kind ist, nimmt Marwood sie als Geisel.

Seite 75

2 a/b Nachdem Sara in Frankreich angekommen ist, beschleicht sie ein Gefühl der Reue.
Aufgrund seiner Furcht vor der Einsamkeit des Alters will Sir William Sampson seine Tochter zurückholen.
Während Saras und Mellefonts Aufenthalt in Frankreich verrät Marwood dem Vater deren Aufenthaltsort.
Nach Marwoods Preisgabe ihrer wahren Identität in einem hochdramatischen Gespräch fällt Sara in Ohnmacht.
Weil Sara das Gift genommen hat, wird sie schwächer und schwächer.
Obwohl Sir William sich anfangs gegenüber Mellefont feindselig verhalten hat, verzeiht er diesem am Ende des Stückes.

Seite 76

1 a/b Im bürgerlichen **Trauerspiel, dessen** Entstehung eng mit dem Gedankengut der Aufklärung verbunden ist, ist die **Opposition** der Begriffe „bürgerlich“ vs. „höfisch“**, die** den Kern der neuen Dramen trifft**,** von zentraler Bedeutung: Mit der **Definition** des Begriffs „bürgerlich“**, der** „nicht-höfisch“ und zugleich „familiär, privat“ meint**,** verschiebt sich das Personal des Trauerspiels vom „Fürsten“ mit Hofstaat zur „**Mittelschicht**“**, die** weder zum Hof noch zum gemeinen Volk gehört. Analog dazu verlagert sich der Themenschwerpunkt: Im Gegensatz zu heroischen Stoffen von welthistorischer **Bedeutung, die** bei den Vorgängern zu finden sind**,** stehen nun rein fiktive **Stoffe, die** innerfamiliäre **Themen** aufweisen**,** im Vordergrund**, die** eine gesteigerte Popularität dieser Theaterform bewirken. Die **Sprache,** in **der** die neuen Dramen verfasst sind**,** ist Prosa. Die **Hauptpersonen** des bürgerlichen Trauerspiels sind Töchter aus gutem Hause**, deren** Schicksale beim Publikum u. a. Mitleid erregen sollen.

2 a/b Das Drama „Miss Sara Sampson“, das von Lessing verfasst wurde und im Jahr 1755 erschienen ist, gilt manchen als das einflussreichste bürgerliche Trauerspiel, das in deutscher Sprache verfasst wurde.
„Miss Sara Sampson“, in dem ein hohes Maß an Emotionalität vorliegt, wird der Phase der frühen Aufklärung in der Literatur zugeordnet, die auch „Empfindsamkeit“ genannt wird.

Seite 77

1 (1) Subjektsatz (2) Objektsatz (3) Subjektsatz

2 Die Wirklichkeitsnähe und die Stärke des Gefühlsausdrucks in Lessings Drama, das von den Verfehlungen junger Leute handelt, bewirken, dass das Drama bei den zeitgenössischen Kritikern wohlwollend aufgenommen wird.
Wenn heutige Schülerinnen und Schüler Theaterstücke, die zur Gattung des „bürgerlichen Trauerspiels“ gehören, lesen, müssen sie ein hohes Maß an Konzentration aufbringen.
Dass bürgerliche Trauerspiele verfasst werden, ist bereits in der Goethezeit aus der Mode geraten, weil darin häufig rührselige Inhalte vorkommen.

Nachdenken über Sprache – Rechtschreibung und Zeichensetzung

Diagnose: Überprüfen Sie Ihre Kenntnisse – Rechtschreibung und Kommasetzung

Seite 78

1 Das **z**entrale Ereignis des 17. Jahrhunderts, der **D**reißigjährige Krieg, prägte maßgeblich das Zeitalter des **B**arock. Der Vanitas-Gedanke, also das Wissen um die Vergänglichkeit allen **S**eins, war omnipräsent. Das Spannungsfeld zwischen **T**odesgewissheit und **L**ebensfreude, **E**nthaltsamkeit und **V**erschwendungssucht, **S**chein und **S**ein, zwischen Ausrichtung auf das **J**enseits und der Konzentration auf das Diesseits prägte das Leben der Menschen. Die Begriffe Memento mori (Gedenke des **T**odes/des **S**terbens!) und Carpe diem (Nutze den Tag!) sind damit typische Schlagworte der Epoche. Diese entgegengesetzten Lebensgefühle finden sich in der Barocklyrik vor allem in den Themen Religion und **G**lauben, mystische Schwärmerei, Krieg und Liebe, aber auch Tod und **L**eben wieder.
Martin Opitz leistete mit der **e**rsten **d**eutschen Regelpoetik, seinem „Buch von der Deutschen Poeterey" (1624), eine Anleitung für das Dichterhandwerk, die Struktur und Ordnung vermitteln sollte und den Lyrikern in dieser unsicheren Zeit **H**alt gab. Sie konnten mit seiner **H**ilfe eine regelkonforme Dichtkunst erlernen. So schrieb Opitz beispielsweise vor, dass das Thema **L**iebe bevorzugt im Sonett oder der Ode verarbeitet werden sollte. Es ging ihm also nicht nur um das **W**as der Darstellung, sondern vielmehr auch um das **W**ie. So verwundert es nicht, dass die **b**arocke Dichtkunst von einer Vielzahl an bildlichen Gestaltungsmitteln geprägt ist und sich die Dichtung durch einen hohen Stil deutlich von einer alltäglichen Sprache abhebt. Vor **a**llem Metaphern und Allegorien fanden rege Verwendung, da mit ihnen sowohl **w**örtliche als auch **s**innliche Bedeutungsebenen dargestellt werden konnten. Die Dichtkunst galt demnach als ein Spiel des **V**erschlüsselns und **E**ntschlüsselns.

2 gottgegeben – Menschenbild – Menschenrechten – Diesseits – stattdessen – lebenswertes – insbesondere – insofern – ihrer selbst – schichtenübergreifend – abhandengekommen – voranzutreiben – nachahmen

3 Friedrich Gottlieb Klopstock, geboren im Jahre 1724, wuchs als ältestes von siebzehn Kindern in einer strenggläubigen Familie auf. Nach seiner gymnasialen Ausbildung begann er 1745 ein Studium der evangelischen Theologie in Jena _ und siedelte schließlich nach Leipzig über. Bekannt ist Klopstock unter anderem wegen seiner neuen Art der Dichtung. Obwohl Klopstock in seinen Oden konventionelle Themen _ wie Religiosität, Freundschaft, Liebe, Natur und Vaterland behandelte, hob er sich von seinen Vorgängern ab und stellte sich _ bewusst über die nüchterne, moralische Regelpoetik Gottscheds. Klopstock vertrat die Meinung, Dichtung könne nicht einfach zu einem erzieherischen Zwecke produziert werden, ein Dichter müsse zutiefst von einem Gegenstand ergriffen sein, um ihn würdig darzustellen. So wird auch beispielsweise die Freundschaft _ oder die Liebe in seinen Oden enthusiastisch als subjektives, seelisches Erlebnis gefeiert und in höchster sprachlicher Erregung dargestellt. Von der gottschedschen Reinheit, Verständlichkeit _ und grammatischen Richtigkeit der Sprache distanziert sich Klopstock dabei vollends. Er verzichtet auf alternierende Metren, Reime und liedhafte Schemata, um der Sprache ihre freie, natürliche Bewegung zu ermöglichen. Diese Abkehr von der Regelpoetik _ verlangt vom Leser höchste Konzentration und Aufmerksamkeit, da der Dichter dazu neigt, durch Kürze, Änderungen der Wortfolge, Ellipsen (Auslassungen) und Wortneubildungen _ seine Aussagen zu komprimieren und gleichermaßen sinnlich zu steigern. Diese sprachliche Erregtheit soll das Gefühl direkt spürbar machen und das Empfindungsvermögen des Lesers schärfen. Klopstock gab der deutschen Sprache durch seine Odendichtung neue Impulse und war durch seine unmittelbare Darstellung der Gefühle wegbereitend für die Lyrik im Sturm und Drang.

Die Kommasetzung üben

Seite 80

1 a (Hauptsatz/Nebensatz)
A Gleich nach seiner Entstehung sorgte der Briefroman „Die Leiden des jungen Werthers" für empörende Schlagzeilen, indem er vermehrt junge Menschen in den Selbstmord trieb.
B Diese Reaktion war so aufsehenerregend, dass die Wissenschaft einen neuen Begriff dafür definierte: das Werther-Fieber oder der Werther-Effekt.
C Auch heute spricht man immer noch vom Werther-Effekt, wenn allein die Berichterstattung über Selbstmorde dazu führt, dass in der Gesellschaft die Selbstmordrate ansteigt.
b **D** Goethe, selbst eine sensible Person, schafft es mit Werther, das Publikum zu fesseln.
E Sogar heute, circa 250 Jahre später, nimmt der Autor den Leser mit seiner Sprache, eindrucksvoll und berührend zugleich, gefangen.
F Werther, die Hauptfigur, wird nicht von einem Erzähler eingeführt, stattdessen erfahren die Lesenden nur über fiktive Briefe, chronologisch im Roman aufgeführt, von seinem Schicksal.

auf dem Aussichtsturm, „als der Morgen kam, als die Stadt zu atmen begann" – und für den „Moment verschwand die Welt", was bedeutet, dass sie sich der Illusion, dass ein anderes Leben möglich sei, noch für eine kurze Weile hingeben können.
These B: Der Junge äußert, dass man „nur ab und zu mal nicht nach Hause gehen, sondern in den Wald" (Z. 46 ff.) gehen muss, um die Einheit mit der Natur zu erleben und dabei sich und den Anderen zu spüren. Die einschränkende Formulierung „nur ab und zu" (Z. 46) sowie der von ihm verwendete Konjunktiv irrealis: „Ich wollte, es gäbe nur noch uns" (Z. 57), lassen deutlich erkennen, dass ihm die Unmöglichkeit seines Wunsches bewusst ist und beide in die Stadt und ihre Alltagsroutine zurückkehren werden.
These C: Sowohl der Junge als auch das Mädchen haben, auf dem Berg angekommen, den Wunsch nach einem anderen Leben, wie die Aufzählung „vom Fliegen, vom Weggehen und Niemals-Zurückkommen" (Z. 31 ff.) deutlich macht. Die Einheit mit der Natur sowie die zwischen ihnen entstandene Harmonie empfinden sie als so „schön" (Z. 43), dass ihnen klar ist, dass es „das Ende von ihnen wäre, hinunterzugehen ins Leben" (Z. 56 ff.). Das Mädchen empfindet die Aussicht, wieder in die alltägliche Routine zurückkehren zu müssen, als so schlimm (vgl. Z. 49 ff.), dass sie auf den Wunsch des Jungen, es möge nur sie geben, nur „kurz" nickt. Das ist das Letzte, was die Leser/-innen von dem Mädchen erfahren, bevor sie die/der Erzählende wissen lässt, dass „im gleichen Moment [...] die Welt [verschwand]. Nur noch ein Aussichtsturm, ein Wald, ein paar Berge bleiben auf einem kleinen Stern." (Z. 60 f.) Was in dieser Aufzählung fehlt, ist ein Indiz für die Anwesenheit von Menschen, explizit von dem Mädchen „auf dem kleinen Stern", was man dahingehend interpretieren könnte, dass das Mädchen Suizid begeht, indem es vom Aussichtsturm springt.
Andererseits lässt diese Interpretation vom Suizid außer Acht, dass das Mädchen auf die Aussage des Jungen „nickte" (Z. 58), sich also ebenso wie der Junge wünscht, „es gäbe nur noch [sie]" (Z. 57 f.). Deshalb lassen die letzten Sätze des – typisch für eine Kurzgeschichte – offenen Endes eher den Schluss zu, dass die beiden jungen Menschen zumindest für den Moment noch auf dem Aussichtsturm bleiben und sich der Illusion, dass ein anderes, gemeinsames Leben möglich sei, hingeben (vgl. These A).

Seite 91

5 Mögliche Lösung:
Nah an der Umgangssprache, mit einfachen Bildern und in knappen, z. T. elliptischen Sätzen charakterisiert ein/-e nullfokalisierte/-r, meist distanzierte/-r Erzähler/-in die Situation in einer Großstadt am Beginn des Feierabends. Zu „Tausenden" (Z. 1, Umgangssprache) werden die Menschen auf den „eng[en]" (Z. 2 f.) Straßen nach Hause „geschoben" (Z. 2 f., Umgangssprache), was deutlich macht, dass die/der Einzelne nur noch Teil einer anonymen Masse ist.
Noch während sich die Menschen auf dem Heimweg befinden, nimmt die/der Erzähler/-in in einer Art Vorausschau und mit ironischem Unterton den weiteren Verlauf des Abends vorweg: Die Menschen „säßen dann auf der Couch, würden Gurken essen und mit einem kleinen Schmerz den Himmel ansehen" (Z. 6 f.).
Deshalb verhallt auch die in den Raum gestellte Frage: „Eine Nacht wie geschaffen, alles hinter sich zu lassen, aber wofür?" (Z. 9), ungehört, weil sich die Menschen nicht die Zeit nehmen, darüber nachzudenken, „wofür" sie ihr Leben nutzen wollen.

6

Die Natur als offener Raum steht in dieser Kurzgeschichte in **Oposition** zur Stadt mit ihren klaren **Struckturen.** Diese von der Gesellschaft und der Arbeit vorgegebenen Regeln scheinen dem Menschen zwar „Halt" (Z. 11 ff.) zu **geben engen** (vgl. Z. 12) ihn aber auch so **ein dass** er nicht zur Ruhe kommen kann und den Bezug sowohl zur Natur als auch zu sich verliert. Der Verlust des Menschseins geht sogar so **weit das** die Menschen nur noch wie **Maschienen** funktionieren (Z. 4 ff.).	Opposition Strukturen geben, engen ein, dass so weit, dass / Maschinen
Erst in der Stille der Nacht erfahren die beiden Jugendlichen auf dem **Berg wie** ihre Sinne für die **äussere** Natur (vgl. Z. 42–45) und zugleich auch für ihre zuvor nicht zugänglichen eigenen Bedürfnisse und Empfindungen erwachen. Es tue **gut so** einträchtig Hand in Hand zu sitzen (vgl. Z. 42); etwas **schöneres** können sie sich nicht vorstellen (vgl. Z. 43). Die Protagonisten **erleben wie** sich Glück anfühlt und was Leben alles sein kann.	Berg, wie äußere gut, so Schöneres erleben, wie
Der Ort des weiteren Geschehens bleiben Natur und **Turm aber** die Nacht weicht **almählich** dem Morgen. Der Blick geht nun nicht mehr über das Land bis zu den **Alpen sondern** hinunter zur **Stadt in** der die **Hecktik** des neuen Tages **einsezt.** Mit der zeitlichen Abfolge „Abend" in der Stadt – „Nacht" auf dem Turm im Wald – „Morgen" in der Stadt kehrt die Erzählung gedanklich an den **Ausgangspunkt den** Ort der **Zivilsation** und urbanen Arbeitswelt zurück.	Turm, aber allmählich Alpen, sondern / Stadt, in der / Hektik / einsetzt Ausgangspunkt, den Ort Zivilisation

B Einen Sachtext analysieren und erörtern

Seite 93

1 richtige Antworten: A3 (Z. 10–13) / B6 (Z. 35–40) / C2 (Z. 1–9) / D8 (Z. 40–43) / E10 (Z. 57–67) / F7 (Z. 35–41) / G9 (Z. 43–47) / H11 (Z. 71–83) / I4 (Z. 10–19) / J5 (Z. 20–34) / K12 (Z. 81–87) / L1 (Kernaussage)

Seite 94

2 **a/b** Mögliche Lösung:

- *jene, bei denen gewisse Körperfunktionen – ich denke ans WC – ausfallen* (Vergleich des Lesens mit einem körperlich existenziellem Vorgang Parenthese: Bild)
- *Lesestoff haben, die ohne Lesestoff nicht einschlafen, ohne Lesestoff nicht verdauen können* (Wiederholung / Akkumulation / Trikolon / bildliche Darstellung)
- *was auch immer* (Umgangssprache)
- Erläuterung der Intention: Der Autor vergleicht die Tätigkeit des Lesens mit Köperfunktionen wie die des Schlafens bzw. des Stuhlgangs, die beide für den Menschen lebensnotwendig sind. Die dabei von ihm verwendeten Bilder sollen dem Publikum vor Augen führen, welch existenzielle Bedeutung das Lesen für jemanden hat, der sich als Lesende/-r betrachtet: So wie der Mensch bestimmte Nährstoffe braucht, um seine körperlichen Funktionen aufrechtzuerhalten, so benötigt ein/-e Leser/-in „Lesestoff".

3 ... die in der Gruppe der Leser/-innen eine Gefahr für die bestehende Ordnung sehen.

4 die richtige Antwort lautet: C

Seite 95

5 **a/b** Mögliche Lösung:

Bichsel bezweifelt, dass Studien über das Leseverhalten aussagekräftige Ergebnisse lieferten, **weshalb** nur „wirkliche" (Z. 5) Leser/-innen „ehrlich Auskunft geben" (Z. 5) könnten. **Zweck** dieser bekräftigenden Formulierungen **ist, dass** Bichsel die Menschen, die tatsächlich lesen, von denjenigen abgrenzen will, die nur vorgeben, Lesende zu sein. **Damit** spielt Bichsel vermutlich darauf an, dass Lesen **zwar** zum bildungsbürgerlichen Selbstverständnis gehört, Anspruch und Wirklichkeit jedoch oftmals auseinanderklaffen. **Beispielhaft** verweist er darauf, dass er „sogar Germanistikprofessoren [kenne], die keine Leser [seien]" (Z. 7), „wortreich" (Z. 8) aber auf die mangelnde Lesemotivation ihrer Studierenden hinwiesen. Damit entlarvt er das in sich widersprüchliche Verhalten gerade im Bildungsbürgertum in Bezug auf das Lesen.

6 **a/b** Mögliche Lösung:

... Auch deshalb **fokussiert** im weiteren Verlauf ein persönlich gehaltener Sprachstil den Textauszug, da die **am Eingang** gestellte Frage nur aus **individueller** Sicht beantwortet werden kann und Bichsel sich zur Gruppe der Lesenden **rechnet.** Immer wieder greift er auf persönliche Erfahrungen bzw. Erlebnisse zurück (vgl. Z. 6 sowie Z. 35) und nutzt Einschübe wie „so vermute ich" (Z. 18) oder „so scheint mir" (Z. 21), um seinem Publikum den Eindruck zu **geben,** dass es sich um rein **eigene** Erkenntnisse „ohne jede Sach- und Fachkenntnis" (Z. 23) handelt. Wenngleich er damit **scheinbar** den Wahrheitsanspruch seiner Aussagen einschränken will, so lassen sich diese **Formeln** auch als Bescheidenheits-Topoi deuten, um seinen Ausführungen doch mehr Gewicht zu verleihen – schließlich handelt es sich bei Bichsel um einen im **deutschsprechenden** Raum anerkannten Autor, der eingeladen wurde, im Rahmen der Frankfurter Poetik-Vorlesungen einen Vortrag zu **machen.**	dominiert / herrscht ... in dem Auszug vor eingangs / am Anfang subjektiver zählt vermitteln subjektive/persönliche augenscheinlich/offenbar/vermutlich/anscheinend Formulierungen/Aussagen deutschsprachigen halten

Gymnasium Bayern

Deutschbuch

Arbeitsheft 11

Lösungen

Cornelsen

Über Literatur schreiben: Was heißt es, einen Text zu interpretieren?

Seite 4

1 a Mögliche Lösung:
Die Geschichte „Wiedersehen" von Bert Brecht beschreibt das Treffen zweier Männer, die sich nach langer Zeit wieder begegnen. Dabei wird der normalerweise als Kompliment gemeinte Ausruf „Sie haben sich gar nicht verändert" aufgefasst als Kritik an einem Makel, für den der Angesprochene sich entsprechend schämt und erblasst.

b Der Begriff „erschließen" weist darauf hin, dass man Wege finden muss, um etwas zu öffnen oder ggf. zu enträtseln, das verschlossen und nicht leicht zu durchdringen und dessen Sinn nicht offensichtlich ist.
Das Verb „analysieren" erweckt dagegen den Eindruck, dass etwas in viele kleine Teile zerlegt und dann untersucht werden kann, was zu klaren Ergebnissen führt.
Brechts Geschichte „Wiedersehen" zeigt, dass man literarische Texte nicht einfach in ihre einzelnen Bestandteile zerlegen oder mit einem bestimmten Zugangscode öffnen und somit verstehen kann, man also mit Analysieren und Aufschließen nicht richtig weiterkommt. Vielmehr gibt es viele offene Fragen, die enträtselt werden müssen, vor allem warum der Mann so unerwartet reagiert, aber z. B. auch ob seine Reaktion ein Ausdruck des Schreckens oder der Enttäuschung ist.

c Beim Interpretieren geht es darum, dass etwas erläutert wird, für das es verschiedene Erklärungen gibt, da es unterschiedlich verstanden, das heißt ausgelegt oder gedeutet werden kann. Interpretieren bedeutet, sein eigenes Verständnis von etwas darzulegen. Da bei literarischen Texten häufig Bedeutungsoffenheit besteht, muss die Lesende ihr / der Lesende sein eigenes Verständnis über den Text darlegen, sich zum „Mittler" zwischen dem Text und seinem Verständnis machen, also interpretieren. Das Erschließen geht diesem Vorgang voraus. Erst wenn die/der Lesende den Text oder einzelne Elemente davon für sich durchdrungen bzw. „enträtselt" hat, kann sie ihr / er sein Verständnis anderen erklären.

Seite 5

2 a Der Autor / Die Autorin verfasst einen literarischen Text, den sie/er (über einen Verlag) veröffentlicht und so einem Lesepublikum zugänglich macht. Die Beziehung zwischen dem Autor / der Autorin und den Lesenden ist somit nur indirekter Natur. Eine direkte Verbindung zwischen Leserschaft und Autorenschaft gibt es nicht, weshalb die Leser und Leserinnen mit dem literarischen Text „allein" gelassen sind. Ist der Text einmal veröffentlicht, lebt er „losgelöst" vom Autor. Zu der Leserschaft können auch Lehrkräfte gehören, die die Texte mit ihren Schülerinnen und Schülern rezipieren, die dann aufgefordert sind, einen Zugang zu dem Text zu finden.

b Texte verstehen bedeutet, so viel wie möglich von diesen zu erfassen, zu ergründen, d. h. zu erschließen. Dabei kann es ggf. helfen, den Text in einen größeren Kontext zu setzen, zum Beispiel seine Entstehungszeit oder seinen Autor zu berücksichtigen. Durch diese Zusatzinformationen und eigene Beobachtungen am Text wird der Text gedeutet.

c Unter einer Stoffsammlung versteht man die Gesamtheit an Notizen, die man – in diesem Fall – beim Erschließen des Textes vorgenommen hat, einschließlich der Markierungen im Text.
Ein Schreibplan ist die Grundlage für das Verfassen eines Fließtextes. Um ihn anzulegen, wird der „Stoff" der Stoffsammlung gesichtet und in eine Struktur gebracht, die dem späteren Text zugrunde liegen kann.
Eine Gliederung bildet die endgültige Struktur des fertigen Textes, in diesem Fall der Interpretation, ab. Sie muss formal bestimmten Ansprüchen entsprechen und kann mit einem Inhaltsverzeichnis verglichen werden

d Bei einem Interpretationstext stellt der Lesende seine Sicht auf den Text dar, er gibt somit Erklärungen und Deutungen, die sich aus seiner persönlichen Erschließung ergeben. Dabei stellt er Thesen über den Text auf. Um diese überzeugend zu vertreten, müssen Gründe aufgeführt und Textstellen in den Blick genommen werden, muss also argumentativ vorgegangen werden.

3 a Einzelkompetenzen:

		immer	von der Aufgabenstellung abhängig	von Textgattung und individueller Deutungshypothese und Interpretation abhängig	nie
1	Den Aufbau des Textes untersuchen und beschreiben	X			
2	Über Inhalt des Textes mit eigenen Worten informieren	X			
3	Den lyrischen Sprecher beschreiben			X	
4	Das Thema des Gedichts benennen			X	
5	Auffällige Stilmittel benennen und deren Wirkung hinterfragen	X			
6	Den Text in der jeweiligen literarischen Epoche verorten		X	X	
7	Zitate aus dem Text als Belege heranziehen	X			
8	Figuren charakterisieren			X	

		immer	von der Aufgabenstellung abhängig	von Textgattung und individueller Deutungshypothese und Interpretation abhängig	nie
9	Kennzeichen der Epochen am Text nachweisen		X		
10	Die Aktualität des Textes prüfen und begründen		X	X	
11	Schwierige Textstellen zitieren, anstatt zu paraphrasieren				X
12	Eine mögliche Fortsetzung des Textes skizzieren				X
13	Alle verwendeten Stilmittel durchzählen und bestimmen				X
14	Den Text mit anderen Texten vergleichen		X		
15	Eigene Kenntnisse zur Biografie des Autors darlegen			X	

b Aussage 7: Das Verständnis des Texts hängt von dem Text selbst ab, d. h., alle Aussagen über den Text müssen dem Blick auf den Text standhalten. Alles, was in dem Text erschlossen und in ihn „hineingedeutet" wird, muss deshalb an einer bestimmten Stelle des Textes „festgemacht", d. h. „belegt" werden können. So zeigt z. B. die Textstelle mit dem Verb „erbleichte", dass Herrn Ks „Oh" nicht als Ausruf der Freude interpretiert werden kann.
Aussage 11: Schwierige Textstellen zu zitieren, anstatt zu paraphrasieren, bedeutet dem eigentlichen Auftrag des Erschließens und Interpretierens auszuweichen. Erst durch die Darstellung der Textstelle mit eigenen Worten zeigt der Leser, wie er sie versteht. Das Zitat der Textstelle dient nur als Beleg für die eigene Erklärung der Stelle.

Einen lyrischen Text interpretieren

Erster Schritt: Die Aufgabenstellung verstehen

Seite 7

1 a **Die grundlegenden Operatoren:** „interpretieren" und „vergleichen". Auch „berücksichtigen" ist ein Operator; er steht hier für die Kompetenzen des Auswertens des Materials und der Verknüpfung der Aussagen mit den eigenen Beobachtungen und Deutungen. Die Angabe „im Anschluss" deutet darauf hin, dass der Vergleich zusätzlich zur Interpretation zu leisten ist und dieser somit untergeordnet wird und vom Umfang her kürzer ist.

b

	zutreffend	nicht zutreffend
Teilaufgabe 2 gibt Hinweise zum Thema bzw. für eine mögliche Deutungshypothese.	X	
Material 1 darf bei Bedarf zur Hilfe hinzugezogen werden.		X
Beim Vergleich der beiden Gedichte gilt es, nur die jeweiligen Stilmittel zu betrachten.		X
Die Aufgabe erfordert informierende und argumentierende Kompetenzen.	X	

Mögliche Erläuterungen:
Die Tatsache, dass ein Vergleich von etwas verlangt wird, setzt voraus, dass dieses „etwas" auch vorhanden ist. Wenn hier bei b) als das Stichwort „Vergänglichkeit" steht, dann ist dies ein Hinweis darauf, dass es darum in dem Gedicht auch geht.
Material 1 muss hinzugezogen werden. Wäre die Berücksichtigung nur „bei Bedarf" möglich, würde dies in der Aufgabenstellung so stehen, z. B. mit den Worten „bei Bedarf" oder der Formulierung „Sie können dabei (als Hilfestellung) auch Material 1 berücksichtigen".
Die Aufgabenstellung verlangt den Vergleich, wie etwas „gestaltet" ist, ohne Einschränkung auf die „sprachlich-stilistische Gestaltung. Zur Gestaltung allgemein gehören der Inhalt, der Aufbau, die Form und die sprachlich-stilistische Gestaltung.
Beim Interpretieren gilt es zum einen, seine Beobachtungen zum Text und dessen Beschaffenheit mitzuteilen, d. h. darüber zu informieren, aber auch das eigene individuelle Verständnis des Textes dazulegen. Diese eigenen Deutungen werden argumentierend vorgebracht.

Zweiter Schritt: Erstes Textverständnis und Ideen formulieren

1 a **Übertragung in aktuelles Deutsch:**
Der Tag ist schnell vorbeigegangen, nun herrscht die Nacht,
und Sterne ziehen am Himmel auf. Die müden Menschenmassen
verlassen das Feld und die Arbeit. Wo Tiere und Vögel waren,
trauert jetzt die Einsamkeit. Wie ist die Zeit doch nutzlos vorübergegangen.

Der Hafen nähert sich stetig dem Boot mit den Menschen.
So wie jetzt das Licht verschwand, so werden in wenigen Jahren
auch ich und du und was wir haben und sehen vorbeisein.
Dies Leben kommt mir wie eine Rennbahn vor.

Lass, höchster Gott, mich nicht auf diesem Wettkampfplatz ausrutschen,
lass mich, bitte, nicht durch Pracht, Lust oder Angst mich verleiten lassen.
Dein ewiger Glanz sei vor und neben mir.

Wenn der müde Körper stirbt, dann lass die Seele wachen,
und wenn mein letzter Tag zu Ende geht,
so reiß mich aus dem Tal der Finsternis zu dir.

b Mögliche Eindrücke und Äußerungen:
Zustimmung, Ablehnung, aber auch Skepsis oder Unverständnis, z. B. mit Bezug auf den Inhalt, den Sprachstil, die Bildlichkeit oder die Stimmung, z. B.:
Das Gedicht spricht mich an,
- denn es ist mal etwas anderes im Vergleich zu den Dingen, die ich sonst lese.
- denn die Szenerie in der ersten Strophe finde ich schön anschaulich.
- weil mir das Bild von dem Leben, das einer „Renne-Bahn" gleicht, gefällt.
- weil ich mir auch immer mal wieder überlege, was nach dem Tod ist.

spricht mich nicht an,
- denn die darin vermittelte Stimmung ist mir zu traurig.
- denn ich verstehe sehr viel nicht.
- weil mir die Bilder von den Vögeln, dem Hafen und dem Tal der Finsternis" zu kitschig sind.
- weil ich ein völlig ungläubiger und unreligiöser Mensch bin.

c Mögliche Feststellungen:
Lyrische Sprecher: ein Mann oder eine Frau, erwachsen und eher älter, da schon Lebenserfahrung, gläubig
Ort und Zeit: am Ende des Tages mit dem Blick nach draußen
Gesprächsanlass: Anbruch der Nacht
Adressat: im 2. Teil Gott
Schlüsselwörter: „die Zeit verthan" (V. 4), „hinfahren" (V. 7), „zu dir" (V. 14)

Seite 8

2 a **Das Thema des Gedichts:** Vergänglichkeit, Kürze des Lebens, Hoffen auf das ewige Leben bei Gott
b **Vorläufige Deutungshypothese**
In dem Sonett „Abend" von Andreas Gryphius klagt der lyrische Sprecher über die Kürze des Lebens und setzt seine Hoffnung auf Gott.

Dritter Schritt: Den Text erschließen – Eine Stoffsammlung anlegen

1 a/b + **2** a Mögliche Lösung:

Inhalt	Text	Form
Der Tag neigt sich dem Ende, die Nacht bricht an; der Mensch zieht sich zurück, alles liegt verlassen zusammengefasst: Beschreibung einer abendlichen Welt nach schnell vergangenem Tag und Bedauern darüber	DEr schnelle Tag ist hin / die Nacht schwingt ihre Fahn / a Und führt die Sternen auff. Der Menschen müde Scharen b Verlassen Feld und Werck / wo Thir und Vögel waren b Traurt itzt die Einsamkeit. Wie ist die Zeit verthan! a	*wie Strophe 2*
Wie der Tag zuneige geht, geht auch das Leben der Menschen irgendwann zuende, denn es verläuft sehr schnell zusammengefasst: die gesamte irdische Welt ist nur von kurzer Dauer	Der Port naht mehr und mehr sich zu der Glider Kahn. a Gleich wie diß Licht verfil / so wird in wenig Jahren b Ich / du / und was man hat / und was man siht / hinfahren. b Diß Leben kömmt mir vor als eine Renne-Bahn. a	4 Verse (Quartett), jeweils jambischer Sechsheber mit Mittelzäsur (Alexandriner), umarmender Reim: deutet Abgeschlossenheit an; zu Strophe 1 identischer Reim: deutet Zusammenhang an

Inhalt	Text	Form
Bitte um Gottes Hilfe, um im Leben nicht zu scheitern und möglichen Verführungen nicht zu unterliegen und um ständige Begleitung zusammengefasst: Gebet um Beistand Gottes beim Leben, Bitte um Aufnahme in das Reich Gottes bei Eintritt des Todes zusammengefasst: Bitte um Erlösung nach dem Tod	Laß höchster Gott / mich doch nicht auff dem Lauffplatz gleiten / c Laß mich nicht Ach / nicht Pracht / nicht Lust nicht Angst verleiten! c Dein ewig-heller Glantz sey vor und neben mir / d Laß / wenn der müde Leib entschläfft / die Seele wachen e Und wenn der letzte Tag wird mit mir Abend machen e / So reiß mich aus dem Thal der Finsternuß zu dir. d	3 Verse (Terzett) jeweils jambischer Sechsheber mit Mittelzäsur (Alexandriner) Paarreim und umarmender Reim mit letztem Vers der Strophen 3 und 4: deutet enge Verbindung der beiden Verse 9 und 10 bzw. 12 und 13 und auch Verbindung der beiden letzten Verse der Terzette an

1 c **Der gedankliche Aufbau des Gedichts:**
Einer Beschreibung einer Momentaufnahme am Ende des Tages im ersten Quartett folgt die Darstellung der davon ausgelösten Gedanken über das Ende des Lebens, das ähnlich schnell verläuft wie der Tag. Nun erfolgt der Wechsel von einem Monolog zu einem Gebet. Im ersten Terzett bittet das lyrische Ich um den Beistand Gottes bei der rechten Lebensführung, im zweiten darum, nach dem Tod in Gottes Reich aufgenommen zu werden.

Seite 9

2 b **Zusammenhänge zwischen Inhalt, Form und Aufbau:**
A Jedes der beiden Quartette wirkt durch den umarmenden Reim in sich geschlossen. Dass die beiden Quartette ein identisches Reimschema aufweisen, deutet auf eine Parallelität hin. Beide Strophen sprechen von der Endlichkeit, die eine konzentriert sich auf die des Tages, die folgende thematisiert die des Lebens.
B Die Form des Sonetts mit dem Wechsel von Quartetten und Terzetten unterstreicht einen inhaltlichen Bruch. Während zunächst allgemeine Feststellungen getroffen werden, gleicht der zweite Teil des Gedichts einem Gebet.

Weitere Möglichkeiten:
C In den beiden Terzetten macht der lyrische Sprecher in den ersten beiden Versen jeweils zwei parallele Aussagen, die konkret ihn und sein Leben betreffen. Er äußerst zweifach die Bitte um Beistand im Leben (vgl. V. 9 und 10) und fasst zweimal die Möglichkeit des Sterbens ins Auge (vgl. V. 12 und 13). Die Parallelität dieser Aussagen wird durch den Paarreim unterstrichen.
D Am Ende eines jeden Terzetts erfolgt eine zusammenfassende allgemeine Bitte um den Beistand Gottes. Dass diese beiden letzten Verse der Strophen jeweils als Fazit anzusehen sind und sich so von den anderen Versen der Strophen unterscheiden, zeigt sich auch an dem einzelnen Reim (d). Die Vergleichbarkeit beider Verse ist wiederum in deren Verknüpfung durch den umarmenden Reim (d-d) zu erkennen.
E Das gesamte Gedicht weist als Metrum einen jambischen Sechsheber mit Mittelzäsur mit einer Zäsur nach der 3. Hebung auf, weshalb der Vers auch als Alexandriner bezeichnet werden kann. Der Alexandriner ist das kennzeichnende Versmaß von Barock-Sonetten und zeigt den strengen Formwillen der damaligen Dichter. Komplizierte Sachverhalte und komplexe Gedankengänge, wie hier die Auseinandersetzung mit dem Tod und der Hoffnung auf das ewige Leben, werden so kunstvoll und erhaben dargestellt und der Bedeutung der Thematik Gewicht gegeben.

3 Auffälligkeiten der sprachlich-stilistischen Gestaltung und das Zusammenwirken mit dem Inhalt:

	DEr schnelle Tag ist hin / die Nacht schwingt ihre Fahn / Und führt die Sternen auff. Der Menschen müde Scharen Verlassen Feld und Werck / wo Thir und Vögel waren Traurt itzt die Einsamkeit. Wie ist die Zeit verthan!	Personifikation Ausruf
	Der Port naht mehr und mehr sich zu der Glider Kahn. Gleich wie diß Licht verfil / so wird in wenig Jahren Ich / du / und was man hat / und was man siht / hinfahren. Diß Leben kömmt mir vor als eine Renne-Bahn.	Metapher Vergleich
...		
	Laß / wenn der müde Leib entschläfft / die Seele wachen Und wenn der letzte Tag wird mit mir Abend machen / So reiß mich aus dem Thal der Finsterniß zu dir.	Euphemismus Parallelismus Metapher

	Textbeleg / Erläuterung	Wirkung in Bezug auf Inhalt und Aussage
Personifikation	„schwingt ihre Fahn" (V. 1), „führt die Sternen auf" (V. 2): ein aktives, nahezu kriegerisches Auftreten der Nacht	Hinweis auf die große Kraft der Nacht, die nun vorherrscht
Ausruf	„Wie ist [...]" (V. 4): Bruch zwischen bisheriger Beschreibung und nun folgender persönlichen Stellungnahme	Aufzeigen der emotionalen Ergriffenheit des lyrischen Sprechers
Metapher	„Der Port [...] Kahn" (V. 4): Bild für das sichere Erreichen eines Ziels	Andeutung der Tatsache, dass manche Abläufe unausweichlich sind und zu Ende gehen
Vergleich	„Gleich wie diß Licht verfil" (V. 6): Gleichsetzung des Tagesendes mit dem Lebensende	Hinweis auf sichere Erwartbarkeit / Unumstößlichkeit des Sterbens
Vergleich	„als eine Renne-Bahn" (V. 8): Bild für eine Strecke, die es mit hoher Geschwindigkeit zu bewältigen gilt	Anspielung auf das schnell vorüberziehende und kurz erscheinende Leben
Metapher	„Lauffplatz" (V. 9): Bild für das Verletzungsrisiko auf einer Wettkampfstätte, auf der es gilt, mit viel Anstrengung sein Bestes zu geben	Anspielung auf ein mögliches Scheitern in dem viel Kraft fordernden Leben
Imperativ	„Laß" (V. 9 und 10): direkte Aufforderung an jemanden	Abkehr von den monologischen Betrachtungen im Vorfeld, klare Anforderung von Hilfe
Einschub, direkte Anrede	„höchster Gott" (V. 9): Klären des Adressaten und Hinweis auf seine Macht	Erinnerung an Gebet
Anapher, Parallelismus	„Laß [...] / Laß [...]" (V. 9, 10): Aufzählen verschiedener Bereiche, in die eingegriffen werden soll	Hinweis auf Dringlichkeit der benötigten Hilfen
Wiederholung	Mehrfache Nennung der Verneinungspartikel „nicht" (V. 10): Akzentuierung der Wörter „Pracht", „Lust" und „Angst" (V. 10)	Hervorhebung der großen Zahl an möglichen Sünden und Verführungen
Adjektiv	„ewig-heller" (V. 11): Erläuterung zur Beständigkeit des Glanzes	Ausdrucks des Glaubens an die dauerhaft bestehende Macht Gottes
Euphemismus	„Leib entschläfft" (V. 12): Vermeidung der Worte „sterben" oder „Tod"	Hinweis auf Hoffnung auf ewiges Leben
Metapher	„Abend machen" (V. 13): Übertragung des Tag-Nacht-Wechsels auf den Übergang zwischen Leben und Tod	Gleichsetzung von Helligkeit und Finsternis mit Leben und Tod, Erwartungshaltung, dass ähnlich dem Wechsel zwischen Tag und Nacht auch nach dem Tod ein neues Leben folgt
Metapher	„Thal der Finsternuß" (V. 14): Bild für das Leben, das keine Höhen hat und dunkel ist	Hinweis auf negative Sicht auf das Leben und Hoffnung auf besseres Dasein nach dem Tod

4 a **Eignung der Deutungshypothesen:**

A Beide hier enthaltenen Feststellungen scheinen unhaltbar. Das Gedicht thematisiert zwar die Tatsache, dass das Leben endlich ist, geht aber nicht darauf ein, dass der Tod „jederzeit" der Fall sein könnte. Die Aussagen zu dem „Port" (V. 5) und das Bild mit dem „Abend" (vgl. Strophe 1 und V. 13) deuten vielmehr darauf hin, dass es um den natürlichen Tod im Alter geht. Auch enthält das Gedicht keine Aufforderungen, das Leben zu genießen. Vielmehr wird darin um die Bewahrung vor „Pracht" und „Lust" gebeten.

B Die These ist insofern geeignet, als der lyrische Sprecher in dem Gedicht um den Beistand Gottes bittet und ihn und sein Reich in höchsten Tönen lobt. Die These sollte aber noch das Motiv für das Gebet und Gotteslob herausstellen, nämlich die Erkenntnis über die Kürze des Lebens.

C Die These ist nicht treffend, denn der lyrische Sprecher setzt sich zwar mit der Endlichkeit des Lebens auseinander und beklagt diese auch. Er scheint darüber aber nicht zu verzweifeln, sondern Halt in seinem Glauben an Gott zu finden, von dem er Rettung erwartet.

D Die These ist weitgehend geeignet. Fraglich ist allerdings die Formulierung „weiß". Der lyrische Sprecher bittet Gott um die Aufnahme in sein Himmelreich. Die Tatsache, dass er hierzu eine Bitte formuliert, deutet darauf hin, dass er sich der Aufnahme noch nicht sicher ist, er hofft darauf oder glaubt daran, „weiß" es aber nicht.

b **Mögliche Deutungshypothesen:**
In dem Sonett mahnt der Einbruch der Nacht den lyrischen Sprecher an sein eigenes Lebensende und er beginnt zu beten. Das Gedicht thematisiert die Kürze des Lebens und die Bitte an Gott um Beistand, es richtig zu meistern und danach in sein Reich aufgenommen zu werden.

5 a Informationen in Material 1: Interpretationsansatz, Inhalt des Gedichts, Gedichtform, Motive des Gedichts

Seite 10

b Mögliche Inhaltszusammenfassung des Materials:
Dieses Gryphius-Gedicht gleicht zahlreichen seiner anderen Gedichte. Es besteht aus zwei Teilen, und der Blick auf die materielle Welt im Diesseits ist Auslöser für eine Übertragung auf das Leben allgemein und führt zu einem Anruf Gottes mit der Bitte um Erlösung. Stärker als andere Barockdichter kritisiert Gryphius das Leben im Diesseits und sieht es nur als Vorstufe bzw. Prüfung des Glaubens an, die man im Vertrauen auf Gott bestehen muss, um danach das ewige Leben zu erhalten.

c Übertragung der Aussagen des Materials auf das Gedicht:
Der Dreischritt, bei dem der Blick zunächst auf die Welt und dann auf das eigene Leben gerichtet wird und schließlich eine Anrufung Gottes erfolgt, liegt auch in dem Gedicht „Abend" vor. Dort wird ebenfalls das Leben als solches kritisiert, nämlich als gefahrvoll und verführerisch, und letztlich auf Gott vertraut, um es zu meistern.

d Folgende Deutungshypothese ist nun vorstellbar:
Das Sonett veranschaulicht auf allegorische Art und Weise die Gedanken „vanitas" und „memento mori" sowie eine tiefe Gottesgläubigkeit.
Je nachdem, inwieweit die Epoche des Barocks im Unterricht (bereits) thematisiert wurde, werden die Schülerinnen und Schüler anhand des Begriffs „vanitas" und des Hinweises auf eine höhere Anzahl von Gryphius-Sonetten das Gedicht in der Epoche des Barocks verankern und die Deutungshypothese fortsetzen, z. B. mit „und kann somit als ein typisches Barockgedicht angesehen werden".

6 Motivvergleich:

	Gryphius „Abend"	**Enzensberger „Eventuell"**
Lyrischer Sprecher und Situation	Mann oder Frau, am Abend mit Blick nach draußen	Mann oder Frau, evtl. vor dem Einschlafen mit Blick an die Zimmerwand
Umgang mit der Situation	traurig, hilfesuchend	eher gefasst und schicksalsergeben
Ursache bzw. Folgen / Auswirkungen der Situation	Hoffnung auf Gott und Hinführung zum ewigen Leben	allgemeines Aufgehobensein im Universum, Zweifel an einem Leben danach
Darstellung der Situation – Bildlichkeit	durchgehend allegorische Darstellung der Beschaffenheit des Lebens, des Lebenslaufs und des Lebensendes	vermeintlich realistische Darstellung, aber schönfärbend, zynisch Blick auf die Vergänglichkeit aller Materie: Menschen, Motten, der Sonne Infragestellung, Zweifel, Skepsis auch durch Titel „eventuell"
Kontext / Entstehungszeit	17. Jh. – Barock: Vanitas, memento mori	21. Jh. – Gegenwart: u. a. in Folge der Aufklärung geringe Jenseitsorientierung

Vierter Schritt: Den Schreibplan erstellen und eine Interpretation schreiben

1 a/b **Elemente von Einleitung, Hauptteil und Schluss** ***(Je nach der individuellen Ausführung der Interpretation sind mehrere Möglichkeiten denkbar):***
über den Inhalt informieren • auf eine alternative Deutungshypothese verweisen • zur Zeitlosigkeit der Thematik Stellung nehmen • die Gedichtform benennen • die Gedichtform beschreiben • das Thema des Gedichts benennen • sprachlich-stilistische Auffälligkeiten erläutern • Stilmittel benennen und deuten • eine Interpretationsthese aufstellen • Gemeinsamkeiten mit dem anderen Gedicht erläutern • Epochenmerkmale diskutieren • Textsorte, Titel, Autor/-in, Entstehungsjahr nennen • eine Überleitung formulieren • Motive hinterfragen • die Frage nach der Endlichkeit als Thema der Literatur anreißen • Rückbezüge zur These herstellen • die Bildlichkeit untersuchen • ein Fazit formulieren

2 a **Aspekte, die einer Argumentation bedürfen:**
Der lyrische Sprecher gibt den Gedanken des „memento mori" und der „vanitas" Ausdruck und setzt seine Hoffnung auf einen personifizierten Gott und ein Leben im Jenseits.

Seite 11

b Argumente zur Stützung der Deutungshypothese:

„vanitas"	Klage über schlechtes Leben und mögliche Verführung zur Sünde, z. B. durch Materielles:	Metapher „Lauffplatz" (V. 9) Anapher „laß" (V. 9, 10, 12) Wiederholung „nicht" (V. 10)
„memento mori"	Klage über unumgängliche Vergänglichkeit:	Metapher „Kahn" (V. 5) Vergleich mit dem Tageslicht (V. 6) Vergleich „Renne-Bahn" (V. 8)
Hoffnung	Ausdruck von eindringlicher Hoffnung:	Wiederholung von „laß" (V. 9, 10, 12) Gebrauch der Imperative „laß" (V. 9, 10, 12) und „reiß" (V. 14) Emphase „Ach" (V. 10), ...
personifizierter Gott	Direkte Ansprache eines konkreten Gegenübers, das als höhergestellt angesehen wird:	Personalpron. 2. Pers., „Dein [...] Glantz" (V. 11), „zu Dir" (V. 14) Großschreibung von Dir (V. 14) im Gegensatz zu „du" (V. 6) Bezeichnung als „Gott" (V. 9) mit Superlativ „höchster"
Leben im Jenseits	Verweise auf ein anderes, besseres Leben:	Verb „reiß [...] aus" (V. 14), ... Metapher „Thal der Finsternuß" (V. 14)

c/d Möglicher Schreibplan auf Grundlage von 2 a und b:

Einleitung:

Gedanken eines jungen Menschen an die Zukunft üblicherweise auf verschiedene Lebensentwürfe ausgerichtet, nicht auf das Sterben

Gryphius' Gedicht zeigt lyrischen Sprecher, der weniger auf das Diesseits als auf das Jenseits konzentriert ist

Hauptteil:

Informationen zu Inhalt und Aufbau: *siehe Ergebnisse 3. Schritt, Aufgabe 1b, 2a und 2b*

Deutungshypothese und Argumentation: *siehe Ergebnisse 4. Schritt, Aufgabe 2b und 2c*

Vergleich mit Enzensberger „Eventuell": *Siehe Ergebnisse 3. Schritt, Aufgabe 5*

Schluss:

Gedichte mit ähnlicher Aussage wie Gryphius´ Gedicht heute kaum noch zu erwarten, verminderte Gläubigkeit und Religiosität, eher Leben nach einem anderen Leitmotiv des Barock, dem des carpe diem, aber auch Bewusstsein über Endlichkeit und geringe Größe des Menschen im Universum wie bei Enzensberger

3 **Mögliche Interpretation:**

Wenn sich die Gedanken eines jungen Menschen auf die Zukunft richten, dann geht es dabei meistens um verschiedene mögliche Lebensentwürfe. Die Fragen drehen sich zum Beispiel darum, welchen Beruf man wählen soll, welche Bedeutung man der beruflichen Tätigkeit beimessen will, ob man eine Familie gründen oder sich zunächst ganz allein verwirklichen möchte. Auch wenn jeder weiß, dass das Leben jederzeit zu Ende sein kann, werden Gedanken an den Tod im Allgemeinen eher ausgeklammert. Anders verhält es sich bei dem Gedicht „Abend" des Barock-Dichters Andreas Gryphius, das im 17. Jahrhundert entstand. Dieses zeigt einen lyrischen Sprecher, der weniger auf das Diesseits als auf das Jenseits konzentriert ist. Das Gedicht hat die Form eines typischen Sonetts. Es besteht aus zwei Strophen à jeweils vier Versen, den Quartetten, und zwei weiteren Strophen à 3 Versen, den Terzetten, ist gereimt und hat einen jambischen Sechsheber mit Mittelzäsur als Metrum. Der Wechsel von Quartett zu Terzett geht auch mit einem inhaltlichen Bruch einher. Der lyrische Sprecher beschreibt in der ersten Strophe eine abendliche Welt, bei der der Tag sich zum Ende neigt und sich alles zurückzieht, und er äußert sein Bedauern darüber (vgl. V. 1–4). In der zweiten Strophe überträgt der Sprecher dieses Tagesende auf das Leben der Menschen, das auch irgendwann zu Ende geht, und stellt fest, dass die gesamte irdische Welt nur von kurzer Dauer ist (vgl. V. 5–8). Nach diesen an sich selbst gerichteten Aussagen wendet sich der lyrische Sprecher in den Terzetten an Gott und von nun an erinnert das Gedicht an ein Gebet. Der lyrische Sprecher bittet zunächst um Gotteshilfe und seinen ständigen Beistand, um im Leben nicht zu scheitern und möglichen Versuchungen nicht zu unterliegen (vgl. V. 9–11). Im zweiten Terzett und somit der letzten Strophe des Gedichts evoziert der lyrische Sprecher den Moment seines Todes und bittet darum, bei dessen Eintritt in das Reich Gottes aufgenommen zu werden (vgl. V. 12–14).

Auf die Verbundenheit der beiden Quartette und deren Abgrenzung von den Terzetten deutet auch das Reimschema hin. Beide Quartette stellen die Gedanken des lyrischen Sprechers über die Endlichkeit dar, Strophe 1 über die des einzelnen Tages, Strophe 2 über die des menschlichen Lebens, und ihre inhaltliche Ähnlichkeit wird durch ein identisches Reimschema, nämlich den umarmenden Reim (abba), unterstrichen. Auch in den beiden Terzetten werden die inhaltlichen Aussagen durch ein entsprechendes Reimschema gestützt. In beiden Dreizeilern macht der lyrische Sprecher in den ersten beiden Versen jeweils zwei parallele Aussagen, die konkret ihn und sein Leben betreffen. Er äußert zweifach die Bitte um Beistand im Leben (vgl. V. 9 und 10) und fasst zweimal die Möglichkeit seines Sterbens ins Auge (vgl. V. 12 und 13). Die Parallelität dieser Aussagen wird auch durch den Paarreim (cc, ee) angezeigt. Am Ende eines jeden Terzetts erfolgt eine zusammenfassende allgemeine Bitte um den Beistand Gottes. Dass diese beiden letzten Verse der Strophen jeweils als Fazit anzusehen sind und sich so von den anderen Versen der Strophen unterscheiden, zeigt sich auch an dem in der Strophe alleinstehenden Reim (d). Die Vergleichbarkeit der beiden Abschlussverse ist wiederum in deren Verknüpfung zu einem umarmenden Reim (ccd-eed) zu erkennen. In Gryphius´ Sonett „Abend" gibt der lyrische Sprecher dem Gedanken des „memento mori" und dem „Vanitas-Gedanken" (siehe auch Mat. 1) Ausdruck und setzt seine Hoffnung auf einen personifizierten Gott und ein Leben im Jenseits. Der Gedanke des „memento mori" wird gleich in der ersten Strophe und hier bereits im ersten Vers thematisiert, wenn von der Endlichkeit die Rede ist, indem das Tagesende und der Anbruch der Nacht beschrieben werden. Dabei zeigt sich die Unumstößlichkeit dieser Entwicklung auch durch die Personifikation der Nacht. Diese „schwingt ihre Fahn / und führt die Sternen auff" (V. 1 und 2), ist somit äußerst aktiv und scheint nun über die Befehlsgewalt zu verfügen und dem Tag ein Ende gesetzt zu haben, wie es das Bild der schwingenden Fahne suggeriert. Eindrücklich verweist auch die Metapher des Kahns, der sich dem Hafen nähert, auf das sichere Erreichen eines Endes („Der Port naht mehr und mehr sich zu der Glider Kahn", V. 5). Ebenso wie das Schiff, dessen Reise durch die Ankunft im Hafen aufhört, enden auch manche Abläufe unausweichlich bzw. gehen Dinge zu Ende, eben auch das Leben. Dies wird noch durch den Hinweis darauf verstärkt, dass es sich um der „Glider Kahn" (V. 5) handelt, der menschliche Körper also direkt mit dem Schiff in Verbindung gebracht wird. Die allegorische Darstellung des Tagesendes wird dann in Vers 6 ganz konkret mit dem Sterben eines jeden gleichgesetzt, und zwar mit dem Vergleich „Gleich wie das Licht verfil". Das Sterben des Menschen wird nun direkt angesprochen, wenn auch mit dem leicht euphemistischen Verb „hinfahren" (V. 7). Dass das Leben nur von kurzer Dauer ist und schnell vorüberzieht, wird daraufhin nochmals eindrücklich mit dem Vergleich des Lebens mit der „Renne-Bahn" (V. 8) vermittelt. Wie auf der Rennbahn gilt es im Leben, in hoher Geschwindigkeit von einem Anfang zu einem Ende zu kommen.

Neben den Gedanken des „memento mori" steht der „Vanitas-Gedanke" als Klage des lyrischen Sprechers über die allgemeine Nichtigkeit beziehungsweise Wertlosigkeit des Lebens. Die Metapher eines Sturzes auf dem „Lauffplatz" (V. 9), vor dem er bewahrt werden will, erinnert an das Verletzungsrisiko auf Sportstätten und kann als Anspielung auf die Anstrengung und Kraft angesehen werden, die es braucht, das Leben zu meistern. Auch zählt der Klagende mögliche Verführungen, die zum Scheitern führen können, direkt auf, nämlich den materiellen Luxus, das körperliche Verlangen und die Verzagtheit (vgl. V. 10). Durch die vierfache Wiederholung des Verneinungspartikels „nicht" („Lass mich nicht Ach / nicht Pracht / nicht Lust nicht Angst", V. 10) im Zusammenhang mit deren Nennung akzentuiert er diese und hebt deren große Zahl hervor.

Doch inmitten dieser Klage besteht für den Menschen auch Hoffnung, eine Hoffnung, an die er sich sehr eindringlich zu klammern scheint. So wird nach einer monologischen Rede schließlich der Imperativ verwendet und an ein Gegenüber die Aufforderung gerichtet, Hilfestellung zu leisten. Das heißt, für den lyrischen Sprecher gibt es noch jemanden, der ihm in seiner Not zur Seite stehen kann, ihm Hoffnung gibt. Er zählt verschiedene Bereiche auf, in denen er Hilfe von außen erwartet, und der dabei vorzufindende anaphorische Gebrauch des Imperativ „laß" (V. 9, 10 und 12) sowie der Parallelismus in den Versen 9 und 10 („Laß mich [...] doch nicht / Laß ich nicht Ach") unterstreichen den Umfang und die Dringlichkeit der Hilfeleistung. Dabei verleiht die Emphase „Ach" (V. 10) der eindringlichen, hoffnungsvollen Bitte noch zusätzlich Nachdruck. Des Weiteren sind Anzeichen für eine bestehende Hoffnung auf ein ewiges Leben auch im letzten Terzett zu finden. Zwar wird das mögliche Sterben thematisiert, aber nicht deutlich als solches benannt, sondern stattdessen auf die Euphemismen „entschläfft" (V. 12) und die Formulierung „Abend machen" (V. 13) zurückgegriffen. Damit wird suggeriert, dass ähnlich wie dem Einschlafen ein Aufwachen folgt und dem Abend ein neuer Tag, auch nach dem Tod die Folge von etwas Neuem zu erwarten ist, man also hoffen kann.

Dass diese Hoffnung sich auf einen personifizierten Gott stützt, ist an der direkten Ansprache eines konkreten Gegenübers und dessen Benennung erkennbar. Es wird das Personalpronomen in der zweiten Person verwendet („dein [...] Glantz" (V. 11) und „zu dir" (V. 14). Im Gegensatz zu dem „du" im zweiten Quartett (V. 7), bei dem nicht Gott angesprochen ist, sondern der Mitmensch, zeigt nun die Großschreibung der Personalpronomen, dass der Angesprochene als höhergestellt angesehen wird. Hinzu kommt die direkte Bezeichnung als „Gott" (V. 9), die zusätzlich noch von dem Superlativ „höchster" (V. 9) begleitet wird. Diese direkte Anrede geschieht in Form eines Einschubs und erinnert dadurch noch zusätzlich an die Form eines Gebets – die Textform, mit der man sich üblicherweise an Gott richtet.

Der lyrische Sprecher erbittet sich die Aufnahme in ein Jenseits. Er versteht darunter ein anderes, besseres Leben, worauf in dem Gedicht durch die Metapher „Thal der Finsterniß" (V. 14) verwiesen wird. Ein Tal ist üblicherweise etwas, das an den Seiten von Bergen umgeben ist, einen also in gewisser Weise gefangen hält, keine weite Sicht erlaubt und wenig Sonneneinstrahlung hat. Obendrein wird das Tal noch als dunkel beschrieben („Finsternuß", V. 14) und steht somit im Gegensatz zu der Vorstellung, die man vom Jenseits hat, das als Gottes Himmelreich und somit in den allgemeinen Vorstellungen lichtdurchflutet und weit ist. Darüber hinaus deutet der Wunsch, aus etwas herausgerissen zu werden („reiß", V. 14), darauf hin, dass das Erreichen eines besseren Ortes erwartet wird. Denn ansonsten ist nicht zu erklären, warum man aus etwas herausgerissen werden möchte.

Zusammenfassend lässt sich nochmals feststellen, dass in Gryphius' Gedicht „Abend" der lyrische Sprecher sich im Leben mit den Gedanken an den Tod konfrontiert sieht und seine Hoffnung auf das Himmelreich setzt. Das gesamte Gedicht weist als Metrum einen jambischen Sechsheber mit Mittelzäsur mit einer Zäsur nach der dritten Hebung auf, weshalb der Vers auch als Alexandriner bezeichnet werden kann. Der Alexandriner zeigt einen strengen Formwillen an. Komplizierte Sachverhalte und komplexe Gedankengänge, wie hier die Auseinandersetzung mit dem Tod und der Hoffnung auf das ewige Leben, werden so kunstvoll und erhaben dargestellt und der Bedeutung der Thematik Gewicht gegeben.

Ganz anders verhält es sich dagegen in Enzensberger fünfstrophigem Gedicht „eventuell", das ungereimt und ohne erkennbares Metrum ist. Die Grundsituation scheint der bei Gryphius zu ähneln. Der lyrische Sprecher, ein Mann oder eine Frau, beginnt am Ende des Tages, wahrscheinlich vor dem Einschlafen („oben der schwarze Nachtfalter", V. 2, „Ob wir beide erwachen" V. 21), über den Tod nachzudenken. Dabei scheint er aber eher gefasst zu sein und die Dinge nüchtern zu betrachten, er verfällt in keine Klage oder gar in ein Gebet. Sondern er beschreibt eher sachlich verschiedene Zeichen der Vergänglichkeit bei sich („nur ab und zu winzige Offenbarungen", V. 5 und 6) und unterschiedlichen anderen Materien, z. B. dem „Parfum" (V. 9) oder der „Sonne" (V. 12). Anders als bei Gryphius äußert der lyrische Sprecher auch seine Skepsis und Zweifel darüber, ob es tatsächlich ein Ende der Dinge gibt, wenn er zunächst sagt: „Wer weiß, ob auf die Vergänglichkeit wirklich Verlass ist" (V. 18) und dem gleich wieder entgegenstellt, dass es den Tod doch gibt, wenn er meint: „Nur der Tod, sagen die Sterblichen, sei definitiv" (V. 19, 20). Während in dem Gedicht „Abend" alle Hoffnung auf dem ewigen Leben im Jenseits

In der Szene werden deutliche Hinweise auf die Epoche zwischen Aufklärung und Sturm und Drang **gegeben.** Während Karlos seinen Gefühlen freien Lauf lässt, zügelt Elisabeth ihre Emotionen sehr stark mit Vernunftüberlegungen. Später wird Schiller versuchen, Pflicht auf der einen Seite und die Neigung auf der anderen Seite zu vereinen. Diese Verhaltensanweisung ist dann die Grundlage der Klassik. So weit ist es bei Don Karlos noch nicht.
Für die Einordnung in das Zeitalter der Aufklärung spricht auch der wirkungsästhetische Ansatz. **Der Literaturwissenschaftler Schulte-Sasse definiert** die Dramentheorie der Aufklärung als Versuch, „im Zuschauerraum für Augenblicke jene politische Utopie real werden zu lassen, die das Denken aller Literaten des 18. Jahrhunderts bestimmt" (M1, Z. 11 ff.).
Schiller selbst hat die Aufgabe der Kunst als Einübung in das Mensch-Sein **gesehen** (vgl. M 2, Z. 12). Damit bestätigt sich die anfangs aufgestellte Deutungshypothese, dass das Drama zwischen Aufklärung und Sturm und Drang angesiedelt werden kann, gleichzeitig aber schon erste Überlegungen der Klassik zu erkennen sind.
(Schlussbemerkung) **Beziehungen spielen in der Literatur und in der Kunst allgemein auch heute eine zentrale Rolle. In Bernhard Schlinks Erfolgsroman „Der Vorleser" wird eine sehr ungewöhnliche Liebesgeschichte erzählt, die auch zwei Figuren zusammenbringt, die, wie bei Schiller,** eigentlich nicht zusammenpassen. Bei Schlink ist es der Altersunterschied, bei Schiller die komplizierte Familienaufstellung. In beiden Fällen wird aber über die Beziehung hinaus eine Botschaft transportiert. Schillers Don Karlos macht deutlich, dass der Kampf um die Freiheit in der Gesellschaft nicht zu trennen ist vom Kampf um das private Glück. Im „Vorleser" wird die Fragen nach der Menschlichkeit angesichts der Verbrechen des Nationalsozialismus gestellt.

Über einen epischen Text schreiben

Erster Schritt: Die Aufgabenstellung verstehen

Seite 22

1 Mögliche Lösung:
Hier ist eine Interpretation der Erzählung „Zigaretten" von Judith Hermann verlangt, die sich auf eine Deutungshypothese stützt, die durch sprachliche, erzählerische und inhaltliche Aspekte des Textes belegt werden soll. Ein besonderes Augenmerk soll dabei auf die Haltung der Ich-Erzählerin gelegt werden. Im zweiten Teil soll die Gestaltung des Themas Eifersucht in Goethes Briefroman „Die Leiden des jungen Werther" und in Hermanns Erzählung miteinander verglichen werden.

2 Mögliche weitere Fragen:
- Weshalb und wie haben sich die Er-Figur und seine damalige Freundin getrennt?
- Wie sieht die Ich-Erzählerin aus?
- Welche Art von Beziehung führen die Ich-Erzählerin und die Er-Figur und wie haben sie sich kennengelernt?

Zweiter Schritt: Erstes Textverständnis und Ideen formulieren

1
a zutreffende Aussagen zum Thema der Erzählung: A, C, F
b Mögliche Lösung:
Die Ich-Erzählerin wird über die Schilderung einer Begebenheit aus der Vergangenheit ihres Partners zum Nachdenken über Eifersucht und Glück in Beziehungen angeregt.

Dritter Schritt: Den Text erschließen und eine schriftliche Interpretation vorbereiten

1/2 Mögliche Lösung:

Textstelle	Inhaltliche Zusammenfassung
Z. 1–12	Die Ich-Erzählerin erinnert sich an eine Geschichte, die ihr von ihrem Freund nebenher beim Aufbrechen erzählt wurde.
Z. 12–52	Die Ich-Erzählerin beschreibt das Aussehen ihres Freundes und dessen früherer Partnerin Constanze und erwähnt einige Stationen des Lebenswegs der beiden
Z. 53–112	Die Ich-Erzählerin gibt die Geschichte ihres Freundes wieder: Sie handelt von dem Abschied der beiden an einem Sommernachmittag und dem überraschenden Wiederfinden eines vergessenen Zigarettenpäckchens am Berliner Alexanderplatz
Z. 113–136	Die Ich-Erzählerin betont gegenüber ihrem Freund, dass sie die Geschichte verstanden habe, und reflektiert über das Thema Eifersucht
Z. 137–170	Im Weiteren denkt die Ich-Erzählerin darüber nach, welche Bedeutung diese Geschichte für ihre Beziehung hat.
Z. 171–176	Am Ende wird nochmals die Zufriedenheit des Freundes über das Wiederfinden der Zigaretten zum Ausdruck gebracht.

2 b Mögliche Lösung:

Beziehungen/Kommunikation: Er erzählt Geschichte aus dem Leben mit seiner früheren Partnerin, Ich-Erzählerin gibt diese Geschichte (mit Erinnerungslücken) wieder
Zeitebenen: Ich-Erzählerin: erlebendes Ich – Reflexion über die Geschichte des Er
erinnerndes Ich – Geschichte von Er über Constanze
Räume: Schwelle, „An der Tür“ (Z. 7): Ich-Erzählerin, Er
Berlin Alexanderplatz (vgl. Z. 54 ff.): Er, Constanze

c Mögliche Lösung:

Element der erzählerischen Gestaltung	**Judith Hermann: Zigaretten**
Erzählform	Ich-Erzähler
Fokalisierung	interne Fokalisierung
Darbietungsformen	Erzählerbericht, Figurenrede,
Zeitgestaltung	zwei Zeitebenen: Reflexion der Ich-Erzählerin in der Gegenwart (Tendenz zu zeitdeckendem Erzählen) Wiedergabe der Geschichte des Er aus der Vergangenheit (eher zeitraffendes Erzählen)
Innen/Außensicht	ausschließlich Innensicht
Erzählhaltung	distanziert, zögernd, nachdenklich

d Mögliche Belegstellen:
„ich glaube“ (Z. 43); „vielleicht kann man sagen“ (Z. 45 f.), „ich nehme also an“ (Z. 50 f.), „Wenn es überhaupt gelingen will, sie zu sehen“ (Z. 66), „mag sein“ (Z. 89), Wirkung: Der/Die Leser/in traut der Schilderung der Ich-Erzählerin nicht ganz, er/sie fängt selbst an, sich Gedanken über den möglichen Ablauf des Geschehens zu machen.

Seite 26

e Mögliche Lösung:

Sprache/Stil	**sprachliches Mittel/Textbeleg**	**Wirkung/Funktion**
Wiederholungen	„im Fortgehen“ (Z. 9, 53, 114)	Betonung einer Übergangs- oder Schwellensituation
rhetorische Fragen	„Aber was ist es dann?“ (Z. 137), „oder weiß ich es doch“ (Z. 147)	Unsicherheit/Reflexion der Erzählerfigur
elliptischer Satzbau	vgl. z. B. Z. 63, 70 ff., 180 ff.	umgangssprachliche, assoziative Sprache
Abzählreim/Wortspiel	„Eifersucht ist eine Leidenschaft, die mit Eifer sucht, was Leiden schafft“ (Z. 127 f., vgl. Z. 165 ff.)	menschliches Grundthema, das sich für die Ich-Erzählerin nicht restlos erklären lässt
Aufzählungen	„Auf ihre Einfachheit. Auf die Zeit.“ (Z. 150), „Verschont. Unbewusst, unverletzt.“ (Z. 160)	Antworten, mit denen sich die Ich-Erzählerin ihre Haltung gegenüber der Geschichte ihres Partners klarzumachen versucht
Wortschatz/Stil	nüchtern, Alltagssprache, viele Reihungen (vgl. z. B. Z. 12 ff., 55 ff.)	alltägliche, beiläufige Situation, die einen Kontrast zur emotionalen Stimmung der Ich-Erzählerin erahnen lässt

3 weitere Möglichkeiten des Zusammenhangs zwischen Inhalt und sprachlicher/erzählerischer Gestaltung:
- Die Ich-Erzählerin erinnert sich an die Geschichte ihres Partners, hat sie nicht vergessen: Es werden mehrfach die Umstände des beiläufigen Erzählens erwähnt (vgl. Z. 9, 53, 114),
- Die Ich-Erzählerin stellt ihr jetziges Leben und das frühere Leben ihres Partners gegenüber. Dies zeigt sich an den zwei Zeitebenen, in denen die weiter zurückliegende Ebene die unzuverlässige Erinnerung an die Geschichte und das frühere Leben ihres Partners repräsentiert (vgl. Z. 12–123), die wiederum auf der jüngeren Zeitebene (vgl. Z. 124–170) zu Reflexionen über Eifersucht und ihre Beziehung führt. Zugleich werden diese beiden Ebenen auch durch die unterschiedliche Tempusverwendung markiert: Während die Reflexionen der Ich-Erzählerin im Präsens dargestellt werden, dominiert in der früheren Ebene Präteritum bzw. Perfekt.
- Die Ich-Erzählerin räsoniert über Eifersucht, was zum einen über die zweimalige Bezugnahme auf den Abzählreim (vgl. Z. 127 f., 165 ff.) ersichtlich wird, und zum anderen erzählerisch über eine ausschließliche Innensicht realisiert wird.

4 **a/b** Mögliche Deutungshypothesen:
- Die Erzählung thematisiert Trennungen und Abschiede. Das überraschende Wiederfinden des Zigarettenpäckchens als alltägliches Glück steht dabei im Gegensatz zum angedeuteten Zerbrechen von Beziehungen.
- Die Erzählung zeigt, wie stark Beziehungen durch frühere Konstellationen und Prägungen aller Beteiligten bestimmt werden.
- Die Erzählung versucht, das Wesen und die Bedingungen der Eifersucht in Beziehungen zu erklären.

5 Möglicher Motivvergleich:

Gemeinsamkeiten	Unterschiede
Ich Erzählerinstanz reflektiert über Eifersucht	Protagonisten bei Hermann: zwei Frauen, ein Mann (Ich-Erzählerin, Constanze); Protagonisten bei Goethe: zwei Männer, eine Frau (Werther, Albert, Lotte)
Verhalten der Ich-Erzählerinstanz: gibt jeweils einen Einblick in eigene Gedanken, Gefühle und Überlegungen	Ausgang: Suizid des Ich-Erzählers (Goethe), Ungewissheit über den Fortgang der Beziehung (Hermann)
-	Form: Briefroman (Goethe); Erzählung (Hermann)
-	Dreieckskonstellation: simultan (Goethe), zeitlich versetzt (Hermann)

Schreiben mit Stil: Einen Interpretationsaufsatz verfassen

Fachbegriffe verwenden: Ein Gedicht interpretieren

Seite 28

1 **Lyrik:** lyrisches Ich; Metapher; Motiv; Reimform; Sonett; Strophe; Versmaß/Metrum; **Drama:** Dialog; Exposition; Figuren; Gestik; Katastrophe; Komödie; Metapher; Mimik; Monolog; Peripetie; Tragödie; **Epik:** Erzähler/-in; Figuren; Kurzgeschichte; Metapher; Motiv; Novelle; Roman

2 Das Gedicht „Abend" von Andreas Gryphius ~~erzählt davon~~ thematisiert / schildert / lässt erkennen, wie die Menschen des Barock sich mit der Vergänglichkeit des Lebens beschäftigen. Die ersten beiden ~~Abschnitte~~ Strophen (=Quartette) des Textes belegen die wichtigsten Merkmale barocker Literatur, die Beschreibung der Vanitas und das Memento mori. ~~Im zweiten Abschnitt~~ In der zweiten Strophe vergleicht ~~die Hauptfigur~~ der Sprecher / das lyrische Ich das Leben mit einer Rennbahn. Mit diesem ~~Bild~~ metaphorischen Vergleich ist gemeint, dass ~~Gryphius~~ das lyrische Ich sein Leben als harten Kampf sieht, der sich vom Start, der Geburt, bis zum Ziel, dem Tod, hinzieht.

Aussagen belegen am Text: einen epischen Text interpretieren

Seite 29

1

Zitate (direkt/indirekt)	Form des Textbelegs
Z. 1 Titel, direkt	Titel des Romans wird wörtlich zitiert.
Z. 3 direkt	wörtliches Zitat in einen Nebensatz integriert
Z. 4 direkt	Schlüsselbegriff „Trost" in eigenen Satz integriert
Z. 5 indirekt	Der vermutete Dank der Lesenden wird nicht wörtlich wiedergegeben, deshalb nur ein vgl.
Z. 5 f. direkt	Die beiden Schlüsselbegriffe (gute Seelen) werden in den übergeordneten Satz eingebaut; das Nomen muss deshalb anders dekliniert werden.

2 Für den Erzähler ist der ideale Leser bzw. die ideale Leserin offenbar ein Freund, denn zweimal spricht er ihn mit dem vertrauten „du" an. Zunächst verwendet er die Pluralform „euch" (Z. 2), später dann das „du" (Z. 4). Er möchte auch dazu auffordern, den Roman als wirklichen „Freund" (Z. 5) zu betrachten, den die/der Lesende bewundern und sogar lieben soll (vgl. Z. 2).

Tempus

1 gegenüberstehen; bekennt; verlassen; ist entsetzt; weiß, melden müsste; sie scheint zu wisssen; ist ehrlich gemeint, erschließt: Präsens; ist verboten worden: Perfekt

Sprache und Politik – Sachtexte analysieren

Wissen und können Sachtexte und ihre Funktion analysieren

Sachtexte befassen sich in der Regel **mit realen Fakten, Ereignissen oder Vorgängen** und werden auch als **pragmatische Texte** bezeichnet. Im Unterschied zu den fiktionalen, literarischen Texten (lat. fingere = gestalten, formen erdichten) zählen sie zu den **faktualen** Texten („non-fiction"). **Sachtexte** haben in der Regel eine bestimmte **Intention** (Aussageabsicht). Sie sollen z. B. **informieren und unterhalten, kommentieren und appellieren.** Dies können sie auf unterschiedliche Art und Weise. Daraus ergeben sich vielfältige Kombinationen von Intentionen und Darstellungsweisen (Stilen). Die jeweils vorherrschende Intention wird durch den Inhalt der Aussage, vor allem aber durch die **sprachlichen Gestaltungsmittel** erkennbar.

- **Informieren:** Informationstexte stellen Tatsachen und Zusammenhänge dar. Sie sollen möglichst objektiv über Sachverhalte informieren (z. B. Bericht, wissenschaftlicher Text) oder in anschaulicher und lebendiger Weise Selbsterlebtes schildern (z. B. Reportage).
- **Kommentieren, werten:** Meinungstexte bewerten und sollten überzeugen. Sie können die Haltung zu einem Thema in unterschiedlichen Stilarten vermitteln: eher sachlich (z. B. Kommentar) oder eher unterhaltsam in spöttisch-ironischer Weise (z. B. Glosse).
- **Appellieren:** Die Leser/-innen sollen zu etwas aufgerufen werden (z. B. Rede, Wahlprogramm).

Die Analyse von Sachtexten legt deren Argumentationsgang offen und geht auf deren sprachliche Gestaltung ein.

Stellen Sie sich vor, Sie bekommen folgende Aufgabe:

Analysieren Sie den folgenden Zeitungsartikel von Jana Anzlinger hinsichtlich seines gedanklich-argumentativen Aufbaus und der sprachlichen Gestaltung. Formulieren Sie zu Beginn Ihrer Analyse einen Verstehensentwurf.

Jana Anzlinger

Notizen

Lieber Schaum vorm Mund als keine Ahnung (2020)

Die Klimakrise, der rassistische Terror in Hanau oder der Dammbruch in Thüringen: Was katastrophal ist, darf so genannt werden. Warum Empörung und apokalyptische Sprache manchmal nötig sind.

„Hysterie" ist ein hässliches Wort. Es leitet sich vom griechischen „hystéra", Gebärmutter, ab – ist also inhärent[1] sexistisch – und suggeriert Unzurechnungsfähigkeit. Gern unterstellen Menschen, die keine Argumente haben, ihrem Gegenüber „Hysterie", um eine Diskussion zu unterbinden. Oder sie sprechen gleich von **„Schaum vor dem Mund"**. Das Gegenüber empört sich, muss also an Tollwut erkrankt sein? Wer solche Unterstellungen austeilt, statt inhaltlich zu argumentieren, verhält sich unsachlicher als alle Tollwütigen zusammen. Keine Ahnung haben und deshalb beleidigend werden? Dann doch lieber der Schaum.

Wenn Bürger gegen ein Unrecht aufbegehren, ist das nicht „Hysterie", sondern „Empörung". Der Unterschied zwischen den beiden Begriffen zeigt, wie Sprache die Wahrnehmung beeinflusst: **„Hysterie" ist übertrieben, „Empörung" ist geboten.** Sie **darf oder muss** sogar mit deutlicher Sprache ausgedrückt werden. Solche Sprache vermittelt Dringlichkeit und übt Druck aus. Sie manifestiert Haltung. Und sie trennt echte von falschen Katastrophen. Sprache macht Politik. Diesen Zusammenhang verdeutlicht eine neue SZ-Datenrecherche. Die computerlinguistische[2] Auswertung der Protokolle aller Bundestagsdebatten belegt zum einen, wie die AfD den Diskurs über Migration nach rechts verschiebt. Zum anderen zeichnet die Recherche den Umgang mit der Klimakrise nach – und verdeutlicht, wie die Abgeordneten sie jahrzehntelang verdrängt und vor

lieber für hysterisch und unzurechnungsfähig gehalten werden, als einer Diskussion ausweichen (Z. 1–8)

1 inhärent: einer Sache eigen sein, ihr innewohnen

2 computerlinguistische Auswertung: Auswertung des Sprachgebrauchs mit Hilfe von Computersoftware

allem verharmlost haben. Gegen einen Treibhauseffekt, **der mit anderen Umweltproblemen wie dem Waldsterben vergleichbar ist**, muss nicht so vehement vorgegangen werden wie gegen eine Klimakrise, die zu Massenarmut führt. Sprache kann auch Politik verhindern.

Heute gilt die deutsche Klimapolitik immer noch als zu wenig ambitioniert; was sie ausrichten kann, solange etwa die USA nicht mitziehen, ist unklar. Aber zumindest versucht die große Koalition auf öffentlichen Druck hin, das Klima zu schützen. Diesem Druck geben die spürbaren Folgen des Klimawandels Gewicht – und die Tatsache, dass *Fridays for Future* diese Folgen benennt.

Wenn die Protestierenden von der „Klimakatastrophe“ und ihrer „gestohlenen Zukunft“ sprechen, verwenden sie bewusst apokalyptische, **aber nicht unpräzise** Rhetorik. Sie führt dazu, dass das Thema nicht weniger ernst, sondern im Gegenteil ernster genommen wird. Wer argumentiert, dass vermeintliche „Klimahysterie“ die Kinder und Jugendlichen zu sehr aufwühle, vertauscht Ursache und Wirkung.

Dieselben Populisten, die eine solche „Klimahysterie“ heraufbeschwören – und das, paradoxerweise, in höchster Erregung –, ereifern sich bei anderen Themen. Wer mit dem richtigen Pronomen angesprochen werden möchte, ist dem „Genderwahn“ verfallen. Aber wehe, eine imaginäre Oma wird wegen ihrer Umweltsünden mit einem Schimpfwort belegt.

Wie angemessen vermeintlich dramatische Sprache sein kann, verdeutlichen momentan weitere Beispiele. Wenn ein Rechtsextremist Mitbürger tötet, dann ist das nicht Fremdenfeindlichkeit, sondern Rassismus. Wenn mit AfD-Stimmen ein Ministerpräsident gewählt wird, dann ist nicht nur ein Tabu gebrochen, sondern sinnbildlich auch ein Damm, der die Demokratie schützt. Deswegen war es angebracht, dass Politiker aller Lager in den vergangenen Wochen bewusst mit ihren Formulierungen umgegangen sind, den Anschlag in Hanau als rassistischen Terror benannt haben und die Ministerpräsidentenwahl in Thüringen als Tabubruch.

All diese Beispiele zeigen, dass Empörung etwas anderes ist als ein Mangel an Sachlichkeit. Wer sachlich argumentiert, kann das mit dramatischen – nicht aber dramatisierenden – Worten ausdrücken. Was Sachlichkeit verbietet: Formulierungen, die verletzen oder ausgrenzen. Menschen können keine Krise sein, auch geflüchtete nicht. **Hunger ist eine Krise. Armut ist eine Krise. Die Erhitzung der Erde ist eine Krise.** Und wenn über die gesprochen wird, kann ein wenig Empörung **nicht schaden.** *

Schritt 1: Die Aufgabe verstehen

1 **a** Machen Sie sich die Aufgabenstellung klar, indem Sie darin die Schlüsselbegriffe markieren.
b Klären Sie, welche Anforderungen an Sie gestellt werden. Kreuzen Sie an, welche Aussage zutrifft und welche nicht.

	trifft zu	trifft nicht zu
Aufbau, Inhalt und Argumentation einzeln abhandeln	☐	☐
Inhalt des Textes und Gedankengang der Autorin / des Autors gemeinsam erarbeiten	☐	☐
sprachliche Gestaltung einschließlich der rhetorischen Mittel beschreiben und ihre Funktion in Bezug auf die Argumentationsstruktur aufzeigen	☐	☐
Belegen des gedanklich-argumentativen Aufbaus und der sprachlichen Gestaltung mittels geeigneter Textstellen	☐	☐
Problemgehalt des Sachtextes erörtern	☐	☐
zu Beginn eine Deutungshypothese als Teil der Einleitung entwerfen	☐	☐
zu Beginn einen Verstehensentwurf als Teil der Einleitung verfassen und diesen als „roten Faden“ für die Darlegung im Hauptteil nutzen	☐	☐

Schritt 2: Das erste Textverständnis formulieren

1 **a** Markieren Sie Schlüsselwörter und wichtige Informationen im Text (vgl. erster Absatz des Textes) und unterstreichen Sie Ihnen unbekannte Begriffe, die nicht als Fußnote angegeben sind.

b Klären Sie Ihnen unbekannte Begriffe. Übertragen Sie dazu die folgende Tabelle in Ihr Heft. Tragen Sie die Begriffe darin ein. Erschließen Sie sie aus dem Zusammenhang oder schlagen Sie sie in einem Wörterbuch nach.

Tipp: Während einer Schulaufgabe haben Sie das Recht, ein Rechtschreibwörterbuch zu benutzen. Sie finden darin zu vielen Wörtern auch Kurzdefinitionen.

Zeile	Formulierung	Erklärung
4	suggeriert	einen bestimmten Eindruck entstehen lassen
...	...	...

c Fassen Sie die einzelnen Absätze knapp zusammen (vgl. erster Absatz des Textes). Nutzen Sie für Ihre Notizen den dafür vorgesehenen Rand rechts neben dem Text.

2 Wählen Sie aus, welche der folgenden Aussagen auf den Inhalt des Textes zutrifft. Kreuzen Sie an.

☐ **A** Eine dramatische Wortwahl ist manchmal nötig, um Haltung zu zeigen, Krisen zu benennen und politischen Forderungen Nachdruck zu verleihen.

☐ **B** Eine provokante Wortwahl ist manchmal nötig, um Haltung zu zeigen, Krisen zu benennen und politischen Forderungen Nachdruck zu verleihen.

☐ **C** Eine apokalyptische Sprache ist manchmal nötig, da dramatisierende Worte die Politik beeinflussen können.

3 **a** Bestimmen Sie, welche der folgenden Intentionen auf den Text zutreffen. Geben Sie für jede zutreffende Intention eine Textstelle an.

Hier ...	trifft zu	Textstelle (Zeilenangabe)
... sollen die Leser/-innen informiert werden.	☐	
... sollen die Leser/-innen zu einer Handlung aufgerufen werden.	☐	
... will die Autorin ihre eigene Meinung zum Thema darlegen.	☐	
... sollen die Leser/-innen auf anschauliche Weise unterhalten werden.	☐	

b Erklären Sie in eigenen Worten, welche vorherrschende Intention die Autorin mit Ihrem Text „Lieber Schaum vorm Mund als keine Ahnung“ verfolgt.

Jana Anzlinger verfolgt mit ihrem Zeitungsartikel vorwiegend die Absicht, ______________________________

____

____

Schritt 3: Den Argumentationsgang analysieren

Wissen und können **Die Concept-Map – Informationen grafisch veranschaulichen**

- **Informationen** aus Sachtexten lassen sich **übersichtlich darstellen,** indem man den Text in einem **Schaubild** auf die **zentralen Aussagen** reduziert und zeigt, wie diese **zusammenhängen.**
- Eine **Concept-Map** (von engl. für Begriffe, Vorstellungen) ist ein solches Schaubild, in dem man mit **Pfeilen Zusammenhänge zwischen zentralen Begriffen** veranschaulicht.
- In einer Concept-Map sind die im Text genannten Zusammenhänge das Entscheidende, nicht deren chronologische Reihenfolge im Text.

1 Lesen Sie den Text noch einmal genau und notieren Sie die Funktionen der einzelnen Absätze für den Text. Sie können diese links neben dem Text (vgl. Beispiel erster Absatz) oder in Ihr Heft schreiben. Der Wortspeicher hilft Ihnen.

These/Behauptung • Beleg • Begründung • Gegenargument • Einleitung • Überleitung • Beispiel • Fazit • Folgerung • Argument • Entkräftung eines (Gegen-)Arguments

2 Veranschaulichen Sie den gedanklichen Aufbau des Textes, indem Sie die folgende Concept-Map in Ihr Heft übertragen und vervollständigen.

Beleg: Auswertung von Bundestagsprotokollen (SZ-Datenrecherche)
→ Beispiele: ...

↑

Sprache macht Politik

↓

Behauptung: ...

↙ ↘

Begründung: Druck auf die Politik ...

↓

Gegenargument
Wortwahl als Ursprung der Hysterie

↓

Entkräftung
Klimawandel als Ursprung der Empörung

Begründung:

Beispiele:
– Bezeichnung von rechtsextremen Taten als rassistisch
– ...

↓

Fazit: ...

Schritt 4: Die sprachliche Gestaltung untersuchen

Wissen und können **Die sprachliche Gestaltung analysieren**

Der bewusste Einsatz von sprachlichen Mitteln dient dazu, bei den Lesenden **bestimmte Wirkungen** zu erzielen. Er gibt damit **Aufschluss über die Intention des Textes** und **die Zugehörigkeit zu einer Textsorte**. Zu sprachlichen Besonderheiten zählen:

- **Sprachebene**, z. B. Standardsprache, Umgangssprache, Fachsprache,
- **Stil**, z. B. Nominal-/Verbalstil; nüchterner, rhetorischer oder salopper Stil,
- **Wortwahl**, z. B. Fachbegriffe, Wortfelder, Fremdwörter, Neologismen,
- **Satzbau**, z. B. Hypotaxe, Parataxe, Parallelismus, Ellipse, Inversion, Zitate,
- **Rhetorische Figuren**, z. B. Metapher, Vergleich, rhetorische Frage, Antithese, Klimax.

Bei der Analyse sollten sie daher nicht einfach nur benannt, sondern immer in **Beziehung zum Argumentationsaufbau und zur Intention des jeweiligen Textes** gestellt, d. h. auf ihre Wirkung hin erläutert, werden.

1 **a** Übertragen Sie die folgende Tabelle in Ihr Heft. Benennen Sie die sprachlichen Mittel, die in den hervorgehobenen Stellen der folgenden Textauszüge eingesetzt werden, in der linken Spalte der Tabelle.

b Erarbeiten Sie, welche konkrete Wirkung die sprachlichen Mittel im Hinblick auf den Argumentationsaufbau und die damit verbundene Intention von Jana Anzlingers Artikels „Lieber Schaum vor dem Mund als keine Ahnung" entfalten. Sichern Sie Ihre Ergebnisse stichpunktartig in der rechten Spalte der Tabelle.

Sprachliches Mittel	Textstelle	Wirkung
Metapher	„Oder sie sprechen gleich von ‚**Schaum vor dem Mund**'." (Z. 8 f.)	steht sinnbildlich für Tollwut, dadurch: Abwertung desjenigen, der sich empört, Folge: seine Aussagen müssen laut dem Gegenüber nicht ernst genommen werden, da er nicht zurechnungsfähig zu sein scheint
...	„Der Unterschied zwischen den beiden Begriffen zeigt, wie Sprache die Wahrnehmung beeinflusst: **‚Hysterie' ist übertrieben, ‚Empörung' ist geboten."** (Z. 19–23)	...
...	„Gegen einen Treibhauseffekt, **der mit anderen Umweltproblemen wie dem Waldsterben vergleichbar ist**, muss nicht so vehement vorgegangen werden wie gegen eine Klimakrise, die zu Massenarmut führt." (Z. 39–45)	...
...	„Wenn die Protestierenden von der ‚Klimakatastrophe' und ihrer ‚gestohlenen Zukunft' sprechen, verwenden sie bewusst apokalyptische, **aber nicht unpräzise** Rhetorik." (Z. 57–61)	...
...	„Menschen können keine Krise sein, auch geflüchtete nicht. **Hunger ist eine Krise. Armut ist eine Krise. Die Erhitzung der Erde ist eine Krise."** (Z. 100–104)	...
...	„Und wenn über sie gesprochen wird, **kann ein wenig Empörung nicht schaden."** (Z. 104–106)	...

c Wählen Sie aus, in welcher der folgenden Lösungen konkret die Wirkung der sprachlichen Besonderheit in Bezug auf den Text erläutert wird. Kreuzen Sie an. Beachten Sie das folgende Beispiel:

Textstelle: „Dieselben Populisten, die eine solche ‚Klimahysterie' heraufbeschwören – **und das, paradoxerweise, in höchster Erregung** –, ereifern sich bei anderen Themen" (Z. 68–72). → sprachliche Besonderheit: Parenthese

☐ **A** Mit der Parenthese wird herausgestellt, dass es paradox ist, dass sich Menschen ereifern.

☐ **B** Mit der Parenthese „und das, paradoxerweise, in höchster Erregung" (Z. 69 ff.) hebt die Autorin hervor, wie absurd es für sie ist, dass diejenigen, die Umweltaktivisten die Dramatisierung des Klimawandels unterstellen, ihre Kritik selbst mit theatralischen Begriffen wie „Klimahysterie" äußern.

☐ **C** Mit Hilfe der Parenthese „und das, paradoxerweise, in höchster Erregung" (Z. 69 ff.) zeigt die Autorin, wie paradox es für sie ist, dass dieselben Populisten, die eine solche Klimahysterie heraufbeschwören, dies in höchster Erregung tun. Damit machen sie sich unglaubwürdig.

Schritt 5: Einen Verstehensentwurf formulieren und die Analyse verfassen

Wissen und können **Die Einleitung gestalten – Der Verstehensentwurf**

- Das **erste Verstehen** eines Textes ist abhängig vom jeweiligen Leserinteresse und von der Lesekompetenz der Leserinnen und Leser sowie von seiner Funktion und Schwierigkeit.
- Durch eine **genauere Analyse des Textes** im Hinblick auf Inhalt, Aufbau, Intention und sprachliche Gestaltung kann man dieses erste Verstehen als zu formulierenden **Verstehensentwurf bestätigen, ergänzen oder abändern.**
- Nennen Sie in diesem Zusammenhang auch **den Autor/die Autorin, ggf. die Textsorte, den Titel, das Erscheinungsjahr** und **den Erscheinungsort** des Textes.

1 **a** Notieren Sie folgende grundlegenden Informationen für Ihren Verstehensentwurf in Ihrem Heft: die Autorin / der Autor des Textes, Titel, Erscheinungsjahr und Erscheinungsmedium.

b Bestimmen Sie für Ihren Verstehensentwurf die Textsorte: Zu welcher der folgenden drei journalistischen Textformen zählen Sie den Text? Kreuzen Sie an. Begründen Sie Ihre Antwort in Ihrem Heft.

	Journalistische Textformen der Meinungsäußerung (Meinungstexte)
☐	Leitartikel: Die/Der Verfassende beschäftigt sich weniger mit Tagesaktuellem als mit Entwicklungen und Trends. Dabei wird die Meinung der gesamten Redaktion/des gesamten Mediums wiedergegeben.
☐	Kommentar: Der Verfasser/Die Verfasserin argumentiert seine/ihre eigene Meinung zu einem (tagesaktuellen) Sachverhalt, über den in dem Medium häufig bereits an anderer Stelle berichtet wurde.
☐	Glosse: Der Verfasser/Die Verfasserin legt die eigene Meinung stark zugespitzt und häufig mit einem spöttisch-ironischen Unterton dar, wobei viel Wert auf den Gebrauch rhetorischer Mittel und auf pointierte Formulierungen gelegt wird.

2 Prüfen Sie Ihr erstes Textverständnis (► S. 40, Schritt 2, Aufgabe 1–3) und formulieren Sie auf der Grundlage Ihrer Untersuchungsergebnisse einen Verstehensentwurf für den Beginn Ihrer Sachtextanalyse. Folgende Textbausteine können Ihnen bei der Formulierung helfen. Schreiben Sie in Ihr Heft.

In ihrem … „Lieber Schaum vorm Mund als keine Ahnung" … macht sich die Autorin Jana Anzlinger dafür stark … • „Empörung und apokalyptische Sprache" hält die Journalistin Jana Anzlinger in ihrem … für …

3 **a** Entwerfen Sie auf der Grundlage Ihrer Vorarbeit einen Schreibplan für Ihren Hauptteil. Der *Wissen und können*-Kasten auf ► Seite 44 bietet Ihnen mittels Leitfragen einen Überblick über die grundlegende Struktur.

Wissen und können Den Hauptteil und den Schluss einer Sachtextanalyse gestalten

Hauptteil:

1. Inhalt und Gedanken (Argumentationsaufbau)
- Was ist das **Thema** des Textes? Welche **Thesen/Behauptungen** werden genannt?
- Welche **Begründungen und Belege/Beispiele** werden angeführt? Ist die **Argumentation** überzeugend?
- Werden **Gegenargumente** bzw. wird die Gegenposition berücksichtigt?
- Der **Verstehensentwurf** wird als roter Faden im Sinne des logisch-inneren Zusammenhangs verwendet.
- Enthält der Text eine **Schlussfolgerung** oder Empfehlung?

2. Intention des Textes
- Soll der Text die Meinung der Leser/-innen **beeinflussen?**
- Soll über einen Sachverhalt **aufgeklärt** und zum **Nachdenken angeregt** werden?
- Sollen die Leser/-innen zu einer bestimmten **Handlung veranlasst** werden?

3. Sprachliche Besonderheiten und ihre Wirkung

Die Wahl der sprachlichen Mittel gibt zudem Aufschluss über die **Intention** des Textes und seine Zugehörigkeit zu einer Textsorte. Untersucht werden können z. B.:
- **Wortwahl/Sprachstil,** z. B. sachlich, provokant, Verwendung von Fachbegriffen/Fremdwörtern, Anglizismen, auf- oder abwertende Formulierungen (machen die Position der Autorin / des Autors deutlich), bildhafte Sprache, Umgangssprache,
- **Leseransprache,** z. B. durch rhetorische Fragen, die die Leser/-innen in die Überlegungen mit einbeziehen; persönliche Anrede der Leser/-innen (z. B. durch Anredepronomen), Aufrufe oder Appelle (z. B. durch Imperative),
- **rhetorische Stilmittel** (z. B. Vergleiche, Wiederholungen, Personifikationen, Übertreibungen, Ironie)

Schluss: Der Schluss fasst noch einmal zusammen, welche **Intention** verfolgt wird. Ggf. muss der **Verstehensentwurf** noch einmal **präzisiert** werden.

b Verfassen Sie den Hauptteil Ihrer Analyse, indem Sie Ihre Untersuchungsergebnisse in einem zusammenhängenden Text darlegen.
Tipp: Nutzen Sie Ihren Verstehensentwurf aus der Aufgabe 2 auf ▸ S. 43 als Einleitung und „roten Faden". Sie können auch auf folgende Formulierungsbausteine zurückgreifen, um Ihren Hauptteil zu beginnen:

Bereits im Vorspann des Artikels plädiert die Autorin dafür, dass ... - Die Position der Autorin wird bereits im Vorspann des Artikels deutlich: ... - Der Vorspann des Artikels gibt schon zu Beginn Aufschluss darüber, ...

Schritt 6: Die Sachtextanalyse überarbeiten

1 Prüfen Sie Ihren Text mit Hilfe der folgenden Checkliste und überarbeiten Sie diesen gegebenenfalls.

Checkliste Eine Sachtextanalyse verfassen

- Habe ich in der **Einleitung** Titel, Autor/-in, evtl. Textsorte, Erscheinungsjahr und -medium genannt?
- Habe ich einen **Verstehensentwurf** formuliert und diesen im Sinne des logisch-inneren Zusammenhangs meines Textes als roten Faden verwendet?
- Habe ich im **Hauptteil** den gedanklich-argumentativen Aufbau des Sachtextes untersucht und beschrieben sowie durch **Zitate** belegt?
- Habe ich zusammengefasst, welche **Intention** mit dem Text verfolgt wird?
- Habe ich die **sprachliche Gestaltung** analysiert, Sprach- und Stilebene und auffällige rhetorische Mittel benannt sowie mit entsprechenden Textstellen belegt?
- Habe ich die jeweilige **Wirkung** der sprachlichen Gestaltungsmittel in Bezug auf die Intention und den gedanklich-argumentativen Aufbau erläutert?
- Habe ich sachlich und im **Präsens** formuliert?
- Habe ich meine einzelnen Textteile sprachlich miteinander **verknüpft**?
- Habe ich **Rechtschreibung, Grammatik und Zeichensetzung** geprüft?
- Habe ich im **Schluss** noch einmal zusammengefasst, welche Intention verfolgt wird?
- Habe ich ggf. meinen Verstehensentwurf noch einmal präzisiert?

Schreiben mit Stil: kohärente sachliche Texte formulieren

Wissen und können Kohärenz und Kohäsion

Die Sprachwissenschaft unterscheidet zwischen Kohärenz und Kohäsion:
- Kohärenz bezeichnet den **gedanklichen Zusammenhang** in einem Text.
- Kohäsion meint die **sprachliche Gestaltung** dieses Zusammenhangs.

1 Die folgende Zeitungspassage löste bei einigen Leserinnen und Lesern Heiterkeit aus:

„Natürlich stritt man im Parlament nicht über die Vermeidung der Wählerbeeinflussung durch die mediale Lüge, sondern darüber, wie man sie im Internet durchsetzen kann."

a Erklären Sie, welche Formulierungen Komik oder Verwunderung auslösen. Notieren Sie Ihre Gedanken in Ihr Heft.
b Der Grund für die Komik in dem Satz besteht darin, dass die Aussagen sprachlich falsch verbunden wurden. Formulieren Sie das Zitat in eine sprachlich korrekte Aussage mit klaren Bezügen um.

2 Prüfen Sie, inwiefern die folgenden Beispiele falsche gedankliche und sprachliche Zusammenhänge enthalten. Verbessern Sie die Sätze, indem Sie die Aussagen umschreiben und dabei klare Bezüge herstellen.

A Der Text behandelt **das Thema, in dem es** um den Einfluss von Massenmedien im Wahlkampf geht.

B Dieser Absatz behandelt die **Wahrnehmung der Leser/-innen, die** sich durch die Massenmedien **in ihrer Entscheidung** beeinflussen lassen.

C Die realistische Diktion bezieht sich auf die Gleichsetzung von Begriffen, insbesondere **um die Verschleierung der Zielsetzung der Verfasserin oder des Verfassers.**

3 Vervollständigen Sie die folgenden Sätze A, B und C. Finden Sie dazu jeweils passende Verknüpfungen aus dem „Satzverknüpfungsrad“, um die angegebene Bedeutung darzustellen. Hinweis: Achten Sie auf Kohärenz und Kohäsion.

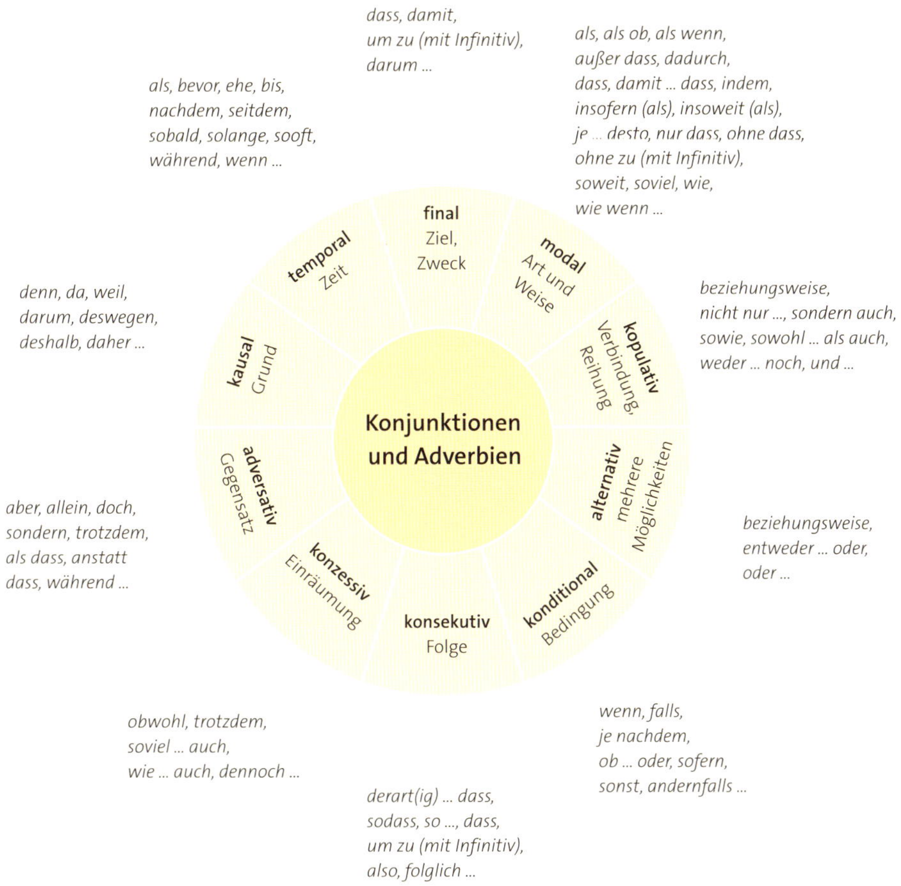

A Memes einsetzen Wähler/-innen beeinflussen

Ein Ziel darstellen: ______________________________

____

____

B Soziale Medien relevant großen Einfluss Gesellschaft

Einen Grund darstellen: ______________________________

____

____

C Politiker digitale Welt zunutze machen Popularität steigern

Eine Bedingung darstellen: ______________________________

____

____

Ist die Unabhängigkeit der Presse in Gefahr? – Materialgestütztes Erörtern

Wissen und können **Materialgestütztes Argumentieren – Vorgegebene Materialien auswerten**

Beim **materialgestützten Erörtern** legen Sie Ihren Standpunkt zu einer Themenfrage mit Hilfe von Argumenten aus vorgegebenen Materialien und dem eigenen Erfahrungsbereich begründet und überzeugend dar.
Die Grundlage für eine gelungene Argumentation stellt daher nach der **genauen Themenerfassung** die **gründliche Auswertung der dargebotenen Materialien** dar.
Dabei können Sie wie folgt vorgehen:

- Lesen Sie die Materialien überfliegend und formulieren Sie ein **erstes Textverständnis**. **Aktivieren** Sie dazu auch Ihr **Vorwissen** zum Themenbereich.
- Werten Sie die Materialien im Anschluss genau aus. Achten Sie dabei darauf, ob es sich bei den Informationen um Behauptungen, Belege oder Beispiele handelt und ob diese für die Argumentation brauchbar sind (**Informationen auswählen und filtern**).
- **Ergänzen** Sie Ihre Ergebnisse mit Informationen aus Ihrem **eigenen Vorwissen**.
- Bilden Sie aus den so aufbereiteten Informationen überzeugende **Argumente**, die Sie ihrem **Schreibplan** entsprechend **strukturieren und vernetzen**.

Stellen Sie sich vor, Sie bekommen folgende Aufgabe:

In letzter Zeit wird die Unabhängigkeit journalistischer Arbeit in Deutschland von unterschiedlichen Seiten infrage gestellt. Kritisiert wird zum Beispiel, dass in unserem Land die Pressefreiheit nicht mehr gewährleistet bzw. dass die Presse durch verschiedene Akteure gelenkt werde. Beziehen Sie zu dieser Frage auf der Basis der nachfolgenden Materialien und Ihres Vorwissens in der nächsten Ausgabe der Schülerzeitung in einem sachlich argumentierenden Text Stellung.

M1 Kim Berg: Die vierte Gewalt (05.06.2020)

Freie Medien sind ein wichtiger Teil jeder Demokratie. Doch Populisten denunzieren aus politischen Motiven – auch in Deutschland.

Freie und unabhängige Medien haben in der Demokratie eine zentrale und unersetzliche Aufgabe. Presse, Rundfunk und Fernsehen informieren Bürgerinnen und Bürger unabhängig von Staat und Parteien und tragen so zu deren Meinungsbildung bei. In Deutschland ist diese Rolle im Grundgesetz verankert. Immer öfter jedoch werden Kampfbegriffe wie „Lügenpresse" und „Fake-News" von populistischen Stimmungsmachern eingesetzt, um Qualitätsmedien zu denunzieren – weltweit und auch in Deutschland. Häufig bieten Soziale Medien die Plattform, auf der oft einseitige und extreme Ansichten über anderslautende Fakten gestellt werden.

Als Kontrollinstanz über das politische Geschehen spielen die verschiedenen Medien eine zentrale Rolle in jeder Demokratie. Deshalb gilt der Grad an Pressefreiheit häufig als Indikator für die Demokratisierung eines Staates. Oft wird in der angelsächsischen und französischen Tradition sogar von der „vierten Gewalt" in einem Rechtsstaat gesprochen, auch in Deutschland. Die freien Medien werden so mit den drei Staatsgewalten – Exekutive, Judikative und Legislative – auf eine Ebene gestellt. Diese Bezeichnung ist allerdings irreführend, da die freien Medien kein Organ rechtsstaatlicher Gewaltenteilung sind, sie keine staatliche Gewalt ausüben und entsprechend ihre Rolle gerade nicht einer Staatsfunktion entspricht.

In Deutschland garantiert die im Grundgesetz an prominenter Stelle verankerte Pressefreiheit den Medien eine zensurfreie Berichterstattung.

Die zentrale Rolle der Presse bei der Information der Bevölkerung in Deutschland wird durch das gesetzlich verbriefte Recht von Journalistinnen und Journalisten auf Auskunft des Staates unterstrichen. Staatliche Institutionen müssen die Fragen der Presse beantworten, gleich ob sie zum Bund, zum Land oder zur Kommune

gehören. Darunter fallen Parlamente, Gerichte, Behörden genauso wie etwa die Polizei.
Die Bundesregierung informiert ausführlich über Fake News und wie sie zum Beispiel mit Faktenchecks zu erkennen sind. Aber auch andere Initiativen haben sich der Aufklärung verpflichtet, wie etwa der Faktenfinder der öffentlich-rechtlichen Rundfunkanstalt ARD oder der faktencheck des stiftungsfinanzierte Recherchezentrums correctiv, das auch für Facebook tätig ist.
Quelle: https://www.deutschland.de/de/topic/kultur/pressefreiheit-die-aufgabe-der-medien-in-deutschland [13.02.2023]

M2 Paul Sethe, einer der Gründungsherausgeber der Frankfurter Allgemeinen Zeitung, 1965: „Pressefreiheit ist die Freiheit von 200 reichen Leuten, ihre Meinung zu verbreiten. […] Da die Herstellung von Zeitungen und Zeitschriften immer größeres Kapital erfordert, wird der Kreis der Personen, die Presseorgane herausgeben, immer kleiner. Damit wird unsere Abhängigkeit immer größer und immer gefährlicher.“ * *zit. nach: https://www.sueddeutsche.de/kultur/paul-sethe-xliii-der-seher-1.417226 [22.02.2023]*

M3 Pressefreiheit hat ihre Grenzen

Die Pressefreiheit ist in Deutschland gesetzlich festgelegt. Sie ist wichtig, damit sich alle Bürgerinnen und Bürger frei informieren können. Die Pressefreiheit ist allerdings keine Selbstverständlichkeit, denn in manchen anderen Ländern existiert sie nicht.
Das Grundgesetz – oder genauer: der Artikel 5 des Grundgesetzes – gewährleistet die Pressefreiheit, die eine besondere Form der Meinungsfreiheit darstellt.
Dieser Artikel besagt: „(1) Jeder hat das Recht, seine Meinung in Wort, Schrift und Bild frei zu äußern und zu verbreiten und sich aus allgemein zugänglichen Quellen ungehindert zu unterrichten. Die Pressefreiheit und die Freiheit der Berichterstattung durch Rundfunk und Film werden gewährleistet. Eine Zensur findet nicht statt.“
Je mehr unabhängige Presse es gibt, desto mehr verschiedene Meinungen werden frei geäußert. Dadurch ist es möglich, dass man sich aus verschiedenen Blickwinkeln zu einem Thema oder einem Ereignis informieren kann. Ist dies nicht gegeben, wenn beispielsweise etwas zensiert wird, dann fällt es schwer, sich ungehindert zu informieren.
Da dies in manchen Ländern der Fall ist, gibt es z. B. die Organisation „Reporter ohne Grenzen“, die sich weltweit für Pressefreiheit stark macht und gegen Zensur einsetzt.
Trotzdem hat aber auch die Pressefreiheit ihre Grenzen, bspw. wenn durch die Berichterstattung die Grenzen anderer überschritten würden. Das wäre beispielsweise der Fall, wenn das Persönlichkeitsrecht oder das Jugendschutzgesetz verletzt würden.

Dieser Text wurde eigens für dieses Arbeitsheft verfasst.

M4

© Jutta Melsheimer, Berlin

M5 Zunehmend angefressen

Zunehmend angefressen, Illustrator: LUFF (Rolf Henn), Hennweiler

M 6 TAG DER PRESSEFREIHEIT „Es hagelt Anfeindungen“: Was Reporter während ihrer Arbeit erleben (03.05.2021)

Einschüchterungsversuche, Beleidigungen, Einschränkungen: Die Sorge um die Pressefreiheit wächst – auch in Deutschland. Journalistinnen und Journalisten berichten aus ihrem Berufsalltag unter zunehmend erschwerten Bedingungen. [...] Franziska Klemenz, „Sächsische Zeitung“:

„Auf früheren Demonstrationen hatte ich es oft entspannter als Kolleginnen vom Fernsehen, die mit ihren Kameras sofort als Presse erkennbar sind. Das hat sich geändert. Seit ein rechter YouTuber mich gefilmt und dabei beschimpft hat, erkennen mich ‚Querdenken‘-Anhänger immer wieder, trotz Maske im Gesicht.[1] Bei einer Demonstration in Dresden pöbelten mich einige an. Während der Redner mir am Mikrofon zu Unrecht Lügen unterstellte, skandierte die Menschenmenge: ‚Lügenpresse‘. Es besorgt mich, dass viele mir vor Ort Fragen stellen, deren Antworten sie gar nicht hören wollen. Wenn kein Gespräch möglich ist, ist eine Verständigung oder gar Versöhnung es erst recht nicht. Ich frage mich, woher all der Hass kommt, der die Gemüter vergiftet. Menschen wenden sich nicht mehr bloß gegen Meinungen, sondern gegen Fakten.“

Quelle: Sonja Schwetje: Tag der Pressefreiheit; zit. nach: https://www.stern.de/politik/deutschland/wie-steht-es-um-die-pressefreiheit--journalistinnen-und-journalisten-berichten-30509966.html, vom 03.05.2021 [08.06.2022]

1 „Querdenker“: Anhänger einer Gruppierung, die sich seit 2020 gegen die staatlichen Regelungen zur Eindämmung der Corona-Pandemie positioniert und seither verschiedene gesellschaftliche Themen polarisierend aufgreift.

M 7

© statista

Schritt 1: Die Aufgabenstellung verstehen

1 Lesen Sie die Aufgabenstellung aufmerksam und markieren Sie Schlüsselbegriffe und relevante Aspekte farbig. Verwenden Sie dabei für jeden Aspekt eine eigene Farbe.

2 Kreuzen Sie an, welche Art von Text von Ihnen verlangt wird.

A ☐ informierend, deskriptiv B ☐ erzählend, narrativ C ☐ erörternd, argumentativ

3 Markieren Sie, für welche Zwecke Sie das vorliegende Material verwenden sollen.

Informationen entnehmen • Positionen nachvollziehen • Fakten abschreiben • Zusammenhänge erkennen • Thematik präzisieren • zu zitierende Belege finden • Expertenmeinungen heranziehen

4 Klären Sie für sich, welche Adressaten Sie mit Ihrem Artikel ansprechen wollen und müssen. Stellen Sie zudem Überlegungen darüber an, welche Konsequenzen dies für Ihren Schreibstil und den Inhalt Ihrer Argumentation hat. Schreiben Sie in Ihr Heft.

5 Formulieren Sie in Ihrem Heft die präzise Themafrage für Ihren Artikel in der Schülerzeitung.

Schritt 2: Das erste Textverständnis und Ideen formulieren

1 Aktivieren Sie Ihr Vorwissen zum Thema „Unabhängigkeit in der Presse“. Betreiben Sie gegebenenfalls eine kurze Netzrecherche. Übertragen Sie dazu die folgende Mind-Map in Ihr Heft und ergänzen Sie sie.

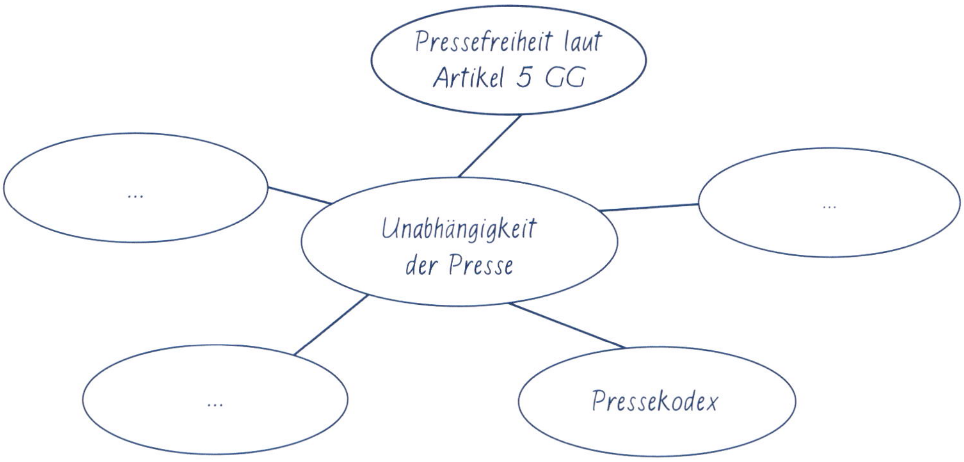

2 Verbinden Sie die Lesestrategie links mit der passenden Definition rechts. Kreuzen Sie an, welche Strategie Sie wählen, um mit den vorliegenden Materialien zu arbeiten. Verbinden Sie mit Linien.

Lesestrategie	Definition
☐ sequenzielles Lesen	Der Text wird kursorisch gelesen, um einen Überblick über Thema, Inhalt und Aufbau zu gewinnen.
☐ überfliegendes Lesen	Einzelne interessierende Textstellen werden genauer gelesen, das Übrige nur überblickshaft.
☐ punktuelles Lesen	Der ganze Text wird mehrmals unter Beachtung aller Abschnitte und Details gründlich gelesen.

3 Notieren Sie ins Heft, in welchen Materialien Sie Informationen und Argumente für oder gegen die These finden, dass seriöse Berichterstattung in den Medien nur mit maximaler Pressefreiheit möglich ist.

4 Klären Sie, welche der folgenden Aussagen auf M 1 und welche auf M 2 zutrifft. Nennen Sie jeweils einen Schlüsselbegriff aus dem Text.

____ Die Presse gibt zunehmend die Meinung Weniger wieder.

____

____ Die Presse gibt zunehmend die Meinung der Mehrheit wieder.

____

5 Beschreiben Sie kurz Ihre ersten Eindrücke zu den Karikaturen M 4 und M 5. Schreiben Sie in Ihr Heft.

6 Entnehmen Sie M 7 drei zentrale Aussagen und notieren Sie diese stichpunktartig in Ihr Heft.

Schritt 3: Die Materialien gezielt lesen

1 Zeigen Sie die Zusammenhänge in der Aussage von Paul Sethe (M 2), indem Sie in Ihrem Heft eine Skizze dazu entwerfen.

2 Erarbeiten Sie für M 1, welchen Gefahren die Autorin die Pressefreiheit ausgesetzt sieht und welche Argumente sie als Nachweis anführt. Schreiben Sie in Ihr Heft.

3 Zeigen Sie auf, inwiefern Bild und Text in M 4 zusammenhängen. Nutzen Sie die Begrifflichkeiten im Wortspeicher. Schreiben Sie in Ihr Heft.

Kamera und Mikrofon • zur Rechenschaft ziehen • objektive Information • eigenes Urteil bilden • Grundlage der Demokratie

4 Erschließen Sie das Diagramm M 7 unter Zuhilfenahme des folgenden *Wissen-und-können*-Kastens:

Wissen und können **Diagramme auswerten**

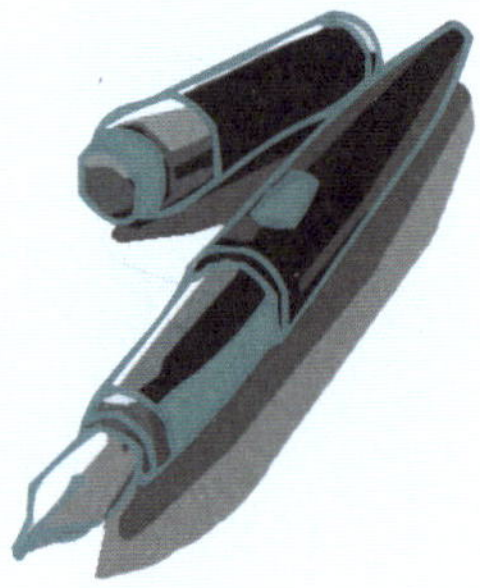

Bei der Auswertung von Diagrammen gehen Sie so vor:

Schritt 1: Übergreifendes Thema klären
- Worüber macht das Diagramm Aussagen?
- Gilt es für eine bestimmte Personengruppe?

Schritt 2: Diagrammtyp auswerten
- Welcher Diagrammtyp wurde verwendet?
- Wurde ein Zustand oder eine Zeitspanne untersucht?
- Werden Quellen angegeben?

Schritt 3: Den konkreten Inhalt analysieren
- Wie können die angegebenen Werte bzw. Entwicklungen beschrieben werden?

Schritt 4: Die Darstellung interpretieren
- Wie lassen sich Inhalt und Aussage des Diagramms zusammenfassen?
- Wie lassen sich die Angaben zueinander in Beziehung setzen?

Schritt 5: Die Kernaussage bewerten
- Wie lässt sich die Aussagekraft der Darstellung bewerten?

5 Fassen Sie die Kernaussage der Karikaturen M 4 und M 5 in Ihrem Heft zusammen, indem Sie genau bestimmen, welche Bedeutung der Pressefreiheit in den jeweiligen Darstellungen beigemessen wird.

6 Werten Sie die Karikaturen M 4 und M 5 knapp aus, indem Sie die folgenden Tabellen in Ihr Heft übertragen. Vervollständigen Sie sie, indem Sie in der linken Spalte jeweils beschreiben, was Sie erkennen, und dem identifizierten Gegenstand in der rechten Spalte eine Bedeutung zuweisen.

M 4

Beschreibung	Bedeutung
Kamera im Hintergrund	steht für die mediale Berichterstattung
...	...

M 5

Beschreibung	Bedeutung
...	...

Schritt 4: Den Schreibplan erstellen

1 Notieren Sie Ihren Standpunkt und vier Argumente (bestehend aus Behauptung, Begründung, Beispiel und/oder Beleg), die Sie aus den Materialien abgeleitet haben. Übertragen Sie dazu die Tabelle in Ihr Heft.

Argument 1	Argument 2	Argument 3	Argument 4
...	...	...	...

2 Beziehen Sie Ihr Vorwissen mit ein und ergänzen Sie Ihre Zusammenstellung durch eigene Argumente. Schreiben Sie in Ihr Heft.

3 Entwickeln Sie aus Ihrem Vorwissen mögliche Gegenargumente mit dem Ziel, diese in der Erörterung selbst zu entkräften. Notieren Sie diese in Ihrem Heft.

4 Ordnen Sie Ihre Stoffsammlung innerhalb eines antithetischen Aufbaus und innerhalb eines aspektorientierten Aufbaus. Wägen Sie die Vor- und Nachteile des jeweiligen Aufbaus ab. Schreiben Sie in Ihr Heft.

Wissen und können **Die Struktur eines argumentativen Textes – Gliederungsmöglichkeiten**

- **Linearer Aufbau:** Sie **reihen die Argumente für Ihre Position aneinander** und **entkräften auch** mögliche **Gegenargumente.** Sie können die Argumente so ordnen, dass sich eine Steigerung ergibt, indem Ihr stichhaltigstes Argument am Ende steht. Man kann aber auch das stärkste Argument zu Beginn nennen.
- **Antithetischer Aufbau („Sanduhr-Prinzip"):** Sie stellen zwei sich widersprechende **Positionen** systematisch **blockweise gegenüber. Zuerst** führen Sie die **Argumente** auf, die **Ihrer Position widersprechen, dann** lassen Sie die **Argumente** folgen, die die **Gegenposition** entkräften und **für Ihre eigene Position** stehen. Am Schluss Ihrer Argumentation kann Ihr stärkstes Argument stehen.
- **Aspektorientierter Aufbau:** Ordnen Sie die Argumentation nach inhaltlichen Gesichtspunkten bzw. Sachgebieten. Zu diesen thematischen „Aspekten" werden jeweils die Argumente gegeneinander abgewogen, die für und gegen die These sprechen.

Schritt 5: Den Aufsatz verfassen

Wissen und können **Die Einleitung und den Schluss formulieren**

Die **Einleitung** soll neugierig machen und die Lesenden dazu animieren, weiterzulesen. Sie enthält außerdem eine Hinführung zur Argumentation, indem sie das Thema legitimiert und dessen Triftigkeit herausstellt. Hierzu gehört auch die Ausschärfung relevanter themenbezogener Begrifflichkeiten.
Am Ende des **Hauptteils** steht ein Fazit, das sich aus dem Abwägen der dargelegten Argumente speist. Hier kann sich eindeutig für oder gegen etwas ausgesprochen oder auch eine Einschränkung bzw. Voraussetzung formuliert werden, der zugestimmt oder widersprochen werden kann.
Der **Schluss** soll die Behandlung des Themas abschließen und abrunden, darf jedoch keine neuen Argumente enthalten. Sie können
- einen persönlichen Wunsch oder eine Forderung äußern,
- eine Prognose zu weiteren Entwicklungen, Problemen oder Konsequenzen wagen,
- den Einleitungsgedanken wieder aufgreifen,
- auf ein verwandtes Thema hinweisen.

1 Formulieren Sie die Einleitung, indem Sie sich für einen Einleitungsgedanken entscheiden: ein aktuelles Ereignis, ein Expertenzitat, eine provozierende These, ein persönliches Erlebnis, einen historischen Rückblick. Schreiben Sie in Ihr Heft.

2 Lesen die folgenden Schlussteile A und B.

a Kreuzen Sie an, welcher Schluss zu einer Erörterung passt, die die Pressefreiheit in der aktuellen Medienlandschaft ausreichend umgesetzt sieht.

b Notieren Sie in Ihrem Heft, welche Gestaltungsmöglichkeiten genutzt werden.

A ☐ Eine Neudefinition bzw. Ausweitung der Pressefreiheit ist nur Augenwischerei, es würde sich an deren Substanz nichts ändern. Wie schon Paul Sethe Mitte der 60er Jahre anmerkte, ist die Pressefreiheit die Freiheit einer Kaste von reichen Leuten, die die Medien so manipulieren, wie es ihnen opportun erscheint. Daran ändert auch eine Neuformulierung nichts. Vielmehr muss die Pressefreiheit in den schon gültigen rechtlichen Rahmenbedingungen konsequent umgesetzt werden.

B ☐ Solange Journalisten an ihrer Arbeit behindert oder aufgrund ihrer Arbeit bedroht oder sogar ermordet werden, wie 2019 in Syrien, Afghanistan oder Mexiko, ist es notwendig, für die Pressefreiheit zu kämpfen, ja sie unter allen Umständen weiter auszubauen und ihr zu universeller Gültigkeit zu verhelfen. Echte Meinungsfreiheit kann es nur auf Basis echter Pressefreiheit geben, alles andere ist Manipulation!

3 Verfassen Sie nun eine vollständige Erörterung zum genannten Thema auf der Grundlage Ihrer Vorarbeiten. Sie können die folgenden Formulierungshilfen nutzen. Schreiben Sie in Ihr Heft.

Sprachliche Wendungen:
- Eine wichtige Rolle spielt ...
- Ein weiterer Gesichtspunkt ist ...
- Außerdem lässt sich noch anführen ...
- Das wichtigste Argument ist ...
- Aus diesem Grund ...
- Darüber hinaus ...
- Eng damit verknüpft ...
- Abschließend kann man sagen, dass ...
- Das alles zeigt, dass ...
- Das alles sind Gründe dafür ...
- Dies belegt ...
- Wie das Beispiel zeigt ...

Konjunktionen und satzverknüpfende Adverbien:
- **folgernd:** denn, daher, deshalb, sodass, infolgedessen, demzufolge
- **anreihend:** zudem, außerdem, auch, ebenso, ferner, sowie
- **begründend:** deshalb, da, weil, daher, denn, nämlich
- **entgegensetzend:** dagegen, doch, jedoch, aber, trotzdem

Fazit:
- Führt man sich abschließend vor Augen, dass ...
- Es muss sicher zugegeben werden, dass ..., aber gerade die Tatsache, dass ..., beweist ...
- Als Schluss aus dem Für und Wider lässt sich feststellen, dass ...
- Zusammenfassend ist festzuhalten, dass ...
- Wägt man die vorgebrachten Argumente gegeneinander ab, so kommt man zu dem Schluss, dass ...
- Nach Abwägung der dargelegten Argumente drängt sich der Schluss auf, dass ...

Widerspruch, Entkräftung, Einschränkung:
- Dies wird durch ... widerlegt ...
- Dem widerspricht ...
- Fraglich ist allerdings ...
- Dem ist entgegenzuhalten, dass ...
- Es ist jedoch zu bedenken, dass ...
- Es ist zu berücksichtigen, dass ...
- Anzuzweifeln ist hierbei ...
- Nicht überzeugend ist jedoch ...

Schritt 6: Den eigenen Text überarbeiten

Checkliste **Einen argumentativen Text materialgestützt verfassen**

- Haben Sie **alle relevanten Informationen mit Blick auf das Thema** vollständig **ausgewählt, korrekt wiedergegeben** und um **Wissen aus dem eigenen Erfahrungsbereich** ergänzt?
- Haben Sie Ihren **Standpunkt mit Hilfe von Argumenten** aus den Materialien und dem eigenen Erfahrungsbereich überzeugend vertreten?
- Sind Ihre **Argumente vollständig** (Behauptung, Begründung, Beispiel/Beleg) und tragen diese entweder zu einem Erkenntnisgewinn oder zu einem anderen Verhalten **(Geltungsansprüche)** bei?
- Werden in einem **Fazit** die dargelegten Argumente nochmals knapp und zusammenfassend gegeneinander abgewogen, um die Position zu begründen?
- Haben Sie Ihre **Informationsquellen** kurz **benannt** und **korrekt zitiert** bzw. **paraphrasiert?**
- Haben Sie auf Informationen verzichtet, die für das Thema nicht relevant sind?
- Weist Ihr Text eine klare **gedankliche Struktur** auf?
- **Gliedert** sich Ihr Text in **Überschrift, Einleitung, Hauptteil** und **Schluss?**
- Haben Sie Ihren Text **sachlich** und **für Ihre Zielgruppe verständlich** formuliert?
- Haben Sie Ihren Text im Hinblick auf **Rechtschreibung, Grammatik und Zeichensetzung geprüft?**

1 Das nachfolgende Textbeispiel zum Thema „Pressefreiheit" ist sowohl inhaltlich als auch sprachlich fehlerhaft.

a Prüfen Sie zunächst die Rechtschreibung und Zeichensetzung. Verbessern Sie Fehler auf den Schreiblinien am rechten Rand. Setzen Sie fehlende Kommas im Text.

VORSICHT FEHLER!

Über die Frage ob die Pressefreiheit in der Bundesrepublik wirk-
lich gewährleistet ist, wird in regelmäßigen Abständen intensiv
diskutiert. Es wird behauptet, das es echte Pressefreiheit nur auf
dem Papier gibt. Dabei ist die Pressefreiheit im Grundgesetz ver-
ankert. Populistische Tendenzen die sich auch in einer Demokra-
tie wie in der Bundesrepublik immer deutlicher zeigen, behindern
die Unabhängigkeit der Jornalistinnen und Journalisten. Mit der
veränderten Medienlandschaft im Zeitalter der Digitalisierung
geht zudem einher dass Nachrichten ohne journalistische Prü-
fung verbreitet werden können. Wenn die Rezipienten aber auf
Berichte in sozialen Medien, Chatgruppen oder eben auch klassi-
schen Tageszeitungen zurückgreifen ohne die Unterschiede zu er-
kennen ergeben sich Probleme, die mit der Presefreiheit gar
nichts zu tun haben. Hier geht es darum, dass die Nutzenden
der Medien verantwortlich mit der Wahrheitssuche umgehen.
Eine bessere Durchdringung der Pressfreiheit beantwortet die
Frage nach richtigen und Falschen Nachrichten gar nicht. Des-
halb finde ich die Pressefreiheit gut.

b Prüfen Sie die Kohärenz (► S. 46 f.) und die inhaltliche Richtigkeit des Textes. Markieren Sie fehlerhafte Stellen. Begründen Sie Ihre Auswahl in Ihrem Heft.

c Verfassen Sie eine verbesserte Fassung in Ihrem Heft.

Eine textbezogene Erörterung verfassen

Wissen und können **Eine textbezogene Erörterung verfassen**

- Eine textbezogene Erörterung setzt sich auf der Grundlage eines argumentativen Textes mit der Position der Verfasserin / des Verfassers auseinander.
  - Erfasst werden die **Problemstellungen**, der gedankliche **Zusammenhang der Argumente** (Argumentationsstruktur) und die **sprachlich-rhetorische Gestaltung.**
  - Auf diese Analyse folgt auf der Grundlage eigener Kenntnisse eine **abwägende Stellungnahme** zu einer Problemstellung.
- In der **Einleitung** werden (nach einer Hinführung) Titel, Autor/-in, Quelle und Thema genannt.
- Im **Hauptteil** stehen
  - die **Textanalyse**: Nennung der Position der Verfasserin / des Verfassers, zentrale Argumente, Textintention, sprachliche Besonderheiten und deren Wirkung,
  - die **Erörterung**: kritisch-abwägende Stellungnahme zu den Hauptargumenten des Textes.
  - ▸ Dabei können Argumente entkräftet und Gegenargumente angeführt werden (**begründeter Widerspruch**). Der Gedankengang kann auch argumentativ erweitert werden (**begründete Zustimmung**) oder aber es kann nur einigen Thesen zugestimmt werden (**teilweise Übereinstimmung**).
  - das **Fazit**: Zusammenfassung der eigenen Position.
- Der **Schluss** rundet den eigenen Text ab, indem man z. B. einen **Ausblick oder Wunsch** formuliert.

1 **a** Notieren Sie spontan Ihre Vorstellungen zu folgenden Begriffen:

Leistung – Leistungsträger – Leistungsgesellschaft – Leistungsprinzip.

b Lesen Sie den folgenden Artikel „Leistung muss sich endlich lohnen" von Philipp Holstein und formulieren Sie Ihre Leseeindrücke und Ihre persönliche Haltung zum dargestellten Thema. Schreiben Sie in Ihr Heft.

Philipp Holstein **Leistung muss sich endlich lohnen** (11. März 2018)

Düsseldorf. Der Begriff der Leistung ist einer der wichtigsten unserer Zeit. Im aktuellen Koalitionsvertrag kommt er auf 179 Seiten 109 Mal vor. Umso dringlicher ist, dass wir unsere Einstellung zur Leistungsgesellschaft ändern.

Mal ganz naiv gefragt: Warum applaudieren wir eigentlich nicht, wenn eine Altenpflegerin aus ihrem Twingo[1] steigt? Warum gehen wir nicht zu ihr hin, klopfen ihr auf die Schulter und machen ein Selfie? Und weiter gefragt: Warum würden viele von uns genau das machen, wenn sie einen Fußball-Star aus seinem Lamborghini klettern sehen oder einen TV-Promi aus seinem Porsche? Wer nun sagt, diese Fragen zu stellen, bedeute, Äpfel mit Birnen zu vergleichen, hat Recht. Anderseits wachsen am Baum der Erkenntnis viele Früchte. Diese Vergleiche erfüllen ihren Zweck: Sie versinnbildlichen, dass mit unserem Verständnis von Leistung etwas nicht stimmt.
Leistung ist ein zentraler Begriff unserer Gegenwart. Das hat auch die Politik erkannt. Im aktuellen Koalitionsvertrag kommt „Leistung" auf 179 Seiten 109 Mal vor. Manchmal für sich stehend, oft als Kompositum. Wir leben in einer Leistungsgesellschaft, so viel steht fest, und für manchen ist das erschöpfend. Leistungsgesellschaft bedeutet: schneller, höher, weiter. Leistungsgesellschaft bedeutet: jetzt noch nöcher. Leistungsgesellschaft

1 Twingo: viersitziger Kleinstwagen

bedeutet: 4711[1] war ja ganz schön, aber wann gibt es endlich 4812?

Nicht, dass Missverständnisse aufkommen: Das hier ist keine Generalkritik. Leistungsgesellschaft bedeutet schließlich auch, dass wir dem Anspruch nach eben nicht in einer ständisch verfassten Gesellschaft leben, wo nur derjenige einflussreich sein soll, dessen Eltern bereits einflussreich waren. Insofern birgt diese Selbstbeschreibungsformel ein Gerechtigkeitsversprechen: Leistung lohnt sich. Zumindest theoretisch, denn einige Studien legen den Schluss nahe, dass Status herkunftsabhängig sein kann und Eliten oft unter sich bleiben.

Die Historikerin Nina Verheyen hat dem Glauben an die Leistung ein Buch gewidmet: „Die Erfindung der Leistung“ (Hanser Verlag). Und sie weiß, dass das Wort einst anders benutzt wurde als heutzutage. Positiver. Nicht als Angstbegriff. „Leistung war zum Beispiel Gegenstand sozialer Verpflichtungen“, sagt sie. Es sei um das Leisten eines Dienstes gegangen, darum, Gebote zu befolgen, Hilfe und Gesellschaft zu leisten. Es galt: Je höher die Leistung, desto stärker der Zusammenhalt.

Verändert hat sich die Wahrnehmung von Leistung erst im 19. Jahrhundert, zur Zeit der Industrialisierung. Der menschliche Körper wurde im „Brockhaus[2]“ plötzlich mit einem Motor verglichen. Der Mensch war nun nicht mehr die Einheit von Leib und Seele, sondern eine Konstruktion. Eine Maschine. Annahmen der Physik wurden auf Lebewesen übertragen: Leistung gleich Arbeit pro Zeit. Das Ergebnis war, dass Leistung fortan gemessen und bewertet wurde. Passenderweise wurden damals folgende Ereignisse erfunden: die olympischen Spiele der Neuzeit (1896), die Nobelpreise (1901), die Tour de France (1903). Der Mensch definierte sich über den globalen Leistungswettbewerb.

Nach dem Zweiten Weltkrieg beschleunigte sich die Entwicklung. Leistung wurde immer stärker an Erfolg gekoppelt. Das beginnt bei den Schulnoten und endet in Unternehmen, die darauf achten, wie viele Abschlüsse ein Mitarbeiter erreicht. Der ökonomische Gewinn wurde zum zentralen Indikator für Leistung. Seither verwechseln wir Profit mit Leistung. Wir glauben, dass Leistung objektiv messbar ist. Wir hierarchisieren und domestizieren Menschen über die Bewertung ihrer Leistung. Und wir bringen den genuin sozialen Begriff der Leistung in ziemlich üble Gesellschaft. Er hat neuerdings viel Kontakt mit Effizienz, Produktivität, Rationalisierung und Performance.

Der Wert einer Leistung hängt bei uns allzu stark von demjenigen ab, der sie bewertet. Die Menschen nehmen sich so stärker als Konkurrenten wahr und versuchen, einander zu überbieten. Sogar in ihrer Freizeit. Das ist nicht gut. Es macht unzufrieden und krank.

Auch das machen die Forschungen von Nina Verheyen klar: Die vermeintliche Leistung des Einzelnen ist stets Ergebnis einer gemeinsamen Anstrengung. Goldmedaille und Absatzrekord sind Teamleistungen. Der Erfolg hat häufig nur ein Gesicht, das des Athleten oder des Vorstandsvorsitzenden. Und darüber vergessen wir das Heer der Helfer und Zuarbeiter im Hintergrund. Das ist ungerecht, denn Leistung ist auch eine Ordnungskategorie des Sozialen: Wer etwas leistet, bewirkt etwas, und wer etwas bewirkt, soll etwas zurückbekommen.

Womit wir bei der Ausgangsfrage wären: Warum schätzen wir eine der wichtigsten Leistungen, auf die unsere Gesellschaft angewiesen ist, so gering? Warum applaudieren wir Altenpflegerinnen nicht? Oder Flüchtlingshelfern? Die Beispielkette ließe sich verlängern. Vielleicht ist einer von vielen Gründen, dass Pflegearbeit schwierig zu qualifizieren ist. Es tritt ja keine Verbesserung der Gesundheit ein. Außerdem denken wir: Pflegen kann jeder. Dabei stimmt das eben nicht. Es gibt keinen Maßstab für die Zufriedenheit eines alten Menschen in den Wochen vor seinem Tod. Etwas pathetisch überhöht: Wir wissen nicht um den Wert des Lächelns, das das Gesicht eines Bettlägerigen aufhellt. Wir begreifen nicht den Unterschied zwischen Wischen und Streicheln.

Die Leistungsgesellschaft bedeutet Stress. Wir könnten diesen Effekt mildern, indem wir individuelle Anstrengungen wertschätzen lernen und Leistung als Sinnstiftung im sozialen Kontext begreifen. Irgendwann muss man sich entscheiden, in welcher Welt man leben will. Deshalb sollte Leistung mit Anerkennung belohnt werden. Mit Zuspruch. Und angemessenem Gehalt. Wer etwas ändern will, muss den Glauben an Leistung keineswegs aus der Welt schaffen, er kann ihn auch neu füllen. Im Grunde müssen wir die Leistung neu erfinden, neue Maßstäbe schaffen.

Derzeit ist Leistung etwas, das uns trennt. Dabei sollte sie uns verbinden.

Quelle: Online-Angebot der Rheinischen Post

Stellen Sie sich vor, Sie bekommen folgende Aufgabe:

a Geben Sie den Argumentationsgang des Textes von Philipp Holstein wieder und arbeiten Sie seine Position zum Leistungsbegriff in der heutigen Gesellschaft heraus. Untersuchen Sie dabei sprachliche Besonderheiten, die seine Argumentation unterstützen.

b Erörtern Sie die Position Holsteins, der zufolge unser Leistungsbegriff falsch definiert ist und zu mangelnder Wertschätzung und Ungerechtigkeit führt.

---

1 Parfüm-Marke, die seit über 200 Jahren existiert 2 weithin bekanntes und hoch angesehenes Nachschlagewerk in deutscher Sprache

Schritt 1: Die Aufgabe verstehen

1 Klären Sie, was die Aufgabenstellung von Ihnen verlangt. Kreuzen Sie an. Notieren Sie dann hinter den angekreuzten Aussagen, auf welche der entsprechenden Teilaufgabe 1 oder 2 sie sich beziehen.

Ich soll ...

- [ ] **A** eine Inhaltsangabe zu Holsteins Text verfassen. ______
- [ ] **B** die Argumentationsstrategie des Textes untersuchen und darlegen. ______
- [ ] **C** in meiner Erörterung alle im Text dargelegten Thesen und Argumente aufgreifen. ______
- [ ] **D** die Position des Autors erkennen und präzise formulieren. ______
- [ ] **E** der Position Holsteins widersprechen und seine Argumente entkräften. ______
- [ ] **F** Holsteins Position kritisch hinterfragen, einen eigenen Standpunkt einnehmen und argumentativ entfalten. ______
- [ ] **G** ein Fazit formulieren. ______
- [ ] **H** auffällige rhetorische Mittel des Textes erfassen und ihre Wirkung darlegen. ______

Schritt 2: Das erste Textverständnis formulieren

1 **a** Notieren Sie mit eigenen Worten Aussagen aus dem Text, die Sie teilen, und solche, denen Sie widersprechen. Schreiben Sie in Ihr Heft.

b Formulieren Sie Ihr erstes Verständnis von Holsteins Position in ein bis zwei Sätzen in Ihr Heft. Beginnen Sie so:
Philipp Holstein setzt sich in dem Text mit .... auseinander und vertritt dabei die Position, dass ...

Schritt 3: Den Argumentationsgang analysieren

1 Stellen Sie die Argumentation Holsteins mit Hilfe eines Strukturdiagramms dar. Übertragen Sie dazu die folgende Struktur in Ihr Heft und ergänzen Sie sie.

Forderung/Appell (im Einleitungstext/Lead):
Leistung bestimmt unser Leben, deshalb müssen wir unsere Einstellung zur Leistungsgesellschaft ändern.

↓

Gegenüberstellung zweier Beispiele (Z. 1–10):
Während prominente Persönlichkeiten für ihre Leistung bewundert werden, findet die Leistung von Menschen in sozialen Berufen kaum Anerkennung.

↓

These 1 (Z. 10–12): Wir haben ein falsches Verständnis von Leistung.

↓

Definition des Begriffs der Leistungsgesellschaft (Z. 13–32):
Zwei Seiten der Leistungsgesellschaft: Sie fordert ... Sie gibt das Versprechen, dass ...

↓

Begründung 1 durch Rückblick auf die historische Entwicklung des Leistungsbegriffs (Z. 33–67): ...

↓

Beispiel 1 (Z. 57–59):
Schulnoten, ...

↓

These 2 (Z. 68–72):
Der moderne Leistungsbegriff macht die Menschen ...

...

2 Untersuchen Sie die Wirkungsabsicht des Sachtextes.

a Markieren Sie, welche Adressatengruppe in erster Linie angesprochen wird. Begründen Sie auf der Linie.

Philipp Holstein richtet sich an
A Politiker/- innen,
B alle Mitglieder unserer Gesellschaft,
C Arbeitgeber/-innen,
D Altenpfleger/-innen,

weil ______________________________

b Markieren Sie, welche Intentionen bei Holsteins Text im Vordergrund stehen. Begründen Sie auf der Linie.

Philipp Holstein will vor allem
A unterhalten,
B informieren,
C überzeugen,
D seine eigene Meinung äußern,
E beeinflussen,
F appellieren,
G kritisieren,
H werten,

denn ______________________________

Schritt 4: Die sprachliche Gestaltung untersuchen

1 Benennen Sie sprachliche Auffälligkeiten des Textes und erläutern Sie deren Wirkung. Übertragen Sie dazu die folgende Tabelle in Ihr Heft und ergänzen Sie sie.

Textstelle	sprachliche Auffälligkeiten	Wirkung
„Mal ganz naiv gefragt" (Z. 1), „Nicht dass Missverständnisse aufkommen" (Z. ...), „Womit wir bei der Ausgangsfrage wären" (Z. ...)	umgangssprachlicher, salopper Plauderton	Schaffung eines leichteren Zugangs zur Aussage und dezente Leserlenkung als Hilfestellung bei der eher abstrakten Thematik
„Warum applaudieren wir eigentlich nicht ...? Warum gehen wir nicht zu ihr hin ...? Warum würden viele ...?" (Z. ....)	Anaphern, Häufung von Fragen, Parallelismen, Verwendung des Personalpronomens „wir"	unmittelbares Einbeziehen der Leser in die Thematik, Konfrontation mit unserem Leistungsverständnis, eindringliche Aufforderung zum Hinterfragen dieses Verständnisses
„schneller, höher, weiter [...] nöcher" (Z. 19 f.)	Asyndeton, Komparative, Neologismus	...
...	elliptischer und parataktischer Satzbau, einfache Wortwahl	...
...	Wiederholung	...
...	Antithese	...

Schritt 5: Einen Verstehensentwurf formulieren

1 Überprüfen Sie Ihr erstes Textverständnis (► Schritt 2, S. 58) und formulieren Sie einen Verstehensentwurf mit Hilfe des „Wissen und können"-Kastens auf der Folgeseite und auf der Grundlage Ihrer Untersuchungsergebnisse (► Schritt 3 und 4, S. 58 f.). Die folgende Formulierung hilft Ihnen.

In seinem Artikel „Leistung muss sich endlich lohnen" aus der Rheinischen Post vom 11. März 2018 kritisiert Philipp Holstein unser heutiges Verständnis von Leistung als .... und fordert deshalb ...

Wissen und können **Der Verstehensentwurf**

- Texte, und damit auch **Sachtexte,** werden von Leserinnen und Lesern nicht immer gleich verstanden. Vielmehr ist das **erste Verstehen** abhängig vom jeweiligen Leseinteresse, von der Lesekompetenz und von der Funktion und Schwierigkeit des Textes.
- Durch eine genauere **Analyse des Textes** im Hinblick auf Inhalt, Aufbau, Intention und sprachliche Gestaltung kann man dieses erste Verstehen als zu formulierenden **Verstehensentwurf bestätigen, ergänzen** oder **abändern.**
- Der **Verstehensentwurf** kann dann entweder (deduktiv) der schriftlich-zusammenhängenden Ausarbeitung der **Analyse vorangestellt** werden, wo er als „roter Faden“ für die Darlegungen im Hauptteil dient, oder aber (induktiv) **im Fazit nachträglich** formuliert werden, wo er die einzelnen Ergebnisse in einer allgemeinen Aussage zusammenfasst.

Schritt 6: Eigene Argumente für eine textbezogene Erörterung entwickeln

1 **a** Grundsätzlich können Sie hier abwägen, inwieweit Sie Holsteins Position ganz, teilweise oder gar nicht zustimmen, und dazu passend einen Grundtyp für Ihre Texterörterung wählen. Formulieren Sie die Position, die Sie vertreten möchten, z. B.

Holsteins These, dass unser Leistungsbegriff falsch definiert ist und zu mangelnder Wertschätzung und Ungerechtigkeit führt, stimme ich bedingt zu, da ...

b Notieren Sie entsprechend dieser Position der teilweisen Übereinstimmung sowohl weitere unterstützende Argumente und/oder Beispiele/Belege als auch Gegenargumente. Führen Sie dazu die folgende Tabelle in Ihrem Heft fort.

weitere unterstützende Aspekte	Gegenargumente
• Der moderne Leistungsbegriff macht Menschen krank. – Begründung: Konkurrenzkampf und Druck am Arbeitsplatz ... – Beispiel/Beleg: Burnout als weit verbreitetes Phänomen ... • Für den Sozialstaat besonders relevante Leistungen erfahren keine gerechte Würdigung (vgl. These 3 in Holsteins Text) – Begründung: kaum Wahrnehmung in der Öffentlichkeit ... – Beispiel/Beleg: Krankenpfleger in der Corona-Pandemie ...	• Es ist gerecht, Leistung ... auch nach Zahlen und Erfolg zu bewerten. (► Schritt 6, Aufgabe 1 c) • Das gegenwärtige Leistungsverständnis führt oftmals zu Verbesserungen, Fortschritt und Weiterentwicklung. – Begründung: ... Beispiel/Beleg: ... • Der moderne Leistungsbegriff ermöglicht beruflichen, sozialen und finanziellen Aufstieg. – Begründung: ... Beispiel/Beleg: ...

c Vervollständigen Sie folgendes Gegenargument in Ihrem Heft.

Behauptung:
Es ist in vielen Fällen sinnvoll und gerecht, Leistung, die objektiv gemessen und verglichen werden kann, auch nach Zahlen und Erfolg zu bewerten.
Begründung:
Wenn gewisse Leistungen nicht entsprechend ihres messbaren Outputs anerkannt und honoriert werden, führt das sehr schnell zu .... und ... . Dies würde sich auf die Menschen, die mehr Leistung bringen als andere, sehr ... auswirken.
Beispiel/Beleg:
Eine Erntehelferin / Ein Erntehelfer, die/der am Ende des Arbeitstages deutlich mehr ..., sollte ... Genauso muss eine Schülerin / ein Schüler, die/der bei einer Abfrage ...

Schritt 7: Den Schreibplan erstellen und die textbezogene Erörterung verfassen

1 Entwerfen Sie unter Berücksichtigung der Aufgabenstellung einen ersten groben Schreibplan, indem Sie die Gliederungspunkte auf der Folgeseite durch Nummerierung in einer sinnvollen Reihenfolge anordnen.

Ich soll ...	
	meine eigene Einschätzung der Debatte zusammenfassend auf den Punkt bringen. (Fazit)
	den Aufsatz mit einem Ausblick oder Wunsch zum Thema abschließen.
	eine Überleitung zur zweiten Teilaufgabe formulieren.
	auffällige sprachliche Mittel benennen und ihre Wirkung beschreiben.
	die Position nennen, die ich in meiner Erörterung vertrete.
	nach einer Hinführung zum Thema den Text von Philipp Holstein in einer Einleitung vorstellen.
	mich mit Holsteins Position und seinen Argumenten kritisch auseinandersetzen.
	Holsteins Haltung zum Thema „Leistungsbegriff" und seine Argumentationsstruktur geordnet wiedergeben.

2 Nun können Sie sich für eine Strukturierung Ihres Erörterungsteils entscheiden. Folgende Aufbauschemata sind möglich: linearer, antithetischer Aufbau (Pro-und-Kontra-Aufbau) oder aspektorientierter Aufbau (► S. 53).
Im weiteren Verlauf wird ein blockweiser antithetischer Aufbau (Pro-und-Kontra-Aufbau) verfolgt.
Füllen Sie den groben Schreibplan von Aufgabe 1 (► Schritt 7) mit konkreten Inhalten und ergänzen Sie auch die noch fehlenden Unterpunkte bei der Analyse der Argumentationsstruktur und dem Erörterungsteil. Nutzen Sie dazu Ihre Vorarbeiten in Aufgabe 1 (► Schritt 3) und 1 b (► Schritt 6).

Einleitung: Omnipräsenz des Begriffs „Leistung"
Holsteins Position: Ungerechtigkeit und mangelnde Wertschätzung durch ...
Argumentationsstruktur:
- Forderung, unsere Einstellung zur Leistungsgesellschaft zu ändern
- ...

Auseinandersetzung mit der Position Holsteins: teilweise Zustimmung
Gegenargumente:
...
Weitere unterstützende Argumente:
...

3 **a** Verfassen Sie eine Einleitung in Ihrem Heft. Die folgenden Formulierungen helfen Ihnen.

Wir leben in einer Leistungsgesellschaft, die nach dem Leistungsprinzip funktioniert, sind selbst Leistungsträger, ... Der Begriff der Leistung ist so omnipräsent, ...
In seinem Artikel „Leistung muss sich endlich lohnen" aus ...
vom ... kritisiert Philipp Holstein unser heutiges Verständnis von Leistung als .... und fordert deshalb ...

b Führen Sie Ihre Analyse der Argumentationsstruktur aus. Achten Sie dabei darauf, den Text korrekt zu zitieren oder indirekt wiederzugeben. Sie können die unten vorgegebenen Textbausteine in richtiger Reihenfolge anordnen und vervollständigen. Vergessen Sie bei Ihrer Ausführung nicht, an entsprechenden Stellen auf auffällige sprachliche Mittel und ihre Wirkung einzugehen. Nutzen Sie dazu Ihre Vorarbeiten in Aufgabe 1 (► Schritt 4).

	Mit seiner letzten These **nimmt** Holstein schließlich wieder **Bezug** zu seiner Ausgangsfrage und ...
	In einem nächsten Schritt **stellt** der Autor **die Behauptung auf,** dieser moderne Leistungsbegriff mache Menschen unzufrieden und krank und sei ungerecht ...
	Holsteins Ausführungen lassen sich in sechs Textteile gliedern. Seinem Artikel vorangestellt ist die **Forderung** des Autors, ...
	Aus diesem Vergleich **folgert** der Autor seine erste These, dass wir ein falsches Verständnis von Leistung haben, und **definiert** im Anschluss daran den Begriff der Leistungsgesellschaft als zweiseitig. ...
	Holstein beendet seinen Text mit mehreren Appellen: ...
	Im zweiten Schritt **führt** er die Lesenden **anschaulich in die Thematik ein,** indem er ...

c Untersuchen Sie den folgenden Ausschnitt aus einer Ausführung in Hinblick auf die Einhaltung der Zitierregeln. Unterstreichen Sie die Fehler und korrigieren Sie sie in Ihrem Heft oder auf einem Blatt.

VORSICHT FEHLER!

Aus diesem Vergleich folgert der Autor seine erste These, dass wir ein falsches Verständnis von Leistung haben, und definiert im Anschluss daran den Begriff der Leistungsgesellschaft als zweiseitig. Einerseits fordert diese dem Einzelnen ab, seine Leistung permanent zu steigern, was belastend ist. Seine Kritik kommt klar zum Ausdruck, wenn er konstatiere: „Leistungsgesellschaft bedeutet: schneller, höher, weiter ... jetzt noch nöcher" (vgl. Z. ...). Mittels der Komparative und des Neologismus stellt er unsere Vorstellung von Leistung überspitzt als auf das Messbare und die ständige Leistungssteigerung reduziert dar. Andererseits steckt in „dieser Selbstbeschreibungsformel ein Gerechtigkeitsversprechen: Leistung lohnt sich".

4 Verfassen Sie im Anschluss an Ihre Analyse Schritt für Schritt Ihre Erörterung.

a Formulieren Sie in Ihrem Heft eine Überleitung zum zweiten Teil des Aufsatzes. Sie können die folgende Formulierung verwenden.

Holsteins Kritik am herkömmlichen Leistungsbegriff ist in vielerlei Hinsicht plausibel, kann aber dennoch ...

b Verfassen Sie Ihren Hauptteil mit Hilfe Ihres Schreibplans. Schreiben Sie in Ihr Heft.

c Formulieren Sie ein Fazit in Ihrem Heft. Sie können so beginnen:

Nimmt man zusammenfassend beide Seiten in den Blick, wird klar, dass ...

d Verfassen Sie einen Schluss, indem Sie einen Ausblick oder Wunsch formulieren. Schreiben Sie in Ihr Heft.

Schritt 8: Den eigenen Text überarbeiten

1 Untersuchen Sie den folgenden Ausschnitt auf seine Gedankenführung.
Füllen Sie dazu die Lücken.

Im zweiten Schritt führt Holstein die Lesenden anschaulich in die Thematik ein, ____________ er zwei konkrete Beispiele vergleichend gegenüberstellt und die Kernfrage seines Textes formuliert. ____________ prominente Persönlichkeiten wie etwa Fußballstars für ihre Leistung bewundert würden, finde die Leistung von Altenpflegerinnen und -pflegern keine große Anerkennung. Holstein stellt ____________ mehrmals die Frage nach dem Warum. ____________ beginnt er ____________ in umgangssprachlichem, saloppem Plauderton und zieht mit dem Personalpronomen „wir" die Lesenden mit ein, ____________ für diese die eher abstrakte Thematik des Leistungsbegriffes leicht zugänglich wird. Die Häufung der „Warum"-Fragen und die damit verbundenen Anaphern ____________ fordern die Lesenden eindringlich dazu auf, ihr Verständnis von Leistung ernsthaft zu hinterfragen.

Schreiben mit Stil: Sprachliche Merkmale argumentierender Texte gekonnt anwenden

1 Zum Thema Presse- und Informationsfreiheit werden die Vor- und Nachteile des Bürgerjournalismus[1] erörtert. Untersuchen Sie die zwei folgenden Schülertexte mit Blick auf den gedanklichen Zusammenhang (Kohärenz).

a In welchem Ausschnitt ist der gedankliche Zusammenhang schlüssiger formuliert? Kreuzen Sie an.
b Unterstreichen Sie im Text die Formulierungen, die zur Kohärenz beitragen.

☐ **A** Den Schwächen des Bürgerjournalismus und der teils durchaus berechtigten Kritik daran steht eine ganze Reihe positiver Effekte gegenüber. Am schwersten wiegt hierbei sicherlich, dass der partizipatorische Journalismus die Presse- und Informationsfreiheit und damit die Demokratie bzw. demokratische Bestrebungen stärkt. Zum einen betrifft dies Länder mit nicht-demokratischen Strukturen. Denn hier sind Bürgerjournalisten diejenigen, die unabhängig, das heißt an der staatlichen Zensur vorbei, sowohl ihre eigenen Mitbürger als auch das Ausland über bestimmte Geschehnisse informieren. In solchen Ländern laufen Aufrufe zu und Informationen und Berichte über Proteste gegen die jeweilige Regierung fast ausschließlich über soziale Medien. Beispiele dafür sind etwa die regimekritischen Unruhen im Iran 2018 oder die Proteste in Russland 2022 gegen den Ukrainekrieg, über die es offiziell keine Berichterstattung geben durfte. Zum anderen profitieren aber auch die etablierten Demokratien westlicher Staaten vom Bürgerjournalismus. Hier ergänzen Berichte von Bürgerjournalisten die Informationen der traditionellen Medien um weitere Facetten, wodurch die Meinungsbildung der Bürger erleichtert wird. Folglich werden demokratische Grundgedanken durch diese besondere Form des Journalismus in jedem Fall gefördert.

☐ **B** Der Bürgerjournalismus bringt durchaus auch positive Effekte mit sich. Dazu zählt die Stärkung der Presse- und Informationsfreiheit und damit der Demokratie. Dies betrifft Länder mit nicht-demokratischen Strukturen. Bürgerjournalisten sind diejenigen, die unabhängig, an der staatlichen Zensur vorbei, ihre eigenen Mitbürger und das Ausland über bestimmte Geschehnisse informieren. Aufrufe zu und Informationen und Berichte über Proteste gegen die jeweilige Regierung laufen fast ausschließlich über soziale Medien. Beispiele sind die regimekritischen Unruhen im Iran 2018 oder die Proteste in Russland 2022 gegen den Ukrainekrieg. Die etablierten Demokratien westlicher Staaten profitieren auch vom Bürgerjournalismus. Berichte von Bürgerjournalisten ergänzen die Informationen der traditionellen Medien um weitere Facetten und die Meinungsbildung der Bürger wird erleichtert.

2 Überarbeiten Sie folgenden Auszug aus einer Argumentation so, dass Gedankenführung und Textstruktur auch sprachlich zum Ausdruck kommen. Fügen Sie dazu Formulierungen, mit deren Hilfe Sie z. B. Einräumungen vornehmen, an passender Stelle ein. Schreiben Sie in Ihr Heft.

Dem Bürgerjournalismus fehlt es an Professionalität. Dies muss nicht, kann aber von Nachteil sein. Die Qualität der Berichterstattung, eine neutrale Haltung und die Kontrolle des Geschriebenen sind beim partizipatorischen Journalismus nicht gewährleistet. Ausgebildete Journalistinnen und Journalisten sind darin geschult und erfahren, sorgfältig zu recherchieren, verlässliche Quellen zu suchen und nur verifizierbare Informationen weiterzugeben. Bürgerjournalistinnen und -journalisten sind in all diesen Dingen Laien. Professionelle Berichterstatter/-innen informieren grundsätzlich objektiv, Bürgerjournalistinnen und -journalisten sind tendenziell eher parteiisch und von eigenen Erfahrungen und Meinungen beeinflusst. Bei Zeitungen, Fernseh- und Rundfunkanstalten unterlaufen Berichte Kontrollen, bevor sie publiziert werden. Die Informationen von Bürgerjournalistinnen und -journalisten gelangen meist ungeprüft und ungefiltert an die Öffentlichkeit.

1 auch partizipativer Journalismus: Bürger übernehmen die Tätigkeiten von Journalisten, d. h., sie recherchieren, berichten, analysieren und verbreiten Informationen und Nachrichten, v. a. im Internet via Weblogs, Chats, Videoplattformen.

Nachdenken über Sprache – Grammatik

Diagnose: Überprüfen Sie Ihre Kenntnisse – Grammatik

1 **a** Markieren Sie im folgenden Text zum Sendeformat „Scripted Reality“ alle Fehler und notieren Sie am Rand, um welche Fehlerart es sich handelt:
G = Grammatikfehler,
T = Tempusfehler,
M = Modusfehler,
Bz = Beziehungsfehler,
Sb = Satzbaufehler

b Korrigieren Sie die Fehler. Nutzen Sie hierzu die Schreiblinien unter den Sätzen.

VORSICHT FEHLER!

	Fehlerart
(1) In „Scripted Reality“, ein künstlich inszeniertes Reportage-Format, werden gesellschaftlich	
mehr oder weniger bedeutsamen Themen aufgegriffen.	
(2) Dabei werden alle handelnden Personen von authentisch wirkenden Laienschauspielerinnen	
und -schauspieler dargestellt.	
(3) Die scheinbar dokumentarische Sendung folgt einem festem Drehbuch.	
(4) Das Sendeformat wirkt dennoch sehr realistisch, weil es setzt sich aus den für	
Reportagen übliche Elemente zusammen: Interviews, Stimmen aus dem Off, Schilder	
zum Schutz der Persönlichkeitsrechte der gezeigten Personen usw.	
(5) Mangels klaren Abgrenzungen verschwimmt auf diese Weise Realität und Fiktion.	
(6) Ein Beispiel für ein solches Format ist die Sendung „Die Schulermittler“ (RTL).	
(7) Hier wird ein scheinbar engagierter Pädagoge von der Polizei auf deutsche Pausenhöfen	
entsandt, um in dessen Auftrag für Ordnung zu sorgen.	
(8) RTL zeigt vermeintlich den Alltag an deutschen Schulen, die voller Gewalt steckt.	
(9) Alle Personen und die Handlung folgt jedoch einem Drehbuch.	

	Fehlerart
(10) Daher hat dieses Sendeformat schon viele Gemüter gespaltet.	
(11) Die Macher von Scripted Reality behaupten, die Zuschauer/-innen nehmen den Unterschied zwischen Realität und Fiktion wahr.	
(12) Hinweise am Anfang und Ende solcher Sendungen würden ausreichend zur Aufklärung beitragen.	
(13) Kritiker/-innen halten solche Formate für problematisch, da die Zuschauer/-innen würden getäuscht werden.	
(14) So erzeuge zum Beispiel das Sendeformat „Die Schulermittler" den Eindruck, dass die Gewaltbereitschaft an deutschen Schulen zunimmt.	
(15) Diese Vermutung wird aber durch Umfragen bestätigt, in welcher die Mehrheit der Befragten angeben, dass Szenen wie die im Beitrag gezeigten fast täglich vorkommen an deutschen Schulen.	
(16) Darüber hinaus zeigten sich 40 % der Befragten unsicher im Hinblick auf die Echtheit der Inhalte von diesem Sendeformat.	
(17) Trotzdem strahlt der Sender diesen Format weiter aus.	
(18) Man könnte meinen, es geht dem Sender also nicht um die Wahrheit, sondern nur um Einschaltquoten.	
(19) Es müssen weniger Menschen einschalten, weil dann sinken die Quoten.	

Verben – Kongruenzbeziehungen prüfen

Wissen und können **Kongruenzprobleme lösen**

Das **Subjekt** und die **finite Verbform** des Prädikats **stimmen in Person und Numerus überein.** Ein Subjekt im Singular fordert ein Prädikat im Singular, ein Subjekt im Plural fordert ein Prädikat im Plural.
Wenn das Subjekt aus mehreren Teilen besteht, steht das Prädikat in der Regel im Plural, z. B.: *Ben, Klaus und Simon spielen häufig im Internet.*

- Besteht das Subjekt aus mehreren Teilen, die im Singular stehen und mit *kein, jeder, mancher* verknüpft sind, steht das Prädikat im Singular, z. B. *Jeder Nutzer und jede Nutzerin sollte gewisse Regeln beachten.*
- Bei zusammengezogenen Sätzen, in denen ein Prädikat eingespart wird, bestimmt das näher stehende Subjekt den Numerus, z. B.: *Nicht nur Julian, sondern auch seine Freunde haben auf die Verhaltensregeln im Netz geachtet.*
- ABER: *Nicht nur seine Freunde, sondern auch Julian hat auf die Verhaltensregeln im Netz geachtet.*

Stoßen Sie beim Schreiben eigener Texte auf Probleme mit der Subjekt-Prädikat-Kongruenz, können Sie sich oft helfen, indem Sie Ihre Sätze so umformulieren, dass die Kongruenz-Verhältnisse klarer werden. Testen Sie die folgenden Möglichkeiten:

- Formulieren Sie **Passivkonstruktionen**, z. B.: *Auch heute noch fesselt/fesseln Bachs Weihnachtsoratorium und seine Vertonungen von Luthers Kirchenliedern zahlreiche Menschen. → Auch heute noch werden zahlreiche Menschen von Bachs Weihnachtsoratorium und seinen Vertonungen von Luthers Kirchenliedern gefesselt.*
- Konstruieren Sie einen **Nebensatz**, z. B.: *Faszination, verbunden mit Demut, bestimmt / bestimmen die Gefühle heutiger Hörer/-innen des Bach'schen Weihnachtsoratiums. → Faszination, die mit Demut einhergeht, bestimmt die Gefühle heutiger Hörer/-innen des Bach'schen Weihnachtsoratoriums.*
- Wählen Sie einen einfacheren Ausdruck, z. B.: *Ein Großteil der Kinder Bachs widmete / widmeten sich ebenfalls der Musik. → Die meisten der Kinder Bachs widmeten sich ebenfalls der Musik.*
- Man unterscheidet zwischen Adjektivattribut, präpositionalem Attribut, Genitivattribut und Apposition. Relativsätze sind ebenfalls Attribute.

1 Stellen Sie eine eindeutige Subjekt-Prädikat-Kongruenz her, indem Sie die folgenden Sätze umformulieren.

– Eine große Anzahl an Personen *bewundert / bewundern* den Komponisten Johann Sebastian Bach.

Viele Personen ______________________________

____

– Von den insgesamt zwanzig Kindern Bachs *starb / starben* ein Großteil bereits vor dem dritten Lebensjahr.

____

____

– Musikwissenschaftler streiten darüber, ob die Matthäuspassion oder die weltlichen Kompositionen den Gipfel des Bach'schen Werks *ausmacht / ausmachen.*

____

____

____

– Ein Viertel der Mitarbeiter *kommt / kommen zu spät.*

____

Verben – Kasus nach Präpositionen

Wissen und können **Präpositionen**

Präpositionen treten zu einem Nomen und erläutern, welches (logische, räumliche, zeitliche) Verhältnis dieses bspw. zu einem Verb einnimmt (z. B.: *Sie freuen sich* *<u>über</u>* *die ersten Worte ihres Kindes).*
Sie verschmelzen häufig mit einem bestimmten Artikel (z. B.: *zu + dem → zum / von + dem → vom).*
Präpositionen bestimmen den Kasus des abhängigen Nomens beziehungsweise der entsprechenden Wortgruppe (z. B.: *<u>in</u> das neue Haus, <u>neben</u> dem neuen Haus, <u>wegen</u> des neuen Hauses).* Man nennt dies **Kasusrektion.**

- Den **Akkusativ** fordern z. B.: *bis, durch, für, gegen, ohne, um,* z. B.: *Sie reden über mich.*
- Den **Dativ** fordern z. B.: *aus, außer, bei, mit, nach, seit, von, zu,* z. B.: *Sie reden mit mir.*
- Den **Genitiv** fordern z. B.: *außerhalb, halber, mangels, trotz, während, anhand, seitens,* z. B.: *Sie bleiben innerhalb des Hauses.* In der **Umgangssprache** wird der Genitiv häufig mit Hilfe der Präposition „von" oder dem Dativ umschrieben (z. B.: *wegen dem Einfluss* statt *wegen des Einflusses; der Einfluss von Luther* statt *der Einfluss Luthers*). Die Kasusrektion beim Genitiv erleichtert jedoch in der Schriftsprache das Erfassen von Sinnzusammenhängen.

In bestimmten Verwendungszusammenhängen gibt es **für dieselbe Präposition verschiedene Kasusrektionen:**

- schreiben an + Dativ (z. B.: *Elisabeth schreibt an ihrer Seminararbeit.*)
- schreiben an + Akkusativ (z. B.: *Der Kurs schreibt an die Kultusministerin.*)

Manchmal verlangen Verben, Adjektive oder Nomen die **Verknüpfung mit einer ganz bestimmten Präposition,** z. B. *warten auf, zufrieden mit, Freude über.*

1 Prüfen Sie die folgenden Sätze zu Catharina von Greiffenberg, einer bedeutenden Autorin der Barockzeit. Stehen die Nomen bzw. die entsprechenden Wortgruppen nach der markierten Präposition im richtigen Kasus? Korrigieren Sie wie im Beispiel auf der Linie darunter.

– Catharina von Greiffenberg wurde während dem Dreißigjährigen Krieg geboren.
des Dreißigjährigen Kriegs

– Ihre Familie gehörte dem protestantischen Landadel an, der unter der Minderheitenstatus im katholischen Niederösterreich litt.

___

– Nach den Tod ihres Vaters lebte sie bei ihren Onkel Rudolph.

___

2 Ergänzen Sie in den folgenden Sätzen statt des **?** die Präpositionen und setzen Sie den richtigen Artikel (bestimmt oder unbestimmt) sowie die Kasusendungen in die Lücken ein. Nicht jede Lücke muss gefüllt werden. Schreiben Sie in Ihr Heft.

? achtzehn Jahre_____ hatte Catharina eine religiöse Erleuchtung und sie entschied sich, **?** _______ Verherrlichung Gottes zu schreiben. **?** diese____ erst____ Sammlung sind ca. 300 Sonette und geistliche Lieder abgedruckt. **?** _____ gering____ anfänglich____ Erfolg___ ihrer Texte war Catharina **?** diese____ Zeit____ sehr unglücklich. Zusätzlich wurde sie **?** ihr_____ Onkel____ **?** ___________ Heirat gezwungen. Dieser musste schließlich **?** ___________ Intrige_______ **?** Gefängnis_____, sodass Catharina sich nun ganz allein **?** _______ anspruchsvoll________ Verwaltung_____ des Familienanwesens kümmern musste. Schließlich zog Greiffenberg **?** Österreich_____ **?** ____ Stadt Nürnberg um, wo sie endlich **?** Kreis___ gleichgesinnter Freundinnen leben und dichten konnte. *

Verben – Tempusformen richtig verwenden

Wissen und können **Besonderheiten bei der Tempusverwendung**

- Das **Präsens** drückt nicht nur Gegenwärtiges aus, sondern wird verwendet, um
  - **allgemeingültige und zeitlose Aussagen** zu treffen, z. B.: *Lesen bildet die Persönlichkeit.*
  - Inhalte und **Sachverhalte wissenschaftlich distanziert** darzustellen oder zusammenzufassen, z. B.: *Goethes Roman erzählt von Werthers unglücklicher Liebe zu Lotte.*
  - auf **Zukünftiges** zu verweisen, meist mit Zeitangabe, z. B.: *Morgen besuche ich die Aufführung.*
  - **Vergangenes** für Leserinnen und Leser **lebendiger** wirken zu lassen (= historisches Präsens), z. B.: *Goethe trifft Charlotte Buff im Jahr 1772.*
- Das **Präteritum** wird verwendet, um über **vergangene Ereignisse** zu berichten, z. B.: *„Er [Werther] legte sich zu Bette und schlief lange.“* (2. Buch).
- Das **Perfekt** verwendet man u.a. zur **Darstellung von Ergebnissen** und **Schlussfolgerungen** (= resultatives Perfekt), z. B.: *Untersuchungen haben gezeigt, dass ...*
- Finden zwei Handlungen **gleichzeitig** statt, stimmen sie in ihrem Tempus überein, z.B.: *Als die Erstausgabe des Briefromans „Die Leiden des jungen Werthers“ 1774 erschien, wurde sie sofort zum Bestseller.*
- Finden zwei Handlungen nacheinander statt, gilt:
  - Handlung steht im Präsens (Basiszeit) → vorhergegangene Handlung steht im Perfekt (Vorzeitigkeit); z. B.: *Weil Werthers Leben so bewegt gewesen ist, ist er heute noch berühmt.*
  - Handlung im Präteritum (Basiszeit) → vorhergegangene Handlung steht im Plusquamperfekt (Vorzeitigkeit); z. B. *Goethe unternahm zahlreiche Spaziergänge, nachdem er in Wetzlar angekommen war.*

1 Ergänzen Sie in der folgenden Rezension zu Goethes „Die Leiden des jungen Werthers“ die richtigen Verbformen. Beachten Sie dafür die Angaben in den Klammern. Schreiben Sie in Ihr Heft.

Eigentlich ? (sein) es kaum noch möglich, eine neue Rezension zu „Die Leiden des jungen Werthers“ zu schreiben. Gleich nach seiner Entstehung ? (sorgen) das Buch für Schlagzeilen, indem es junge Menschen zum Selbstmord ? (treiben). Die Wissenschaft ? (erfinden) dafür ein neues Wort: das Werther-Fieber oder der Werther-Effekt. [...] Warum ? (lesen) wir also heute noch den Werther? Ganz einfach: Es ? sich scheinbar nichts ? (sich ändern), und fast alle Probleme ? (sein) auch heute noch aktuell [...]. Die Liebe ? (bleiben) die Liebe. Mit den modernen Medien ? zudem das Problem des gesellschaftlichen Konsenses noch gravierender ? (werden), als es damals ohne diese Geräte schon ? (sein) – das Individuum ? auch heute mit seinen Ideen nicht ? (sich durchsetzen können), wenn es allein ? (stehen). [...] Auf dieser Ebene ? (sein) es also ein erschütterndes Buch, das aber nicht dazu ? (aufrufen sollen), dieser Welt den Rücken zu kehren, so, wie Werther es ? (tun). Vielmehr ? (zeigen) es, dass wir Menschen uns mehr umeinander ? (kümmern müssen). *

2 Vervollständigen Sie die Sätze und beschreiben Sie die Zeitverhältnisse, die jeweils ausgedrückt werden.

– Nachdem wir den Briefroman

____________________ (lesen),

____________________ (schreiben) jede/-r eine Rezension.

– Obwohl der Wertherroman vor über 200 Jahren

____________________ (veröffentlicht werden),

____________________ (faszinieren) er noch immer viele Lesende.

– Das so genannte „Wertherfieber“ ____________________ (erfassen) in den Folgejahren viele

junge Männer, obgleich der Stadtrat die Verbreitung des Romans 1775 ____________________ (verbieten)

Verben – Modusformen richtig verwenden

Wissen und können **Bildung und Verwendung des Konjunktivs**

Der **Konjunktiv** (= Möglichkeitsform) wird für **Vorgestelltes** oder **Irreales** sowie für **indirekte Redewiedergaben** verwendet. Konjunktivformen können im Textzusammenhang verschiedene Funktionen übernehmen, und zwar um
- etwas **Irreales** auszudrücken, z. B.: *„Schiller schriebe heute ganz anders."* (Konjunktiv II),
- **höflich** zu sein, z. B.: *„Könnten Sie mir Schillers Drama vorlesen?"* (Konjunktiv II),
- **Aufforderungen oder Wünsche** zu formulieren, z. B.: *„Er lebe hoch!"* (Konjunktiv I),
- in der **indirekten Rede** zu verdeutlichen, dass man nicht selbst, sondern eine andere/ein anderer etwas gesagt hat, z. B.: *Er sagte, das sei ein lesenswertes Drama.* (Konjunktiv I)
  Sie sagten, sie hätten selten Traurigeres gelesen. (Konjunktiv II)

- Wenn der Konjunktiv II im Textzusammenhang nicht vom Indikativ Präteritum zu unterscheiden ist, greift man auf die *würde*-Ersatzform zurück, z. B.:
  Er sagte, die Läden machten bald wieder auf. → *... würden bald wieder aufmachen.*
- Im **gesprochenen Deutsch** wird zur Wiedergabe von Fremdäußerungen oft die Ersatzform mit ***würde*** verwendet, z. B: *Ferdinand hofft, er und Luise würden alle Widrigkeiten überwinden*.
  Achtung: Dagegen ist **in standardisierten Texten** wie Nachrichten oder Schulaufsätzen, sofern dies möglich ist (▸ Wissen und können → Verwendungsregeln), der **Konjunktiv der indirekten Rede** zu verwenden, z. B.: *Ferdinand hofft, er und Luise überwänden alle Widrigkeiten.*
- Der **Konjunktiv I** wird **vom Stamm des Verbs** (Infinitiv ohne *-en*) und der entsprechenden **Personalendung** gebildet, z. B.:
  gehen → *Sie sagte, sie gehe in die Buchhandlung.* *sein* → *Er sagte, diese* **sei** *geschlossen.*
- Der **Konjunktiv II** wird **vom Präteritum abgeleitet.**
  ▸ Bei **starken Verben** werden aus den Vokalen *a, o, u* die Umlaute ***ä, ö, ü,*** z. B.:
  ▸ Bei **schwachen Verben** unterscheiden sich Indikativ Präteritum und Konjunktiv II nicht , z. B.:
  - *liegen* (starkes Verb) → Präteritum: *lagen*, z. B.: *Sie meint, der Roman läge auf dem Tisch.*
  - *machen* (schwaches Verb) → Präteritum: *machten*, z. B.: *Er sagt, die Inhaber machten Urlaub.*

1 **a** In dem folgenden Text über die Renzensentin Catharina Coblenz werden statt der korrekten Konjunktivformen Ersatzformen und fehlerhafte Konjunktivformen verwendet. Unterstreichen Sie diese Verbformen.
b Ersetzen Sie die unterstrichenen Verbformen durch korrekte Formen des Konjunktivs I und II. Schreiben Sie diese über den Text.

Für Catharina Coblenz würde der mächtige Internetkonzern stets durch das Bühnenbild der „Kabale und Liebe"-Inszenierung durchschimmern. Es wären eben jene Konzerne, die die Kluft zwischen Arm und Reich immer größer werden ließen. Ferdinand, Sohn des Geschäftsführers, stellte sich gegen seinen Vater und gäbe somit seine gesicherte Stellung auf. Sinnbildlich hierfür würde der Wechsel seines Kleidungsstils stehen. Während er zu Beginn noch im lockeren Anzug zu sehen wäre, träge er später Jeans und ein weites Oberteil.

Wissen und können **Verwendungsregeln der Konjunktivformen in der indirekten Rede**

- Für **Aussagen im Präsens**, die **in die indirekte Rede verwandelt werden**, gilt:
  - Es wird der **Konjunktiv I** verwendet, wenn er sich **von** der entsprechenden **Indikativform unterscheidet,** z. B.: *„Er sieht Luise."* (direkte Rede) → *Er sagt, er sehe Luise.* (indirekte Rede mit Konjunktiv I)
  - Sind **Indikativ Präsens und Konjunktiv I identisch,** wird der **Konjunktiv II** verwendet, z. B.: *Er sagt, wir sehen Luise.* (Indikativ = Konjunktiv I) → *Er sagt, wir sähen Luise.* (Konjunktiv II).
  - Wenn der **Konjunktiv II** im Textzusammenhang **nicht vom Indikativ Präteritum zu unterscheiden** ist, greift man auf die ***würde*-Ersatzform** zurück, z. B.:
    Er sagte, die Läden machten bald wieder auf. → ... *würden bald wieder aufmachen.*
    ▶ Das Gleiche gilt, wenn die **Konjunktiv-II-Form ungebräuchlich** ist oder als **unschön** empfunden wird, z. B.: *Sie sagt, sie empfähle die Lektüre.* → *Sie sagt, wie würde die Lektüre empfehlen.*
- Für **Aussagen über Vergangenes** gilt:
  Für alle Vergangenheitsformen (Präteritum, Perfekt, Plusquamperfekt) gibt es nur eine gemeinsame Form des Konjunktivs der indirekten Rede, z. B.:
  „Er war hier." / „Er ist hier gewesen." / „Er war hier gewesen." → *„Er sei hier gewesen."*

2 Ergänzen Sie die folgende Wiedergabe eines Interviews mit der Theaterregisseurin Katrin Baier. Setzen Sie die in Klammern angegebenen Verben in der richtigen Konjunktivform ein.

Die Regisseurin ist der Ansicht, dass die Diskussion um werkgetreue Inszenierungen eines Dramas müßig

________________ (sein). Ihres Erachtens ________________ (haben) das Theater die Aufgabe, sich mit

unserer Zeit auseinanderzusetzen. Klassiker ________________ (sein) deshalb Klassiker, weil sie Parabelcha-

rakter ________________ (besitzen). So ________________ beispielsweise Schillers Drama

„Die Jungfrau von Orleans" einen zeitlosen Stoff ________________ (darstellen), der von religiösem Fanatismus

________________ (erzählen).

3 Geben Sie die folgenden Sätze aus einer Rezension zu Schillers Drama „Kabale und Liebe" in der indirekten Rede wieder. Schreiben Sie auf die Linien.

Regie und Dramaturgie machen deutlich, wie aktuell „Kabale und Liebe" heute noch ist.

Der Rezensent vertritt in seiner Kritik die Ansicht, dass ... ________________

____

____

Dem Regisseur gelang es, das Drama in die heutige Zeit zu versetzen.

____

Das Stück behält seine ursprüngliche Form und Aussage dennoch bei.

____

Das bürgerliche Familienmodell wird durch die alleinerziehende Mutter ersetzt, die Rolle des Vaters wurde gestrichen.

____

____

Satzglieder bestimmen und den Satzbau variieren

Wissen und können **Satzglieder bestimmen – Die Frageprobe**

Um präzise Texte formulieren oder vorgegebene Texte richtig verstehen zu können, ist es nötig, **Satzglieder** bestimmen und so den Satzbau variieren zu können.
Ausgehend vom Prädikat lassen sich die weiteren Satzglieder erfragen.

Satzgliedfrage	Satzglied	Beispiel
Wer? Was?	Subjekt (Nominativ)	*Manche Kommentare sind beleidigend.*
Was geschieht? Was ist?	Prädikat	*Einige Nutzer vergreifen sich im Ton.*
Wie? Was?	Prädikativ	*Anonymität ist ein zentrales Freiheitsrecht.*
Wen? Was?	Akkusativobjekt	*Nutzer genießen das Gefühl von Autonomie.*
Wem?	Dativobjekt	*Man berichtet der Netzgemeinde* davon.
Wessen?	Genitivobjekt	*Sie ist sich der Angriffe bewusst.*
Wofür? Worauf? Womit? ...	Präpositionalobjekt	*Die Internetnutzer verlassen sich auf eine stabile Netzverbindung.*
	adverbiale Bestimmung	
Wo? Woher? Wohin?	... des Ortes	*Im Internet herrscht ein rauer Ton.*
(Seit) Wann? Wie lange?	... der Zeit	*Nach den Angriffen schloss das Internetforum.*
Wie?	... der Art und Weise	*Viele schreiben mit wenig Respekt.*
Warum? Wieso?	... des Grundes	*Aus Sorge wurden Online-Foren geschlossen.*
Wozu?	... des Zwecks	*Zum Schutz der Nutzer sind Klarnamen Pflicht.*
Unter welcher Bedingung?	... der Bedingung	*Bei weiteren Angriffen schließt das Forum.*
Trotz wessen / wem?	... der Einräumung	*Trotz aller Regeln vergreifen sich viele im Ton.*
Mit welcher Folge?	... der Folge	*Zu ihrer Beruhigung schließt das Forum.*
Statt wessen / wem?	... der Entgegensetzung	*Statt konstruktiver Kommentare herrschen...*

1 Benennen Sie die unterstrichenen Satzglieder. Wenden Sie auch die Frageprobe an.

Die Auswirkungen des fundamentalen Leitmedienwechsels weg vom altbekannten Buch hin zu materiell kaum gebundenen Inhalten und ihrer algorithmischen Bearbeitung (______________________) betreffen alle Bereiche unseres Lebens. Unsere Kommunikationsformen haben sich durch die tägliche Nutzung sozialer Medien (______________________) geändert.

Über Online-Plattformen (______________________) werden Freundschaften gepflegt oder Partner gesucht. In der Medizin (______________________) helfen Algorithmen bei der Diagnose und Therapie von Krankheiten. In der Finanzwirtschaft hat Online-Banking längst die persönliche Beratung in der Bankfiliale (______________________) abgelöst.

Versicherungsprämien werden heute aufgrund individueller Risikoeinschätzungen (______________________) berechnet. Die Justiz nutzt z. B. in den USA (______________________) bereits jetzt (______________________) Algorithmen zur Berechnung von Rückfallwahrscheinlichkeiten (______________________) von Straftätern. Von Bots verfasste Texte und Bilderkennungssoftware (______________________) erleichtern Blinden (______________________) die Teilhabe am Leben. *

Wissen und können **Adverbiale Bestimmung oder Attribut? – Umstellprobe**

Sie können Ihre eigenen Texte **stilistisch anspruchsvoller** und **inhaltlich treffender** gestalten, indem Sie **verschiedene** adverbiale Bestimmungen und Attribute einsetzen.
Adverbiale Bestimmungen sind **Satzglieder,** die zusätzliche Informationen z. B. über den Ort (lokal), die Zeit (temporal), den Grund (kausal) oder die Art und Weise (modal) eines Geschehens oder einer Handlung liefern.
Bei der **Umstellprobe** bleiben die Elemente einer adverbialen Bestimmung (falls es sich um mehr als ein Wort handelt) stets zusammen, z. B.: *Die Online-Foren großer Zeitungen schließen aufgrund der beleidigenden Kommentare vieler Nutzer.* → *Aufgrund der beleidigenden Kommentare vieler Nutzer schließen die Online-Foren großer Zeitungen.*
Attribute sind keine selbstständigen Satzglieder, sondern **Satzgliedteile.** Bei der **Umstellprobe** bleiben sie stets bei ihrem Bezugswort. Sie werden mit der Frage „Was für ein/eine...?" ermittelt.

1 Benennen Sie die unterstrichenen Elemente, nachdem Sie jeweils die Umstellprobe durchgeführt haben.

Seit ein paar Monaten ______ arbeite ich im Homeoffice ______. Mein gewöhnlicher ______ Arbeitstag beginnt trotzdem ______ um 5 Uhr morgens ______: Während ich mich in der warmen ______ Karibik aufhalte, findet die Konferenz der Redaktion ______ nach deutscher Zeit – dort ist es dann 9 Uhr – statt. Trotz der Dunkelheit, die mich umgibt ______, krieche ich brav ______ aus meinem Bett ohne Komfortlattenrost ______ und klappe den Laptop, mein wichtigstes Arbeitsgerät ______, auf.

2 Füllen Sie die Kästchen im folgenden Artikel mit den Nummern der inhaltlich passenden Attribute und adverbialen Bestimmungen. Notieren Sie jeweils dahinter, um welche Art von Attribut bzw. adverbialer Bestimmung es sich handelt. Beachten Sie, dass Flexionsendungen angepasst werden müssen.

1 meistens • **2** der Karibische Ozean • **3** während der Arbeit • **4** neu • **5** mit Zukunft • **6** frei • **7** weit • **8** fantastisch • **9** trotz aller Meetings und Deadlines

An meinem ☐ ______ Arbeitsplatz am Strand ☐ ______ fühle ich mich ☐ ______ wie im Urlaub. ☐ ______ genieße ich die Möglichkeit, meine Zeit weitgehend ☐ ______ einzuteilen. Ich kann ☐ ______ den ☐ ______ Ausblick auf den ☐ ______ Ozean genießen – ein Job ☐ ______!

3 Ergänzen Sie bei den Sätzen aus Aufgabe 2 je eine Apposition und einen Relativsatz.

______
______
______
______

Haupt- und Nebensätze bestimmen

Wissen und können **Satzreihe und Satzgefüge**

Sätze werden nach ihrer Bauform in **Hauptsatz** (HS) und **Nebensatz** (NS) unterschieden. Der Hauptsatz ist ein selbstständiger Satz, während der Nebensatz immer vom Hauptsatz abhängt.
Im Hauptsatz steht die finite Form des Verbs an zweiter Satzgliedstelle, im Nebensatz in der Regel an letzter Satzgliedstelle.

- Werden mehrere Hauptsätze aneinandergereiht, spricht man von einer **Satzreihe** (Parataxe). Eine Satzreihe kann durch **nebenordnende Konjunktionen** verbunden werden (z. B.: *und, oder, aber, denn).*
- Die Verbindung von Haupt- und Nebensatz nennt man **Satzgefüge** (Hypotaxe). Nebensätze können durch **unterordnende Konjunktionen / Subjunktionen** (z. B.: *wenn, obwohl, dass, ob)* oder Relativpronomen eingeleitet werden. Ein Hauptsatz kann mehrere Nebensätze haben. Diese können auch in einen Hauptsatz eingebettet sein. Zwischen Haupt- und Nebensatz steht immer ein **Komma.**

1 Unterstreichen Sie in dem Text „Emilia – Der Film" alle unter- und nebenordnenden Konjunktionen. Markieren Sie auf dieser Basis alle Hauptsätze grün und alle Nebensätze blau.

„Emilia" ist eine 2005 entstandene moderne Verfilmung des Theaterklassikers „Emilia Galotti" von Gotthold Ephraim Lessing und erzählt von Menschen im heutigen Berlin, die aber in der Originalsprache Lessings sprechen. Hettore ist ein viel umjubelter Schauspieler am Theater, wo er den Prinzen von Guastalla in Lessings Drama spielt. Weil er nebenbei auch Besitzer eines renommierten Nachtclubs ist, liegen ihm die Frauenherzen zu Füßen. Als er eines Abends nach der Vorstellung die junge und hübsche Emilia in seinem Club entdeckt, ist er sofort von ihr hingerissen. Unbewusst gerät er nun im wahren Leben in die Rolle des Prinzen und will Emilias Herz erobern. Als er erfährt, dass Emilia den Anwalt Appiani heiraten möchte, ist er am Boden zerstört. Hettores skrupelloser Manager Marinelli fürchtet, dass sich der Liebeskummer seines Stars negativ auf dessen Erfolg auswirken könnte …

2 **a** Ergänzen Sie im folgenden Text die fehlenden Konjunktionen und Relativpronomen.
b Unterstreichen Sie im verbesserten Text alle Hauptsätze grün und alle Nebensätze blau.
c Setzen sie die fehlenden Kommas ein.

VORSICHT FEHLER!

Marinelli heckt einen teuflischen Plan aus ______________ er Emilia ihrem zukünftigen Bräutigam Appiani ausspannen kann. Er lässt die Hochzeitslimousine der beiden überfallen ________ sorgt dafür ________ Appiani ermordet wird. ________ sie ihm für ihre vermeintliche Rettung dankbar ist entwickelt Emilia Gefühle für Hettore _______ es als Experten auf dem Gebiet der Verführung gelingt Emilia zu verführen. ________ Orsina die gekränkte Ex-Geliebte Hettores das Spiel durchschaut hofft sie auf Rache ______________ sie Hettore an Emilias Vater verrät. Emilia ____ sehr um ihren Verlobten Appiani trauert ist völlig durcheinander. ________ sie Hettore liebt spürt sie _______ eine Liebe ____ sich auf den Tod eines anderen gründet keinen Bestand hat.

Emilia Galotti.
Ein Trauerspiel
in
fünf Aufzügen.
Von
Gotthold Ephraim Lessing.
Berlin,
bey Christian Friedrich Voß, 1772.

Haupt- und Nebensätze sinnvoll verbinden

Wissen und können **Nebensätze (1): Adverbialsätze**

Adverbialsätze übernehmen **im Satz** die Rolle einer **adverbialen Bestimmung,** z. B.:
Wegen des schönen Wetters geht er schwimmen. → Warum?
▸ *Weil das Wetter schön ist, geht er schwimmen.* → Kausalsatz
Man unterscheidet **folgende Arten von Adverbialsätzen:**

Adverbialsatz	**Beispiel**	**einleitende Konjunktion**
Lokalsatz (Ort)	*Miss Sara Sampson ist mit ihrem Geliebten Mellefont dort auf der Flucht, wo sie heiraten wollen.*	*wo, wohin, woher*
Temporalsatz (Zeit)	*Als Saras Vater von der Flucht erfährt, will er sie zurückholen.*	*nachdem, seit, als, bevor, während, bis, solange, ehe*
Modalsatz (Art und Weise)	*Sara beweist Mellefont ihre Liebe, indem sie ihn auf der Stelle heiraten möchte.*	*indem, insofern...als, damit...dass*
Kausalsatz (Grund)	*Mellefont verzögert die Heirat, weil er das Erbe eines Vetters abwarten möchte.*	*weil, da*
Finalsatz (Absicht, Zweck)	*Mellefonts Exgeliebte Marwood spinnt einige Intrigen, damit Mellefont zu ihr zurückkehrt.*	*damit, dass, auf dass*
Konditionalsatz (Bedingung)	*Wenn Mellefont das Geld nicht erhält, kann er Sara nicht heiraten.*	*wenn, falls, sofern*
Konzessivsatz (Einräumung)	*Obwohl Mellefont ein Kind mit Marwood hat, will er Sara heiraten.*	*obwohl, obschon, wenn auch, wenn schon*
Konsekutivsatz (Folge)	*Sir William Sampson reist seiner Tochter nach, sodass er sie zur Rückkehr nach Hause bewegen kann.*	*sodass, so...dass, ohne dass*
Adversativsatz (Entgegensetzung)	*Während Sara tugendhaft ist, wird Mellefont von Lessing als Betrüger dargestellt.*	*während, anstatt dass, ohne dass*

Adverbialsätze können beim Schreiben eigener Texte dazu beitragen, dass **inhaltlich-logische Beziehungen** zwischen den Satzgliedern hergestellt werden. Sie eignen sich auch dazu, den im Deutschen oft vorherrschenden **Nominalstil aufzubrechen.**

1 Verbinden Sie die folgenden Sätze zu Lessings bürgerlichem Trauerspiel „Miss Sara Sampson" entsprechend den in Klammern angegebenen Sinnzusammenhängen. Schreiben Sie auf die Linien.

Sara kommt in Frankreich an. Sie bereut, dass sie ihren Vater verlassen hat. (temporal)

____

____

Marwood ist eifersüchtig. Sie vergiftet Sara. (kausal)

____

____

Sir William Sampson möchte sich bei seiner Tochter entschuldigen. Er schreibt ihr einen Brief. (modal)

____

____

____

Sara Sampson ist tugendhaft. Marwood wird als kalt und berechnend dargestellt. (adversativ)

Marwood vergiftet Sara. Danach flieht sie. (temporal)

Arabella ist noch ein Kind. Marwood nimmt Arabella als Geisel. (konzessiv)

2 **a** Formen Sie in den folgenden Sätzen die unterstrichenen adverbialen Bestimmungen in Adverbialsätze und die unterstrichenen Adverbialsätze in adverbiale Bestimmungen um. Schreiben Sie auf die Linien.

Nach ihrer Ankunft in Frankreich beschleicht Sara ein Gefühl der Reue.

Sir William Sampson will seine Tochter zurückholen, weil er die Einsamkeit des Alters fürchtet.

Während Sara und Mellefont in Frankreich sind, verrät Marwood dem Vater deren Aufenthaltsort.

Nachdem Marwood in einem hochdramatischen Gespräch ihre wahre Identität preisgegeben hat, fällt Sara in Ohnmacht.

Wegen des Gifts wird Sara schwächer und schwächer.

Trotz der anfänglichen Feindseligkeit Sir Williams gegenüber Mellefont verzeiht er diesem am Ende des Stückes.

b Markieren Sie die Nominalisierungen in den Sätzen aus Teilaufgabe a.

Wissen und können **Nebensätze (2): Relativsätze**

Relativsätze sind **Nebensätze,** die ein **vorausgehendes Bezugswort** (Nomen oder Pronomen) näher erklären. Sie werden mit einem **Relativpronomen** (z. B. *der, die, das* oder *welcher, welche, welches),* das auch nach einer Präposition stehen kann, eingeleitet, z. B.: *Der See, in dem sie schwimmen, ist einsam gelegen.*
Da sie **im Satz** die **Rolle eines Attributs** einnehmen, nennt man sie auch **Attributsätze.**
Das traumhafte Wetter lädt zum Baden ein.
→ *Das Wetter, das traumhaft ist, lädt zum Baden ein.*
Relativsätze werden jeweils durch **Kommas** abgetrennt.
Indem Sie Relativsätze beim Schreiben verwenden, können Sie Aspekte **näher erklären** und **stilistisch variantenreich** formulieren.

1 **a** Ergänzen Sie im folgenden Text zur Gattung des bürgerlichen Trauerspiels die Relativpronomen und setzen Sie alle fehlenden Kommas.
b Kreisen Sie jeweils das Bezugswort ein, auf das sich der Relativsatz bezieht.

VORSICHT FEHLER!

Im bürgerlichen Trauerspiel ________ Entstehung eng mit dem Gedankengut der Aufklärung verbunden ist ist die Opposition der Begriffe „bürgerlich" vs. „höfisch" ________ den Kern der neuen Dramen trifft von zentraler Bedeutung: Mit der Definition des Begriffs „bürgerlich" ________ „nicht-höfisch" und zugleich „familiär, privat" meint verschiebt sich das Personal des Trauerspiels vom „Fürsten" mit Hofstaat zur „Mittelschicht" ________ weder zum Hof noch zum gemeinen Volk gehört. Analog dazu verlagert sich der Themenschwerpunkt: Im Gegensatz zu heroischen Stoffen von welthistorischer Bedeutung ________ bei den Vorgängern zu finden sind stehen nun rein fiktive Stoffe ________ innerfamiliäre Themen aufweisen im Vordergrund ________ eine gesteigerte Popularität dieser Theaterform bewirken. Die Sprache in ________ die neuen Dramen verfasst sind ist Prosa. Die Hauptpersonen des bürgerlichen Trauerspiels sind Töchter aus gutem Hause ________ Schicksale beim Publikum u. a. Mitleid erregen sollen.

2 **a** Bilden Sie aus den Sätzen jeweils ein Satzgefüge, das einen (oder mehrere) Relativsatz enthält.

Lessings Drama „Miss Sara Sampson" gilt manchen als das einflussreichste bürgerliche Trauerspiel in deutscher Sprache. Es ist im Jahr 1755 erschienen.

____

____

____

In „Miss Sara Sampson" liegt ein hohes Maß an Emotionalität vor. Man ordnet das Stück deswegen der Phase der frühen Aufklärung in der Literatur zu. Diese wird auch „Empfindsamkeit" genannt.

____

____

____

b Formulieren Sie die beiden Sätze aus Teilaufgabe a stilistisch variantenreich um. Schreiben Sie in Ihr Heft.

Wissen und können **Nebensätze (3): Subjekt- und Objektsätze**

Subjekt- und Objektsätze sind Nebensätze, die die **Rolle der Satzglieder Subjekt bzw. Objekt** für den Hauptsatz übernehmen. Daher nennt man sie auch **Gliedsätze.**
Sie lassen sich wie das Subjekt oder das Objekt mit Hilfe der Frageproben ermitteln.

- **Subjektsatz:** Das Subjekt eines Satzes kann von einem Nebensatz gebildet werden, z.B.: *Wer schwimmen geht, sollte ein Handtuch mitnehmen. Dass man sich nach dem Schwimmen abtrocknet, kann Erkältungen vorbeugen.* Satzgliedfrage: <u>*Wer oder was*</u> *sollte ein Handtuch mitnehmen / ....kann Erkältungen vorbeugen?* (→ Subjektsatz)
- **Objektsatz:** Das Objekt eines Satzes kann von einem Nebensatz gebildet werden, z.B.: *Man erlebt, was man nicht für möglich hält. Ich entscheide, dass wir schwimmen gehen.* Satzgliedfrage: <u>*Wen oder was*</u> *erlebt man / ... entscheide ich?* (→ Objektsatz)

1 Kreuzen Sie an, ob die unterstrichenen Gliedsätze als Subjekt- oder Objektsatz fungieren. Stellen Sie dazu jeweils die Satzgliedfrage.

<u>Dass Sara ihren Vater verlassen hat und mit Mellefont durchgebrannt ist</u>, stellt den seinerzeit schlimmstmöglichen Regelverstoß einer Tochter aus gutem Hause dar.
☐ Subjektsatz
☐ Objektsatz

Bis zur Mitte des Stückes glaubt das Publikum, <u>dass Sara die moralisch überlegene Figur ist.</u>
☐ Subjektsatz
☐ Objektsatz

<u>Wer am Ende des Trauerspiels das meiste Mitleid verdient</u>, obliegt dem Urteil der Leserinnen und Leser.
☐ Subjektsatz
☐ Objektsatz

2 Die folgenden Sätze wirken aufgrund der zahlreichen Nominalisierungen stilistisch wenig ansprechend. Formen Sie sie um, indem Sie Nebensätze (Adverbial-, Relativ- und/oder Subjekt-/Objektsätze) bilden.

Die Wirklichkeitsnähe und die Stärke des Gefühlsausdrucks in Lessings Drama über die Verfehlungen junger Leute bewirken bei den zeitgenössischen Kritikern eine wohlwollende Aufnahme.

Die Lektüre der zur Gattung des „bürgerlichen Trauerspiels" gehörigen Theaterstücke verlangt von heutigen Schülerinnen und Schülern große Konzentration.

Das Verfassen von bürgerlichen Trauerspielen ist aufgrund der darin häufig vorhandenen Rührseligkeit bereits in der Goethezeit aus der Mode geraten.

Nachdenken über Sprache – Rechtschreibung und Zeichensetzung

Diagnose: Überprüfen Sie Ihre Kenntnisse – Rechtschreibung und Kommasetzung

1 Entscheiden Sie sich für die richtige Groß- und Kleinschreibung. Umkreisen Sie dazu bei den farbig hinterlegten Buchstaben die richtige Schreibweise.

Leben in Widersprüchen – Barocke Dichtkunst

Das z/Zentrale Ereignis des 17. Jahrhunderts, der d/Dreißigjährige Krieg, prägte maßgeblich das Zeitalter des b/Barock. Der Vanitas-Gedanke, also das Wissen um die Vergänglichkeit allen s/Seins, war omnipräsent. Das Spannungsfeld zwischen t/Todesgewissheit und l/Lebensfreude, e/Enthaltsamkeit und v/Verschwendungssucht, s/Schein und s/Sein, zwischen Ausrichtung auf das j/Jenseits und der Konzentration auf das Diesseits prägte das Leben der Menschen. Die Begriffe Memento mori (Gedenke des t/Todes/des s/Sterbens!) und Carpe diem (Nutze den Tag!) sind damit typische Schlagworte der Epoche. Diese entgegengesetzten Lebensgefühle finden sich in der Barocklyrik vor allem in den Themen Religion und g/Glauben, mystische Schwärmerei, Krieg und Liebe, aber auch Tod und l/Leben wieder.

Martin Opitz leistete mit der e/Ersten d/Deutschen Regelpoetik, seinem „Buch von der Deutschen Poeterey" (1624), eine Anleitung für das Dichterhandwerk, die Struktur und Ordnung vermitteln sollte und den Lyrikern in dieser unsicheren Zeit h/Halt gab. Sie konnten mit seiner h/Hilfe eine regelkonforme Dichtkunst erlernen. So schrieb Opitz beispielsweise vor, dass das Thema l/Liebe bevorzugt im Sonett oder der Ode verarbeitet werden sollte. Es ging ihm also nicht nur um das w/Was der Darstellung, sondern vielmehr auch um das w/Wie. So verwundert es nicht, dass die b/Barocke Dichtkunst von einer Vielzahl an bildlichen Gestaltungsmitteln geprägt ist und sich die Dichtung durch einen hohen Stil deutlich von einer alltäglichen Sprache abhebt. Vor a/Allem Metaphern und Allegorien fanden rege Verwendung, da mit ihnen sowohl w/Wörtliche als auch s/Sinnliche Bedeutungsebenen dargestellt werden konnten. Die Dichtkunst galt demnach als ein Spiel des v/Verschlüsselns und e/Entschlüsselns.

2 Zusammen oder getrennt, groß oder klein? Schreiben Sie die mit ? markierten Wörter in der korrekten Schreibweise auf die Schreiblinien auf der nächsten Seite.

Erziehung zu einem besseren Menschen – Lyrik der Aufklärung

Die Dichter der Aufklärung bestimmen die menschliche Vernunft zum Maßstab des persönlichen und gesellschaftlichen Handelns. Gesetze und Gebote sind nicht mehr Gott ? gegeben, sondern sollen auf rationalen Überlegungen basieren. Ein positives Menschen ? bild, die Gleichheit aller Menschen, die Einforderungen von Menschen ? rechten sowie die Hinwendung zum Dies ? seits folgen daraus. Man gab sich nicht mehr damit zufrieden, für seine Mühen und Qualen erst im Jenseits belohnt zu werden, statt ? dessen sollte der Mensch durch Bildung und Erziehung ein lebens ? wertes Leben führen können. Die Literatur war in ? so ? fern von Bedeutung, als dass sie dazu genutzt wurde, die neuen Denkanstöße und Ideen zu verbreiten. Lessings Fabeln beispielsweise sollten den Menschen einen Spiegel ihrer ? selbst vorhalten und sie mit moralisierenden Ausgängen zum Besseren erziehen. Damit jedoch die Aussage vom Publikum auch schichten ? übergreifend verstanden werden konnte, bedurfte es einer prägnanten, klaren Sprache. Im Barock, so dachte man, sei der Dichtung diese Eigenschaft abhanden ? gekommen. Diese Entwicklung versuchte Johann Christoph Gottsched (1700–1766) zusammen mit den Mitgliedern des Literaturzirkels der „Deutschübenden poetischen Gesellschaft" voran ? zu ? treiben. Zudem forderte er in seiner Dichtungstheorie Klarheit und Moralität. Aus seiner Sicht sollte ein Dichter die Regeln der antiken und französischen Klassiker befolgen, da die Vernunft dies gebiete. Ein Dichter sollte die Natur nach ? ahmen, aus ihr einen moralischen Lehrsatz erwählen und diesen dem Publikum auf eine sinnliche Art, zum Beispiel in Form einer Fabel, einprägen.

3 Entscheiden Sie bei den eingeklammerten Satzzeichen (,), ob ein Komma stehen muss. Kreisen Sie notwendige ein, streichen Sie überflüssige durch.

Klopstocks Oden – ein Wendepunkt in der deutschen Lyrik

Friedrich Gottlieb Klopstock(,) geboren im Jahre 1724(,) wuchs als ältestes von siebzehn Kindern in einer strenggläubigen Familie auf. Nach seiner gymnasialen Ausbildung begann er 1745 ein Studium der evangelischen Theologie in Jena(,) und siedelte schließlich nach Leipzig über.

Bekannt ist Klopstock unter anderem wegen seiner neuen Art der Dichtung. Obwohl Klopstock in seinen Oden konventionelle Themen(,) wie Religiosität(,) Freundschaft(,) Liebe(,) Natur und Vaterland behandelte(,) hob er sich von seinen Vorgängern ab und stellte sich(,) bewusst über die nüchterne(,) moralische Regelpoetik Gottscheds. Klopstock vertrat die Meinung(,) Dichtung könne nicht einfach zu einem erzieherischen Zweck produziert werden(,) ein Dichter müsse zutiefst von einem Gegenstand ergriffen sein(,) um ihn würdig darzustellen. So wird auch beispielsweise die Freundschaft(,) oder die Liebe in seinen Oden enthusiastisch als subjektives, seelisches Erlebnis gefeiert und in höchster sprachlicher Erregung dargestellt.

Von der gottschedschen Reinheit, Verständlichkeit(,) und grammatischen Richtigkeit der Sprache distanziert sich Klopstock dabei vollends. Er verzichtet auf alternierende Metren, Reime und liedhafte Schemata(,) um der Sprache ihre freie, natürliche Bewegung zu ermöglichen. Diese Abkehr von der Regelpoetik(,) verlangt vom Leser höchste Konzentration und Aufmerksamkeit(,) da der Dichter dazu neigt(,) durch Kürze(,) Änderungen der Wortfolge, Ellipsen (Auslassungen) und Wortneubildungen(,) seine Aussagen zu komprimieren und gleichermaßen sinnlich zu steigern. Diese sprachliche Erregtheit soll das Gefühl direkt spürbar machen und das Empfindungsvermögen des Lesers schärfen. Klopstock gab der deutschen Sprache durch seine Odendichtung neue Impulse und war durch seine unmittelbare Darstellung der Gefühle wegbereitend für die Lyrik im Sturm und Drang.

4 Stellen Sie mit Hilfe der Lösungen fest, in welchen Bereichen bei Ihnen ggf. noch Fehler auftreten. Sie können nun gezielt an Ihren Fehlerschwerpunkten arbeiten, indem Sie die entsprechenden Kapitel auf den folgenden Seiten durcharbeiten.

Die Kommasetzung üben

Wissen und können **Grundregeln der Kommasetzung (1)**

Ein Komma steht immer...

- zwischen **Haupt- und Nebensatz** bzw. **zwischen Nebensätzen** unterschiedlichen Grades, z. B.: *Er vermutete, dass das nicht stimmte. Der Mann, den sie befragten, und sein Sohn, der stumm daneben saß, schienen etwas zu verheimlichen.*
  ▶ Das Komma steht im zweiten Satz ausnahmsweise vor *und*, weil es den eingeschobenen Nebensatz abschließt.
- bei **Aufzählungen**, z. B.: *Er lachte, zwinkerte und zuckte mit den Schultern.*
  ▶ Es steht kein Komma, wenn die aufgezählten Satzteile durch *und, oder* etc. verbunden sind.
- bei wörtlicher Rede zur **Abtrennung des Redebegleitsatzes**, z. B.: *„Was wissen Sie?", fragte er. „Ich bin", stotterte der Jüngere, „wirklich unschuldig."*
- bei **nachgestellten Erläuterungen**, z. B. *Im Jahr darauf, also 1774, erschien der Briefroman*, und **Appositionen** mitten im Satz, z. B.: *Der Angeklagte, ein adrett gekleideter Herr, verstrickte sich immer mehr in Widersprüche.*
- bei **Anreden**, z. B.: *Dies alles, meine Herren, passt hervorragend zu seinem Motiv.*
- bei **entgegensetzenden Konjunktionen**, z. B.: *Er ist klug, aber nicht klug genug.*

1 **a** Markieren Sie im folgenden Text die Hauptsätze und Nebensätze in unterschiedlichen Farben. Setzen Sie dann die Kommas an der richtigen Stelle.

A Gleich nach seiner Entstehung sorgte der Briefroman „Die Leiden des jungen Werthers" für empörende Schlagzeilen indem er vermehrt junge Menschen in den Selbstmord trieb.

B Diese Reaktion war so aufsehenerregend dass die Wissenschaft einen neuen Begriff dafür definierte: das Werther-Fieber oder der Werther-Effekt.

C Auch heute spricht man immer noch vom Werther-Effekt wenn allein die Berichterstattung über Selbstmorde dazu führt dass in der Gesellschaft die Selbstmordrate ansteigt.

b Markieren Sie im folgenden Text Wörter oder Wortgruppen, die eingeschoben, voran- oder nachgestellt wurden. Setzen Sie dann die Kommas an der richtigen Stelle.

D Goethe selbst eine sensible Person schafft es mit Werther, das Publikum zu fesseln.

E Sogar heute circa 250 Jahre später nimmt der Autor die Lesenden mit seiner Sprache eindrucksvoll und berührend zugleich gefangen.

F Werther die Hauptfigur wird nicht von einem Erzähler eingeführt, stattdessen erfahren die Lesenden nur über fiktive Briefe chronologisch im Roman aufgeführt von seinem Schicksal.

Die Leiden des jungen Werthers.

Erster Theil.

Leipzig,
in der Weygandschen Buchhandlung.
1774.

Wissen und können **Grundregeln der Kommasetzung (2)**

Ein Komma darf nicht stehen ...

- zwischen **unterschiedlichen Satzgliedern**, z. B.: *Goethes Dramen mit erkennbarer Nähe zu seinem eigenen Leben sind immer wieder Gegenstand schulischer Lektüre.*
  ▸ Lange Satzglieder, nach denen man Luft holen muss, verleiten manchmal zu der Annahme, dass ein Komma gesetzt werden müsse. Nach unterschiedlichen Satzgliedern steht jedoch kein Komma.
- bei **anreihenden Konjunktionen**, die Wörter bzw. Wortgruppen verbinden, z. B.: *Goethe war für Schiller sowohl ein Vorbild als auch ein Freund.*
  ▸ Weitere Konjunktionen, bei denen kein Komma steht, sind *entweder ... oder, weder ... noch, beziehungsweise, wie, und, oder.*
- bei **einfachen Vergleichen**, z. B.: *Goethe war angesehener als Schiller.*
  Aber: *Goethe war vielseitiger interessiert**,** als ich dachte.*
  Hierbei handelt es sich um einen Vergleichssatz, der am Vorhandensein eines Prädikats zu erkennen ist.

2 Entscheiden Sie bei den eingeklammerten Kommas (,), ob das Satzzeichen stehen muss. Kreisen Sie notwendige ein, streichen Sie überflüssige durch.

A Ohne eine Einführung des Protagonisten Werther (,) bleibt dem Leser nichts anderes übrig (,) als sich in die Rolle des Brieffreundes Wilhelm hineinzuversetzen.

B Werther philosophiert darin (,) sowohl über das Leben selbst (,) als auch das Schreiben und die Dichtkunst.

C Zunächst erscheinen dem Leser vorgetragene Ideen und Ansichten Werthers (,) wie weltfremde, absurde Gedankengänge (,) doch lässt die offene Darlegung seiner aufkeimenden leidenschaftlichen Gefühlswelt den Raum zur Identifikation mit dem Protagonisten.

Wissen und können **Kommasetzung beim erweiterten Infinitiv**

Beim **erweiterten Infinitiv** (Infinitiv + „zu“ + mindestens ein weiteres Wort), auch Infinitivgruppe oder **Infinitivkonstruktion** genannt, **muss nur in folgenden Fällen** ein Komma gesetzt werden:

- Die Infinitivgruppe **hängt von einem Substantiv** (z. B. Möglichkeit, Plan, Chance ...) oder **Verweiswort** (z. B. es, davon, darüber...) **ab**, z. B.:
  Ein Zusammentreffen bietet die Möglichkeit, Konflikte schneller zu lösen.
  Vielen fällt es aber schwer, sich offen zu äußern.
- Die Infinitivgruppe ist **mit „um“, „(an)statt“, „ohne“, „außer“, „als“ eingeleitet**, z. B.:
  Man sollte sich viel öfter offen unterhalten, anstatt insgeheim zu schimpfen.
  Ein persönliches Treffen ist besser, als nur miteinander zu telefonieren.
- Man kann nichts falsch machen, wenn man beim erweiterten Infinitiv **regelmäßig ein Komma** setzt, z. B.: *Menschlichkeit beinhaltet(,) tolerant und offen zu sein.*

3 Entscheiden Sie bei den folgenden Infinitivkonstruktionen, ob ein Komma zwingend stehen muss, und setzen Sie dieses gegebenenfalls ein. Überlegen Sie sich auch eine Begründung. Notieren Sie diese auf den Linien.

A Auch aus heutiger Sicht ist es lohnenswert ____ sich mit Werther und seiner Gefühlswelt auseinanderzusetzen.

B In modernen Interpretationen wie beispielsweise am Nationaltheater Mannheim wird Werther häufig als Jugendlicher vor dem Smartphone dargestellt ____ um das junge Publikum anzusprechen.

4 Der folgende Brief vom 30. Mai stammt aus Goethes Briefroman „Die Leiden des jungen Werthers". Im Brief vom 30. Mai beschreibt Werther die Begegnung mit einem Bauernjungen, welcher in die Witwe, bei der er arbeitete, verliebt ist. Beeindruckt von der einfachen, aber herzlichen Sprache sowie der leidenschaftlichen Zuneigung, entbrennt auch bei Werther eine gewisse Sehnsucht und Begierde.

Entscheiden Sie sich bei den eingeklammerten Satzzeichen (,), ob hier ein Komma stehen muss oder nicht. Kreisen Sie notwendige Kommas ein, streichen Sie überflüssige Kommas durch. Ergänzen Sie in der Randspalte eine Erklärung für die jeweilige Kommasetzung.

Was ich dir neulich von der Malerei sagte**,** gilt gewiß auch von der Dichtkunst; *NeS, HS*
es ist nur (,) daß man das Vortreffliche erkenne und es auszusprechen wage, und das ist freilich mit wenigem viel gesagt. Ich habe heute eine Szene gehabt (,) die (,) rein abgeschrieben (,) die schönste Idylle von der Welt gäbe; doch was soll Dichtung (,) Szene und Idylle? muß es denn immer gebosselt sein (,) wenn wir teil an einer Naturerscheinung nehmen sollen? [...]
Ein Bauerbursch kam (,) aus einem benachbarten Hause und beschäftigte sich, an dem Pfluge (,) den ich neulich gezeichnet hatte, etwas zurecht zu machen. Da mir sein Wesen gefiel (,) redete ich ihn an, fragte nach seinen Umständen, wir waren bald bekannt und (,) wie mir's gewöhnlich mit dieser Art Leuten geht (,) bald vertraut. Er erzählte mir, daß er bei einer Witwe in Diensten sei (,) und von ihr gar wohl gehalten werde. Er sprach so vieles von ihr und lobte sie dergestalt (,) daß ich bald merken (,) konnte, er sei ihr mit Leib und Seele zugetan. Sie sei nicht mehr jung (,) sagte er, sie sei von ihrem ersten Mann übel gehalten worden, wolle nicht mehr heiraten (,) und aus seiner Erzählung leuchtete so merklich hervor (,) wie schön (,) wie reizend sie für ihn sei, wie sehr er wünsche, daß sie ihn wählen möchte (,) um das Andenken der Fehler ihres ersten Mannes auszulöschen, daß ich (,) Wort für Wort (,) wiederholen müßte (,) um dir die reine Neigung, die Liebe und Treue dieses Menschen anschaulich zu machen. Ja (,) ich müßte die Gabe des größten Dichters besitzen (,) um dir zugleich den Ausdruck seiner Gebärden, die Harmonie seiner Stimme, das heimliche Feuer seiner Blicke (,) lebendig darstellen zu können. Nein (,) es sprechen keine Worte die Zartheit aus, die in seinem ganzen Wesen und Ausdruck war; es ist alles nur plump (,) was ich wieder vorbringen könnte. Besonders rührte mich (,) wie er fürchtete, ich möchte über sein Verhältnis zu ihr ungleich denken und an ihrer guten Aufführung zweifeln. Wie reizend es war, wenn er von ihrer Gestalt, von ihrem Körper sprach, der ihn (,) ohne jugendliche Reize (,) gewaltsam an sich zog und fesselte, kann ich mir nur in meiner innersten Seele wiederholen. [...] Schelte mich nicht, wenn ich dir sage, daß bei der Erinnerung dieser Unschuld und Wahrheit mir die innerste Seele glüht, und daß mich das Bild dieser Treue und Zärtlichkeit überall verfolgt, und daß ich (,) wie selbst davon entzündet (,) lechze und schmachte. [...] *

Grundregeln der Rechtschreibung – Rechtschreibtipps

Wissen und können **Die vier wichtigsten Rechtschreibtipps**

Fehlerfreie Texte bilden eine gute Voraussetzung dafür, gelesen und richtig verstanden zu werden. Folgende Regeln und Tipps können Ihnen hierbei helfen.

1. Nutzen Sie das **Lautprinzip**! Also: **Schreiben Sie, wie Sie sprechen!**
   Wichtig: Sprechen Sie deutlich und Standarddeutsch, verschlucken Sie keine Silben und achten Sie auf die einzelnen Laute. Das Lautprinzip hilft Ihnen dann bei der korrekten Schreibung und auch bei der Worttrennung am Zeilenende, z. B. *Hei-zung, Selbst-stän-dig-keit, Schritt-tempo, in-te-res-sant.*

2. Beachten Sie das **Stammprinzip** (Prinzip der Worttreue)! Also: **Schreiben Sie Gleiches möglichst gleich!**
   Auch in gebeugten oder abgeleiteten Wortformen bleibt der Wortstamm gleich, sodass die Herkunft erkennbar bleibt. Man schreibt z. B. *kälter* und *Kälte* (von *kalt*), *Mäuse* (von *Maus*), *hältst* (von *halten*), *Gemäuer* (von *Mauer*).
   Viele Unsicherheiten lassen sich daher auch durch **Ableiten** und **Verlängern** lösen, z. B.:
   lieb – die Liebe, darum *b* und nicht *p*
   endlich – das Ende, darum *d* und nicht *t*
   Mängel – der Mangel, darum *ä* und nicht *e*

3. Wenden Sie das **Bedeutungsprinzip** an! Also: **Berücksichtigen Sie bei der Schreibung eines Wortes seine Bedeutung!**
   Durch eine veränderte Schreibweise werden gleich klingende Wörter voneinander unterschieden, z. B. *Beete/ich bete, Seite/Saite, lehren/leeren, Rat/Rad, malen/mahlen*. Auch bei der Zusammen- und Getrenntschreibung spielt das Bedeutungsprinzip eine Rolle, z. B.: *gut schreiben* (in einem guten Stil oder ordentlich schreiben)/*gutschreiben* (honorieren bzw. anrechnen).

4. Beachten Sie das **grammatische Prinzip!** Also: **Berücksichtigen Sie bei der Schreibung grammatische Prinzipien!**
   Dieses Prinzip regelt die Schreibung nach grammatischen Gesichtspunkten, z. B. die Großschreibung von Nomen und Nominalisierungen oder die korrekte Verwendung von *dass* und *das*.

1 Entscheiden Sie sich für die korrekte Schreibweise und notieren Sie die Wörter auf den untenstehenden Zeilen. Notieren Sie die Begründung dahinter.

letzten__lich (d/t)	Geb__de (eu/äu)	han__lich (t/d)
Schluss__zene (s/_)	wi__derholen (e/_)	

Grundregeln der Rechtschreibung – Getrennt- und Zusammenschreibung

Wissen und können **Wichtige Regeln der Getrennt- und Zusammenschreibung**

- **Getrenntschreibung ist die Regel.**
- Sie **muss** erfolgen:
  - bei **Verbindungen mit *sein*,** z. B.: *fertig sein, müde sein, vorhanden sein, interessiert sein,*
  - bei **Verbindungen aus zwei Verben,** z. B.: *spazieren gehen, gelobt werden, geschenkt bekommen,*
  - bei **Verbindungen aus Substantiv und Verb,** z. B.: *Rollschuh fahren, Gitarre spielen, Auto putzen.* Aber: Zusammenschreibung bei Nominalisierung, z. B.: *das Gitarrespielen*

- Sie **kann** erfolgen bei:
  - **Verbindung** von ***kennen*** und ***lernen*,** z. B.: *Wir haben uns kennengelernt/kennen gelernt.*
  - **einfachem Adjektiv plus Verb,** z. B.: *Er soll das Obst klein schneiden/kleinschneiden.* *Du kannst dir das Essen warm machen/warmmachen.*
  - **Verbindungen aus Substantiv und Partizip,** z. B.: *ein Metall verarbeitender/metallverarbeitender Betrieb* *eine Gewinn bringende/gewinnbringende Entscheidung.*
  - **Verbindungen** mit ***nicht*,** z. B.: *eine nicht öffentliche/nichtöffentliche Veranstaltung.*
  - **Verbindungen aus Präposition und verblasstem Substantiv,** z. B.: *an Stelle von/anstelle von, etwas in Frage/infrage stellen, auf Grund/aufgrund, zu Grunde liegen/zugrundeliegen.*

- **Zusammenschreibung muss** erfolgen bei:
  - **Adjektiv und Verb,** wenn sich eine **neue Gesamtbedeutung** ergibt, z. B.: *schwerfallen/leichtfallen (Mühe haben/keine Mühe haben), schwarzfahren (ohne Fahrschein fahren), sitzenbleiben (nicht versetzt werden), sich gehenlassen (sich vernachlässigen), großschreiben/kleinschreiben (ein Wort mit großem oder kleinem Anfangsbuchstaben schreiben).*
  - **Verbindungen** aus **Substantiv und Adjektiv/Partizip,** wenn der substantivische Bestandteil z. B. um einen Artikel und/oder eine Präposition **verkürzt worden** ist, z. B.: *mondbeschienen, sagenumwoben.*
  - **Verbindungen,** bei denen der **erste Bestandteil nicht mehr frei vorkommt,** z. B.: *einhergehen, zunichtemachen, abhandenkommen, zuteilwerden, feilbieten, wettmachen.*
  - In Buchstaben geschriebene **Zahlen kleiner als eine Million,** z. B.: *zweihundertfünfundfünfzig, zehntausenddreihundertsiebzehn.*

Tipp: Im Zweifel sollten Sie **in einem Wörterbuch nachschlagen.**

1 Welcher Satz ist richtig geschrieben? Kreuzen Sie an.

☐ A Wenn Sie mit Ihrem Konsum Verhalten so weitermachen, werden Sie bald pleite gehen.

☐ B Wenn Sie mit Ihrem Konsumverhalten so weitermachen, werden Sie bald pleite gehen.

☐ C Wenn Sie mit Ihrem Konsumverhalten so weiter machen, werden Sie bald pleitegehen.

☐ D Wenn Sie mit Ihrem Konsumverhalten so weitermachen, werden Sie bald pleitegehen.

☐ E Wenn Sie mit Ihrem Konsum Verhalten so weiter machen, werden Sie bald pleite gehen.

☐ F Wenn Sie mit Ihrem Konsum Verhalten so weitermachen, werden Sie bald pleitegehen.

2 Bilden Sie aus den Wortbestandteilen in der linken und rechten Spalte möglichst viele Verbverbindungen und schreiben Sie sie den Regeln entsprechend getrennt oder zusammen auf.

pleite • klug • schwarz • weis • lesen • dumm • bereit • schuld • schief • spazieren	sein • schreiben • werden • sagen • lernen • fahren • stellen • machen • gehen • arbeiten

3 Suchen Sie im Wortgitter zehn Adjektiv-Verb-Verbindungen heraus (waagrecht, senkrecht, vorwärts, rückwärts) und schreiben Sie sie korrekt auf die untenstehenden Zeilen. Achten Sie auf die richtige Getrennt- und Zusammenschreibung.

V	O	R	Z	B	E	I	A	S	L	E	B	E	N	F	I
M	I	T	U	I	N	E	L	L	E	T	S	R	A	L	K
I	C	H	M	L	M	U	T	O	T	L	A	C	H	E	N
H	T	O	F	W	E	I	C	H	K	O	C	H	E	N	A
A	L	C	E	I	S	G	A	U	O	F	E	N	B	I	S
L	A	H	S	E	I	E	R	T	H	U	T	B	R	E	I
T	K	L	T	E	I	L	N	A	L	E	S	E	I	L	E
K	R	A	N	K	S	C	H	R	E	I	B	E	N	M	N
L	A	D	E	R	G	E	B	N	I	S	W	A	G	E	S
A	G	E	H	T	O	T	S	C	H	L	A	G	E	N	I
U	E	N	M	T	O	T	S	T	E	L	L	E	N	F	L
S	N	I	E	S	H	C	I	L	K	C	E	U	L	G	U
L	O	A	N	T	E	N	N	E	W	O	L	L	E	N	E

4 Füllen Sie die Lücken, indem Sie die geeigneten Wörter aus dem Kasten auswählen.

so weit / soweit • so fern / sofern • zuviel / zu viel • sobald / so bald

A ______________________ es dir gelingt aufzusteigen, können wir losreiten. B Es ist ______________ des Guten. ____________________ ich informiert bin, ist das der richtige Weg. C Ist es wirklich noch ________________? D ______________________________ ich mehr weiß, werde ich es dir sagen.

Grundregeln der Rechtschreibung – Groß- und Kleinschreibung

Wissen und können **Die Großschreibung von Nomen**

- **Eigennamen und Nomen** werden **immer großgeschrieben.**
  Nomen erkennen Sie daran, dass **Artikel, Pronomen, Zahlwörter, Adjektive** oder **Partizipien** sie begleiten können, z. B.: *der Schriftsteller, eine Schriftstellerin; dieses Gemälde, jenes Werk; mein/dein/sein Hobby; etwas Mühe, viele Notizen, kein Hindernis; großes Engagement, schönes Lied; laufende Kamera, geballte Aufmerksamkeit, ...*
  Tipp: Findet sich kein Artikel oder Pronomen, ist es hilfreich, **Nomenbegleiter** zu ergänzen, z. B.: *Wörterbücher helfen Schülern.* ▶ *Die/Viele Wörterbücher helfen den/vielen/allen Schülern.*

Besonderheiten

- Ein **Artikel** kann **mit** einer **Präposition verschmelzen** und seine Funktion als Begleiter des Nomens erfüllen, z. B.: *Am Nachmittag fahren wir ins Schwimmbad. (= An dem Nachmittag fahren wir in das Schwimmbad.)*
- **Präpositionen** stehen oft ohne Artikel vor **Nomen**, z. B.: *Wir lauschten mit (der) Begeisterung seinen Worten.*
- **Begleiten Artikel oder Pronomen Wörter anderer Wortarten,** so werden sie **nominalisiert** und dementsprechend **großgeschrieben,** z. B.: *das Lesen, das Schönste, das Für und Wider, dieses Ausharren, dein Können, etwas Neues, im Allgemeinen, im Einzelnen, im Übrigen, im Wesentlichen, im Folgenden, des Weiteren, ...*

Wissen und können **Ausnahmen von der Großschreibung**

Kleinschreibung ist erforderlich

- bei *die/diese/alle beiden, einer von beiden, zum einen ... zum anderen,*
- in **Verbindung mit *sein*** bei *spitze, angst, klasse, schuld, pleite,* z. B.: *Du bist spitze! Er ist schuld.*
- bei **Nomen, die zu Präpositionen** geworden sind, z. B.: *dank seiner Hilfe, kraft meines Amtes, laut Zeugenaussagen, zeit ihres Lebens.*
- bei **abgeleiteten Zeitadverbien,** z. B.: *nachts, vormittags, mittwochs* ▶ **aber:** *heute Nacht, gestern Vormittag, am Mittwoch, ...*

1 Vervollständigen Sie die folgenden Redewendungen und entscheiden Sie, ob groß- oder kleingeschrieben werden muss. Begründen Sie Ihre Schreibweise auf der Zusatzzeile hinter dem Satz.

Beispiel: *Auch* der Tüchtige braucht Glück. (Begründung: nominalisiertes Adjektiv mit Artikel.)

gute • nichts • zwei • schlechte • dritte • schwer • gold • schlechtes • nichts

A Es gibt kein ______ Wetter, nur ______ Kleidung. ______

B Alles ______ kommt von oben. ______

C Es ist nicht alles ______, was glänzt. ______

D Aller Anfang ist ______. ______

E Wenn ______ sich streiten, freut sich der ______. ______

F Von ______ kommt ______. ______

2 Füllen Sie die Lücken im Text auf der Folgeseite, indem Sie die Wörter aus der Randspalte einsetzen. Achten Sie dabei auf die richtige Groß- und Kleinschreibung, die Flexion und Schreibung.

Luise Adelgunde Victorie Gottsched – eine Schriftstellerin wider Willen

Luise Adelgunde Viktorie Gottsched, Gattin des ____________ Professors	leipziger
der Poesie, Logik und Metaphysik Johann Christoph Gottsched, war eine der	
______________________________	bedeutend
______________ Schriftstellerinnen des 18. Jahrhunderts. Luise,	deutschsprachig
den Gepflogenheiten der Zeit entsprechend auch Gottschedin genannt, verfasste als	
________ Frau in Deutschland Komödien, aber auch eine Tragödie, obwohl	erster
diese Gattung eigentlich bis __________ der männlichen Feder	dato
vorbehalten war.	
In der sechs Jahre währenden Verlobungszeit mit Johann Christoph, in der Luise die	
Eheschließung so lange wie möglich aufschieben wollte, entstand ein reger Briefwechsel	
zwischen der Gottschedin und ihrer guten Freundin Dorothea von Runckel, in dem	
ersichtlich wird, dass Johann Christoph im ____________ mit seiner	geheim
Frau viel vorhatte. Er wusste um die außergewöhnliche Intelligenz und Wissbegier	
seiner Verlobten und nutzte ihr ___________ dahingehend aus, aus	können
ihr sowohl eine fürsorgende Haus- und Ehefrau als auch eine wissenschaftliche	
Assistentin und Übersetzerin zu machen. Dieses Schicksal war Luise bewusst, doch	
kam die Möglichkeit, Bildung zu erlangen, auch ihren Vorstellungen einer modernen,	
aufgeklärten Frau __________. Auf Drängen Johann Christophs lauschte	nah
sie an den geöffneten Vorlesungssälen ihres Mannes und eignete sich so ein breites	
______ über Rhetorik und Dichtkunst an. Zu __________	wissen lebzeiten
unterstützte sie jahrzehntelang die wissenschaftlichen und literarischen Projekte ihres	
Mannes. Für „Die deutsche Schaubühne“ beispielsweise übersetze Luise anerkannte	
Dramen aus dem _______________ nach den erlernbaren Regeln	französisch
der Dichtkunst ins ___________, so, wie es ihr Mann propagierte.	deutsch
Zudem erweiterte die Gottschedin die Sammlung um fünf __________:	eigen
„Die ungleiche Heyrath“ (1743), „Die Hausfranzösin, oder die Mammsell“ (1744), „Panthea“	
(1744), „Das Testament“ (1745) und „Herr Witzling“ (1745). Dabei hielt sie sich aber nur	
bedingt an die Regeln ihres Mannes. Vor allem inhaltlich distanzierte sich die	
__________ von dem __________. In ihrer Tragödie „Panthea“	begabt vorgegeben
beispielsweise lehnt die Titelheldin es vollends ab, dem __________	wollen
der Götter Beachtung zu schenken, stattdessen entscheidet sie sich für einen	
selbstbestimmten Selbstmord. Das und ______________	viel
andere galt an „Panthea“ damals als äußerst sittenwidrig und unerhört, sodass das	
Werk der Schriftstellerin ___________ als völlig misslungen galt und	zeitlebens
kaum Beachtung fand. Dorothea Runckel, die Brieffreundin, brachte knapp zehn Jahre	
nach Luises __________ eine Auswahl der Briefe und Dramen, die lange	lebzeiten
Gottsched selbst zugeschrieben wurden, unter dem wahren Namen der Autorin heraus. *	

4 Drei Schüler/-innen haben in ihrem Interpretationsaufsatz das Ende der Kurzgeschichte (Z. 57 – 61) gedeutet. Prüfen Sie, welche der Deutungshypothesen Ihnen am schlüssigsten erscheint. Begründen Sie Ihre Meinung mit Bezug auf den Text auf den Linien unten, indem Sie die Deutungshypothese mit Hilfe von Textstellen ergänzen.

A Hannes:
Beiden ist bewusst, dass die Gefühle füreinander und die Einsicht über das monotone Alltagsleben vergessen sind, sobald sie wieder in die Stadt zurückkehren. Deshalb verharren sie auf dem Aussichtsturm, um sich für den Moment noch dem Traum vom Ausbrechen aus dem Alltag hinzugeben.

B Malin:
Auch wenn beide den Wunsch äußern, aus der Monotonie des Alltags auszubrechen und ihre Verliebtheit zu genießen, so scheint dem Jungen trotzdem klar zu sein, dass man in die Stadt und damit zur alltäglichen Routine zurückkehren wird.

C Noah:
Beide erkennen, dass sie nicht mehr so leben wollen wie vor dieser gemeinsam erlebten Nacht, dass es jedoch unmöglich ist, diese besondere Nacht mitsamt den gewonnenen Einsichten und Gefühlen in das Alltagsleben hinüberzuretten. Deshalb erscheint dem Mädchen Suizid als einzige Möglichkeit, den monotonen Alltag dauerhaft hinter sich zu lassen.

5 Die folgenden Aussagen beziehen sich auf die erzählerische und sprachliche Gestaltung des ersten Sinnabschnitts der Kurzgeschichte (Z. 1 – 14). Sie sind allerdings durcheinandergeraten. Verbinden Sie die Aussagen mit den passenden Textbelegen. Schreiben Sie dann den Text in Ihr Heft. Verwenden Sie dabei verschiedene Möglichkeiten der Einbindung von Textbelegen.

Nah an der Umgangssprache, mit einfachen Bildern und in knappen, z. T. elliptischen Sätzen charakterisiert ein/-e nullfokaliserte/-r, meist distanzierte/-r Erzähler/-in die Situation in einer Großstadt am Beginn des Feierabends. Dies verdeutlicht, dass die/der Einzelne nur noch Teil einer anonymen Masse ist.		„Säßen dann auf der Couch, würden Gurken essen und mit einem kleinen Schmerz den Himmel ansehen“ (Z. 6 f.).
Deshalb verhallt auch die in den Raum gestellte Frage ungehört, weil sich die Menschen nicht die Zeit nehmen, darüber nachzudenken, „wofür“ sie ihr Leben nutzen wollen.		Zu „Tausenden“ (Z. 1, Umgangssprache) werden die Menschen auf den „eng[en]“ (Z. 2 f.) Straßen nach Hause „geschoben“ (Z. 2 f., Umgangssprache).
Noch während sich die Menschen auf dem Heimweg befinden, nimmt die/der Erzähler/-in in einer Art Vorausschau und mit ironischem Unterton den weiteren Verlauf des Abends vorweg:		„Eine Nacht wie geschaffen, alles hinter sich zu lassen, aber wofür?“ (Z. 9).

6 Der folgende Auszug aus einem Schüleraufsatz zur Raumgestaltung des Textes ist sprachlich fehlerhaft. Überarbeiten Sie den Auszug, indem Sie die falsch geschriebenen Wörter in der rechten Spalte verbessern und die fehlenden Kommas setzen.

VORSICHT FEHLER!

Die Natur als offener Raum steht in dieser Kurzgeschichte in Opposition zur Stadt mit ihren klaren Strucktüren. Diese von der Gesellschaft und der Arbeit vorgegebenen Regeln scheinen dem Menschen zwar „Halt“ (Z. 11, 12) zu geben engen (vgl. Z. 12–14) ihn aber auch so ein dass er nicht zur Ruhe kommen kann und den Bezug sowohl zur Natur als auch zu sich verliert. Der Verlust des Menschseins geht sogar so weit das die Menschen nur noch wie Maschienen funktionieren (Z. 4 ff.).

Erst in der Stille der Nacht erfahren die beiden Jugendlichen auf dem Berg wie ihre Sinne für die äussere Natur erwachen (vgl. Z. 42–45.) und zugleich auch für ihre zuvor nicht zugänglichen eigenen Bedürfnisse und Empfindungen. Es tue gut so einträchtig Hand in Hand zu sitzen (vgl. Z. 42 f.); etwas schöneres können sie sich nicht vorstellen (vgl. Z. 43). Die Protagonisten erleben wie sich Glück anfühlt und was Leben alles sein kann.

Der Ort des weiteren Geschehens bleiben Natur und Turm aber die Nacht weicht almählich dem Morgen. Der Blick geht nun nicht mehr über das Land bis zu den Alpen sondern hinunter zur Stadt in der die Hecktik des neuen Tages einsezt. Mit der zeitlichen Abfolge „Abend“ in der Stadt – „Nacht“ auf dem Turm im Wald – „Morgen“ in der Stadt kehrt die Erzählung gedanklich an den Ausgangspunkt den Ort der Zivilsation und urbanen Arbeitswelt zurück.

B Einen Sachtext analysieren und erörtern

Lesen Sie den Text über die Bedeutung des Lesens und lösen Sie die folgenden Aufgaben. Beachten Sie: Bei Multiple-Choice-Aufgaben ist immer nur eine Lösung richtig.

Peter Bichsel **Der Leser. Das Erzählen. Frankfurter Poetik-Vorlesungen[1] (1982) [Auszug]**

[...] Was also ist das, ein Leser?

Auch mit den geschicktesten Umfragen über Lesegewohnheiten und Leseintensität wird man zu keiner brauchbaren Statistik kommen. Niemand, außer eben der wirkliche Leser, wird ehrlich Auskunft geben. Ich kenne sogar Germanistikprofessoren, die keine Leser sind. Man erkennt sie mitunter daran, dass sie sich wortreich darüber beklagen, dass ihre Studenten nicht lesen. Ich meine, Lesen hat zunächst wenig mit dem zu tun, was wir Literatur nennen. Ein Leser ist ein Süchtiger – vorerst nicht süchtig auf Inhalte und Themen, selten verschworen auf ein einziges oder eingeschränktes Themengebiet. Leser sind Allesleser. Leser sind jene, bei denen gewisse Körperfunktionen – ich denke ans WC – ausfallen, wenn sie keinen Lesestoff haben, die ohne Lesestoff nicht einschlafen, ohne Lesestoff nicht verdauen können oder was auch immer. Lesen, so vermute ich, ist etwas Körperliches.

Beim intensiven Lesen verspüre ich körperliche Veränderungen, die, so scheint mir, nicht vom Inhalt ausgelöst sind, sondern vom Lesevorgang selbst. Ich vermute – ohne jede Sach- und Fachkenntnis –, dass dabei gewisse hormonale oder was immer für Vorgänge im Körper ablaufen. In einer Liste entsprechender medizinischer Fachliteratur, die mir die Universitätsbibliothek zusammenstellte, konnte ich immerhin feststellen, dass es – vor allem in der amerikanischen Wissenschaft – solche Vermutungen gibt. Die Lust, diese Fachliteratur zu lesen, fehlte mir allerdings. Meine persönliche Beobachtung, dass ich mit dem Körper lese, genügt mir; auch gewisse Körperstellungen, gewisse Stühle, gewisse Liegen sind ja dem Lesen förderlich.

Lesen ist für mich sozusagen immer und unabhängig vom Inhalt der Eintritt in eine Gegenwelt – selbst bei realistischer oder gar naturalistischer oder sozialkritischer Literatur, unter Umständen auch bei einem politischen Kommentar zum gegenwärtigen Stand der Dinge. Mich selbst oder meine Lage darin zu erkennen, das ist – wenn schon – eine nachträgliche Sache. Im Augenblick des Lesens ist es immer „das Andere", das mein Verhalten bestimmt. Ich verspüre beim intensiven Lesen ein leichtes Abheben vom Boden, das sich steigern kann bis zum Gefühl der Schwerelosigkeit; ich komme in einen Rauschzustand, den ich genieße.

Ich stelle auch fest, dass ich nach intensivem Lesen unfallgefährdet bin. Ich stolpere auf der Treppe, ich schneide mich in den Finger beim Brotschneiden, ich überquere die Straße, ohne auf den Verkehr zu achten, ich stolpere über den Randstein. Die Nützlichkeit des Lesens, gepriesen von Schule und Gesellschaft, gewünscht und gefördert von Politik und Öffentlichkeit, bekommt hier – wenn ich mir ein Bein brechen würde – ihre Relativität. [...]

Man müsste sich also doch einmal die Frage stellen, ob Lesen den Realitätsbezug verbessert oder verschlechtert. Unbestritten ist sicher, dass Lesen den Realitätsbezug verändert. Wir leben aber bekanntlich in einer Zeit, in der jeder veränderte Realitätsbezug als gefährlich, für die bestehende Gesellschaft gefährlich, eingestuft wird. „Realisten" werden nur jene genannt, die das Bestehende als gegebene Natur hinnehmen und, vielleicht höchstens mit einem Leider, das Bestehende als unveränderbar verzeichnen. [...]

Ich liefere den Gegnern des Lesens – die gibt es, aber sie nennen sich nicht so und geben sich nicht an diesem Thema zu erkennen – ungern Argumente. Trotzdem könnte es ja doch sein, dass der sogenannte mangelnde Realitätsbezug der Leser daher stammt, dass Lesen eine Sucht ist und mit zu den Suchtgefahren gehört. Fragen drängen sich auf, zum Beispiel: Ist die Selbstmordrate unter Lesern höher oder niedriger?

Haben intensive, süchtige Leser eine Neigung zur Faulheit oder zum Fleiß?

Fördert Lesen das Bruttosozialprodukt[2] oder gefährdet es das BSP?

Ist eine Gesellschaft, die nichts anders will als Reichtum und Wachstum, auf Leser angewiesen? Braucht sie wirklich Leser? Ich bin an der Beantwortung dieser und ähnlicher Fragen nicht im Geringsten interessiert. Leser sind mitunter Leute, die mit Fragen umgehen können, ohne gleich nach der Antwort zu rufen: in Fragen leben, nicht in Antworten. [...] *

---

1 In den Frankfurter Poetik-Vorlesungen, die seit 1959/60 jedes Semester an der Johann Wolfgang Goethe-Universität Frankfurt am Main stattfinden, beschäftigen sich namhafte Autoren mit Fragen zur poetischen Produktion und ihren Bedingungen. Zu den Gastdozenten zählen neben Ingeborg Bachmann, die die Vortragsreihe eröffnete, auch Heinrich Böll, Günter Grass, Uwe Timm sowie Juli Zeh. Viele dieser Vorlesungen erscheinen im Anschluss als Buch, so auch Peter Bichsel 1981/92 gehaltene Vortragsreihe unter dem Titel „Der Leser. Das Erzählen".

2 Wert aller Güter und Dienstleistungen, die in einem Land innerhalb eines bestimmten Zeitraums produziert werden

1 Ordnen Sie die nachfolgenden Aussagen gedanklich schlüssig, um den Argumentationsgang des Textes auf ▶ S. 92 widerzuspiegeln. Nummerieren Sie hierfür die Aussagen in der richtigen Reihenfolge. Geben Sie zudem für die jeweiligen Aussagen die Sinnabschnitte mit Zeilenangabe an.

Reihenfolge	Sinnabschnitt	strukturierte Zusammenfassung des Textes
		A Bichsel stellt die These auf, dass es sich bei Leser/-innen um Personen handelt, für die – vergleichbar einem Süchtigen – unabhängig von bestimmten Themen und Inhalten der Lesevorgang selbst ein körperliches Verlangen sei.
		B Darüber hinaus lässt Bichsel sein Publikum wissen, dass für ihn der primäre Zweck des Lesens darin bestehe, dass Bücher den Lesenden Gegenwelten eröffneten.
		C Dabei macht er gleich zu Beginn deutlich, dass weder Statistiken noch andere wissenschaftliche Untersuchungen zuverlässige Ergebnisse über das Leseverhalten liefern könnten, weshalb man die Lesenden selbst befragen müsse, um zu validen Erkenntnissen zu gelangen.
		D Er führt aus, dass er beim intensiven Lesen, also beim Eintauchen in eine andere Realität, in eine Art Rauschzustand gerate, der zur Folge haben könne, dass er im Alltag linkisch und wirklichkeitsfremd erscheine.
		E Diese Frage nimmt er zum Anlass, um im Rückgriff auf seine These, dass Lesen die Sicht auf die Welt verändere, die bestehende Wirtschafts- und Gesellschaftsordnung zu kritisieren. Diese, so Bichsel, sei nur auf Materielles ausgerichtet und werte deshalb Menschen, die die bestehenden Verhältnisse in Frage stellten, ab.
		F Dass man beim Lesen auch Erkenntnisse über sich selbst gewinnen könne, hält er demgegenüber für zweitrangig.
		G Zur Veranschaulichung zählt er einige persönliche Erlebnisse wie z. B. das Stolpern auf der Treppe, kleine Schnittverletzungen beim Brotschneiden oder Unachtsamkeit im Straßenverkehr auf, um mit einem ironischen Unterton schlusszufolgern, dass intensives Lesen durchaus gefährlich und die von der Gesellschaft stets postulierte Nützlichkeit des Lesens zu hinterfragen sei.
		H Um seine Kritik zu verstärken, stellt er das Bild der süchtigen Lesenden aufgreifend, einige ironisch zu verstehende Fragen in den Raum, die scheinbar die negativen Aspekte des Lesens aufzeigen sollen, um schließlich die provokante Frage zu stellen, ob eine Gesellschaft, die rein ökonomische Zwecke verfolge, überhaupt Lesende brauche.
		I Folglich vermutet er, dass echte Lesende ohne die Lesetätigkeit ein körperliches Unwohlsein empfinden.
		J Seine These untermauert er dadurch, dass er von seiner persönlichen Erfahrung berichtet, dass er intensives Lesen als einen körperlichen Akt empfinde.
		K Indem er vorgibt, dass er an der Beantwortung dieser Frage kein Interesse habe, macht er sein eigentliches Anliegen deutlich, nämlich dass es genau diese Lesenden brauche, denn Lesende seien kritische, selbstdenkende Menschen, die bereit seien, sich komplexe Fragen zu stellen, ohne einfache Antworten zu erwarten.
		L Im vorliegenden Auszug wendet sich Bichsel der Frage zu, was Lesende auszeichne, wobei der Lesevorgang als solcher und die besondere Persönlichkeitsstruktur der Lesenden im Zentrum stehen.

2 **a** Markieren Sie in der folgenden Textstelle die vom Autor verwendeten sprachlichen Gestaltungsmittel und benennen Sie diese mit dem korrekten Fachbegriff auf der Linie darunter.
b Erläutern Sie zudem, welche Funktion sie im Text erfüllen auf den Linien unten.

„Leser sind jene, bei denen gewisse Körperfunktionen – ich denke ans WC – ausfallen, wenn sie keinen

____

Lesestoff haben, die ohne Lesestoff nicht einschlafen, ohne Lesestoff nicht verdauen können oder

____

was auch immer."

____

Erläuterung der Funktion:

____

____

____

____

____

____

3 Kreuzen Sie die richtige Antwort an.

Mit „den Gegnern des Lesens" (Z. 68) meint Peter Bichsel diejenigen in unserer Gesellschaft, …

- [ ] … die das Lesen von Literatur als unnütz erachten.
- [ ] … die in der Gruppe der Leser/-innen eine Gefahr für die bestehende Ordnung sehen.
- [ ] … die aufgrund der Leseintensität gefährdet sind.

4 Kreuzen Sie an, welche der folgenden Aussagen die Autorintention am genauesten erfasst.

- [ ] **A** Peter Bichsel beklagt im vorliegenden Auszug die fehlende Lesemotivation in der Gesellschaft und fordert sein Publikum auf, mehr zu lesen.
- [ ] **B** Der Autor kritisiert die Wissenschaftsgläubigkeit in der Gesellschaft, die zur Folge hat, dass man sich zur Rechtfertigung des eigenen Denkens und Handelns auf die Ergebnisse von Forschungen beruft, ohne diese hinterfragt zu haben.
- [ ] **C** Der Verfasser fordert die Lesenden auf, nicht nur das eigene Leseverhalten, sondern auch gesellschaftliche Entwicklungen kritisch zu reflektieren.
- [ ] **D** Der Autor stellt subjektive Überlegungen über den Lesevorgang und seine Bedeutsamkeit für die Entwicklung zu intensiven Lesenden an.

5 Der folgende Auszug stammt aus einer im Unterricht entstandenen Sachtextanalyse zu Peter Bichsels Vortragstext über das Lesen. Allerdings ist es hier noch nicht überzeugend gelungen, den Text kohärent zu gestalten.

a Überarbeiten Sie den Auszug, indem Sie den gedanklichen Zusammenhang zwischen den Aussagen durch geeignete Konjunktionen und Proformen als sprachliche Mittel des Verweisens verdeutlichen. Schreiben Sie in Ihr Heft.

b Ermitteln Sie anhand der Lösungen, wie erfolgreich Sie bei der Textüberarbeitung bereits sind.

VORSICHT FEHLER!

> [...] Bichsel bezweifelt, dass Studien über das Leseverhalten aussagekräftige Ergebnisse lieferten. Nur die/der „wirkliche" (Z. 5) Lesende könne „ehrlich Auskunft geben" (Z. 5 f.). Er verwendet bekräftigende Formulierungen. Er will die Menschen, die tatsächlich lesen, von denjenigen abgrenzen, die nur vorgeben, Lesende zu sein. Er spielt vermutlich darauf an, dass Lesen zum bildungsbürgerlichen Selbstverständnis gehört, Anspruch und Wirklichkeit jedoch oftmals auseinanderklaffen. Er verweist darauf, dass er „sogar Germanistikprofessoren [kenne], die keine Leser [seien]" (Z. 6 f.), „wortreich" (Z. 8) aber auf die mangelnde Lesemotivation ihrer Studierenden hinwiesen. Er entlarvt mit diesem persönlichen Beispiel das in sich widersprüchliche Verhalten gerade im Bildungsbürgertum in Bezug auf das Lesen. [...]

6 Prüfen Sie den folgenden Auszug aus einem Text, in dem der Sprachstil von Peter Bichsels Textauszug analysiert wird.

a Unterstreichen Sie zunächst Formulierungen, die Ihrer Meinung nach sprachlich nicht passend sind.

b Verbessern Sie die fehlerhaften Formulierungen in der rechten Spalte.

VORSICHT FEHLER!

[...] Auch deshalb fokussiert im weiteren Verlauf ein persönlich gehaltener Sprachstil den Textauszug, da die am Eingang gestellte Frage nur aus individueller Sicht beantwortet werden kann und Bichsel sich zur Gruppe der Lesenden rechnet. Immer wieder greift er auf persönliche Erfahrungen bzw. Erlebnisse zurück (vgl. Z. 6–9 sowie Z. 20–22) und nutzt Einschübe wie „so vermute ich" (Z. 18) oder „so scheint mir" (Z. 21), um seinem Publikum den Eindruck zu geben, dass es sich um rein eigene Erkenntnisse „ohne jede Sach- und Fachkenntnis" (Z. 23) handelt. Wenngleich er damit scheinbar den Wahrheitsanspruch seiner Aussagen einschränken will, so lassen sich diese Formeln auch als Bescheidenheits-Topoi deuten, um seinen Ausführungen doch mehr Gewicht zu verleihen – schließlich handelt es sich bei Bichsel um einen im deutschsprechenden Raum anerkannten Autor, der eingeladen wurde, im Rahmen der Frankfurter Poetik-Vorlesungen einen Vortrag zu machen.	

Deutschbuch

Gymnasium Bayern

Autoren- und Quellenverzeichnis

S. 4: Bertolt Brecht: Geschichten vom Herrn Keuner. Suhrkamp, Frankfurt am Main 1971; Auszug aus einem Wörterbuch: Digitales Wörterbuch der deutschen Sprache (www.dwds.de)*, [08.06.2022]; **S. 6:** Andreas Gryphius: Abend. Andreas Gryphius: Dichtungen. Hrsg. v. Carl Otto Conrady; **M 1:** Erika Wischer (Hrsg.): Propyläen – Geschichte der Weltliteratur, Band 3, Renaissance und Barock, 1988 *; **S. 7:** Hans Magnus Enzensberger: Eventuell. Hans Magnus Enzensberger, Jan Peter Tripp: Wirrwarr. Berlin: Suhrkamp 2020, S. 12; **S. 12 f.:** Friedrich Schiller: Don Karlos. Infant von Spanien. Stuttgart, 2012, Reclam *; **S. 17, M 1:** Jochen Schulte-Sasse: Die frühen Dramen Schillers, In: Rolf Grimminger (Hrsg.): Sozialgeschichte der deutschen Literatur, Bd. 3. München: Hanser 1980; **M 2:** Friedrich Schiller: Was kann eine gute stehende Schaubühne eigentlich wirken? Vorlesung Mannheim 1784 *; **S. 20:** Judith Hermann, Zigaretten, In: Gutschhan, Uwe-Michael (Hg.): Liebe bis aufs Blut. Neun Eifersuchtsgeschichten. © 2001 Carl Hanser Verlag München; **S. 28:** Johann Wolfgang Goethe: Die Leiden des jungen Werther. Goethes Werke in 12 Bänden, Bd. 5. Hg. v. den Nationalen Forschungs- und Gedenkstätten der klassischen deutschen Literatur in Weimar. Aufbau Verlag: Berlin/Weimar, 4. Auflage 1981; **S. 31:** Jan Georg Plavec: Niemand spricht nur Kiezdeutsch. Quelle. https://www.stuttgarter-zeitung.de/inhalt.interview-mit-heike-wiese-niemand-spricht-nur-kiezdeutsch.f9530e6b-fd76-4059-affd-d05bd6b01379.html, [07.04.2022]; **S. 32:** Stellungnahme der Deutschen Gesellschaft für Sprachwissenschaft: Die Sprachvarianten (Kiezdeutsch, Jugendsprachen, etc.) des Deutschen stellen keinen Sprachverfall dar. Quelle: https://dgfs.de/de/aktuelles/2012/erklaerung-der-dgfs-zu-sprachlichen-varianten.html [07.04.2022]; **S. 33:** Matthias Heine: In Wahrheit ist Kiezdeutsch rassistisch (2014). Quelle: https://www.welt.de/kultur/article129622721/In-Wahrheit-ist-Kiezdeutsch-rassistisch.html *, [07.04.2022]; **S. 39:** Jana Anzlinger: Lieber Schaum vorm Mund als keine Ahnung (2020), vom 06.03.2020, zit. nach: https://www.sueddeutsche.de/politik/sprachemachtpolitik-bundestag-diskurs-empoerung-kommentar-1.4832183 *, [07.04.2022]; **S. 48:** Kim Berg: Die vierte Gewalt (05.06.2020), zit. nach: https://www.deutschland.de/de/topic/kultur/pressefreiheit-die-aufgabe-der-medien-in-deutschland [13.02.2023] **S. 49:** Pressefreiheit, zit. nach: https://www.sueddeutsche.de/kultur/paul-sethe-xliii-der-seher-1.417226* [22.02.2023]; Pressefreiheit hat ihre Grenzen: Dieser Text wurde eigens für dieses Arbeitsheft verfasst; **S. 50:** Sonja Schwetje: Tag der Pressefreiheit; zit. nach: https://www.stern.de/politik/deutschland/wie-steht-es-um-die-pressefreiheit--journalistinnen-und-journalisten-berichten-30509966.html, vom 05.03.2021, [08.06.2022]; **S. 56:** Philipp Holstein: Leistung muss sich endlich lohnen. Zit nach: https://rp-online.de/politik/deutschland/kritik-an-der-leistungsgesellschaft-in-deutschland-wir-sollten-unsere-einstellung-aendern_aid-19049669 *, [07.04.2022]; **S. 67:** https://www.fembio.org/biographie.php/frau/biographie/catharina-regina-von-greiffenberg/ *, [09.06.2022]; **S. 68:** Johann Wolfgang Goethe: Die Leiden des jungen Werther. Rezension. Zit. nach: https://lektuerehilfe.de/johann-wolfgang-von-goethe/die-leiden-des-jungen-werther/rezension, [07.04.2022]; **S. 71:** Tilo Hemmert: „Vom Ende der Gutenberg-Galaxie zur Kultur der Digitalität“, in: Das Gymnasium in Bayern 4 (2021), S. 14 *; **S. 82:** Johann Wolfgang Goethe: Goethes Werke in 12 Bänden, Bd. 5. Hg. v. den Nationalen Forschungs- und Gedenkstätten der klassischen deutschen Literatur in Weimar. Aufbau Verlag: Berlin/Weimar, 4. Auflage 1981 *; **S. 87:** https://www.fembio.org/biographie.php/frau/biographie/luise-adelgunde-victorie-gottsched/ *, [07.04.2022]; **S. 88:** Sibylle Berg: Das Unerfreuliche zuerst. Herrengeschichten, Köln: Kiepenheuer & Witsch 2001, S. 115 f.; **S. 92:** Peter Bichsel: Der Leser. Das Erzählen. Frankfurter Poetik-Vorlesungen. Suhrkamp Taschenbuch Verlag. Frankfurt am Main 1997, S. 32 ff. *

* Einzelne Formulierungen im Text wurden aus didaktischen Gründen gekürzt, umgeformt oder vereinfacht.

Bildquellenverzeichnis

S. 13: interfoto e.k./Sammlung Rauch; **S. 31:** stock.adobe.com/Janina Dierks; **S. 32:** stock.adobe.com/blende11.photo; **S. 33:** stock.adobe.com/Cybrain; **S. 50, M 6:** statista.com; **M 7:** Zunehmend angefressen, Illustrator: LUFF (Rolf Henn), Hennweiler; **S. 73:** bpk - Bildagentur für Kunst, Kultur und Geschichte; **S. 80, o.:** akg-images; **u.:** akg-images
Illustrationen: **S. 5:** Susanne Kuhlendahl, Tönnisvorst; **S. 27, 48, 52–55:** Jutta Melsheimer; **S. 19, 84, 93–95:** Sulu Trüstedt, Berlin

Impressum

Redaktion: Federlese GbR - Christina & Boris Kühne, Grevenbroich

Umschlaggestaltung: Corinna Babylon und Jule Kienecker (Berlin) unter Verwendung eines Fotos von Shutterstock: 551935027 (Farbklecks), Science Foto: 11733559-P (Goethe-Portrait), Bridgeman Images: 3766751 (handschriftlicher Text): *Es handelt sich um einen originalen Brief Goethes an Charlotte von Stein in französischer Sprache und dem Beginn seines Gedichts „Gewiss ich wäre schon so ferne ferne“.*

Layoutkonzept: werkstatt für gebrauchsgrafik, Berlin; Technische Umsetzung: straive

www.cornelsen.de

1. Auflage, 1. Druck 2023

Druck: Athesiadruck GmbH

ISBN 978-3-464-63005-1

PEFC-zertifiziert
Dieses Produkt stammt aus nachhaltig bewirtschafteten Wäldern
PEFC
PEFC/18-31-166
www.pefc.de